数字图书馆信息安全管理标准规范

黄水清　任　妮　韩正彪　著

图书在版编目(CIP)数据

数字图书馆信息安全管理标准规范/黄水清,任妮,韩正彪著.—北京:北京大学出版社,2019.10
ISBN 978-7-301-30846-2

Ⅰ.①数… Ⅱ.①黄…②任…③韩… Ⅲ.①数字图书馆–信息安全–安全管理–管理规范–中国 Ⅳ.①G250.76-65

中国版本图书馆 CIP 数据核字(2019)第 219554 号

书　　　名	数字图书馆信息安全管理标准规范 SHUZI TUSHUGUAN XINXI ANQUAN GUANLI BIAOZHUN GUIFAN
著作责任者	黄水清　任　妮　韩正彪　著
责 任 编 辑	王　华
标 准 书 号	ISBN 978-7-301-30846-2
出 版 发 行	北京大学出版社
地　　　址	北京市海淀区成府路 205 号　100871
网　　　址	http://www.pup.cn　新浪官方微博:@北京大学出版社
电 子 信 箱	zpup@pup.cn
电　　　话	邮购部 010-62752015　发行部 010-62750672　编辑部 010-62765014
印 刷 者	三河市北燕印装有限公司
经 销 者	新华书店
	730 毫米 × 980 毫米　16 开本　19.25 印张　370 千字 2019 年 10 月第 1 版　2019 年 10 月第 1 次印刷
定　　　价	50.00 元

未经许可,不得以任何方式复制或抄袭本书之部分或全部内容。
版权所有,侵权必究
举报电话: 010-62752024　电子信箱: fd@pup.pku.edu.cn
图书如有印装质量问题,请与出版部联系,电话: 010-62756370

前　言

自 20 世纪 90 年代数字图书馆概念被提出以来,其研究和实践在全球范围内蓬勃发展。然而,由于数字图书馆广泛依赖于计算机技术、网络技术和数据通信技术,其面临的安全风险远远高于传统图书馆。信息安全问题成为数字图书馆研究和实践的重大课题。

数字图书馆信息安全是指保持数字图书馆各项信息的完整性、保密性和可用性,使得数字图书馆传递给用户的信息具有真实性、可核查性、抗抵赖性和可靠性。信息安全管理遵循"三分技术,七分管理"的黄金定律,技术被当作管理手段的一种类型和组成部分。技术措施被结合到选择、使用、维护、审查等管理过程中,与其他管理手段组成一个坚实的整体,形成完整的信息安全管理体系。

标准规范是提升管理品质的有效途径。当前,我国图书馆标准化、规范化的趋势势不可当,是图书馆未来发展的大趋势。数字图书馆的资源、服务、技术等环节均已制定了多种标准规范,但数字图书馆的信息安全问题仅在技术领域标准规范研究中有部分涉及,有关数字图书馆信息安全管理标准规范的系统研究和实践尚待加强。

国际公认的信息安全管理体系基础和术语(ISO 27000)适用于任何规模和行业的组织,尤其适用于受信息安全影响的关键性组织。ISO 27000 在电信行业、金融行业和健康行业分别制定了对应的转化标准 ISO 27011,ISO 27015 和 ISO 27799,这些为数字图书馆信息安全管理标准规范的研究提供了参照和经验,也提供了可行性保障。

为使数字图书馆信息安全管理体系的建立能够遵循国际与国家标准,具有可操作性,并推动数字图书馆信息安全管理的规范化和标准化,本书将 ISO 27000 的基本原则与思想完整地引入数字图书馆信息安全领域,参考 ISO 27011,ISO 27015 和 ISO 27799,拟订数字图书馆自己的信息安全管理行业标准,使数字图书馆信息安全管理标准规范与先进的国际标准相接轨。本书研究了数字图书馆信息安全管理的实施框架、方法模型、标准规范的内容以及支撑软件,解决了数字图书馆信息安全管理标准规范制定过程中涉及的关键性问题,拟订并完成了数字图书馆行业目标明确、体系完备、功能实用、可操作性强的信息安全管理标准规范草案,为基于标准规范基础上的数字图书馆信息安全管理方案的实施推行奠定了基础。

本书旨在建立通用、规范、可行、有效的数字图书馆信息安全管理的实施框架，解决数字图书馆信息安全管理过程中的关键问题。本书的具体内容包括以下五个方面：

(1) 数字图书馆信息安全管理的实施框架。通过对 ISO 27001 标准中涉及的 PDCA 过程方法及信息安全管理的要素、流程等内容进行梳理分析，结合数字图书馆自身的需求和特点，确定了数字图书馆信息安全管理 PDCA 过程方法模式的内涵，梳理了数字图书馆信息安全管理从制订方案到风险评估、再到风险控制的管理框架以及具体实施流程，分析并确定了风险评估和风险控制的要素及各要素的表示方式。

(2) 数字图书馆信息安全风险评估和风险控制的方法模型。从已有的信息安全风险评估和控制的方法和模型总结入手，分析了现有风险评估和风险控制方法模型在定量与定性的均衡、可操作性、结果可接受性、评估与控制相衔接等方面存在的缺陷，阐述了现有的风险评估和风险控制的方法模型不适用于数字图书馆信息安全管理的原因，进而确定了数字图书馆信息安全风险评估和风险控制方法模型的选择依据。最后，提出了具有可操作性的数字图书馆信息安全风险评估模型、风险控制决策模型以及资产等级值、威胁等级值、脆弱性等级值计算模型，并详细阐述了以上模型的数据采集和分析计算策略，确保了所有模型的可操作性和有效性。

(3) 数字图书馆信息安全管理标准规范草案的拟订。在对数字图书馆过程模式、风险评估和风险控制的方法模型进行研究的基础上，结合对 ISO 27001 和 ISO 27002 在电信行业、金融行业、健康行业的标准转化和应用分析，分析了在数字图书馆领域信息安全标准规范形成和实施推广过程中还应注意的问题，包括标准规范确立的目的、意义、范围、结构、流程、内容、技术、实施障碍、推行策略等。在此基础上，最终拟订并撰写了数字图书馆信息安全管理标准规范的草案。

(4) 数字图书馆信息安全管理软件系统的开发。以数字图书馆信息安全管理标准规范草案为依据，开发了数字图书馆信息安全风险评估与风险管理的工具软件。该软件系统包括了数字图书馆信息安全管理的基础知识库，支持按照数字图书馆信息安全管理标准规范建立信息安全管理体系，其中的风险评估和风险控制过程均支持多种计算模型。

(5) 数字图书馆信息安全管理标准规范的实证研究。在研究的不同阶段分别对三所中型图书馆的数字图书馆部分开展了实证研究。在前期的过程方法研究和标准草案拟订过程中，对其中的两所数字图书馆进行了信息安全管理方案论证、风险识别、评估与分析、风险控制方案制订、风险管理报告撰写等实证研究。在信息安全管理标准规范草案的拟订后，对三所馆中的一所严格按照数字图书馆信息安全管理标准草案中涉及的流程、方法、要求等进行了完整的实证研究，验证了数字图书馆信息安全标准规范草案及本课题其他研究工作的合理性和有效性。

本书是在国家社科基金重点项目"数字图书馆信息安全管理标准规范研究"（项目编号：12ATQ001）最终研究报告的基础上修改而成的。南京农业大学信息管理系杨波、严英武、黎欢等师生参与了项目的部分研究工作，深圳大学城图书馆赵洗尘和朱书梅、东莞图书馆李东来、南京农业大学图书馆查贵庭等参与了项目的数据调查或专家咨询工作，在此一并致谢！

由于时间与作者水平的关系，书中存在许多不足。首先，在实证分析的各个阶段仅仅分别选择了3家有代表性的数字图书馆作为实证对象。但是，管理行为是一个不断改进的过程，需要在管理实践中累积管理数据与管理经验去不断完善。所提出的标准规范草案也需要在数字图书馆信息安全管理的具体实践中用更多的管理实证去加以验证、改进和完善。其次，任何标准的起草、发布、贯彻、落实都需要经历一个漫长的过程。目前的数字图书馆信息安全管理标准规范刚刚完成了起草工作，仅仅还是一个草案，从草案到经过主管部门的审核、授权与发布再在全国数字图书馆全面贯彻标准、实施推行，还有一个漫长的过程。作者希望专家和读者对书中的不足和错误给予指评指正。

目 录

第1章 绪论 …………………………………………………………………… (1)

第2章 数字图书馆及信息安全管理标准规范概述 ……………………… (5)
    2.1 概念界定 ……………………………………………………………… (5)
    2.2 数字图书馆的标准规范 ……………………………………………… (7)
    2.3 信息安全的标准规范 ………………………………………………… (13)
    2.4 数字图书馆信息安全的管理问题与规范 …………………………… (22)

第3章 数字图书馆信息安全管理的实施框架 …………………………… (26)
    3.1 质量管理体系中的过程与过程方法 ………………………………… (26)
    3.2 PDCA过程方法模式 ………………………………………………… (28)
    3.3 信息安全管理体系中的过程方法 …………………………………… (29)
    3.4 数字图书馆信息安全管理的过程方法 ……………………………… (33)
    3.5 数字图书馆信息安全管理的要素 …………………………………… (35)
    3.6 数字图书馆信息安全管理的流程 …………………………………… (39)
    3.7 数字图书馆信息安全管理的实施框架图 …………………………… (43)

第4章 数字图书馆信息安全风险评估规范 ……………………………… (45)
    4.1 新版ISO 27001对风险评估的要求 ………………………………… (45)
    4.2 风险评估的方法模型及数字图书馆的选择 ………………………… (46)
    4.3 数字图书馆风险评估要素的识别与计算 …………………………… (55)
    4.4 方法及模型的效果检验 ……………………………………………… (65)

第5章 数字图书馆信息安全风险控制规范 ……………………………… (68)
    5.1 数字图书馆信息安全风险控制要素筛选 …………………………… (68)
    5.2 信息安全风险控制的方法模型 ……………………………………… (82)
    5.3 数字图书馆信息安全风险控制模型 ………………………………… (84)

第6章 数字图书馆信息安全管理标准规范的设计与实施 ……………… (89)
    6.1 ISO 27000中的行业标准 …………………………………………… (89)
    6.2 数字图书馆信息安全标准规范的设计 ……………………………… (92)
    6.3 数字图书馆信息安全标准规范的实施与推广 ……………………… (96)

第 7 章　数字图书馆信息安全管理软件的设计与实现 …………………… (99)
　　7.1　数字图书馆信息安全管理软件的需求分析与概要设计 ………… (99)
　　7.2　数字图书馆信息安全管理软件的需求建模与分析类图 ……… (102)
　　7.3　数字图书馆信息安全管理软件的实现 ………………………… (112)
　　7.4　数字图书馆信息安全管理软件的测试与运行 ………………… (120)
第 8 章　数字图书馆信息安全管理标准规范实证 ……………………… (124)
　　8.1　实证研究对象简介 ……………………………………………… (124)
　　8.2　S 馆安全管理方案的制订 ……………………………………… (125)
　　8.3　S 馆的信息安全风险评估 ……………………………………… (128)
　　8.4　S 馆的信息安全风险控制 ……………………………………… (148)
　　8.5　审查与评价 ……………………………………………………… (155)
参考文献 …………………………………………………………………… (157)
附录 ………………………………………………………………………… (170)

第1章 绪 论

　　近年来,随着社会、经济与技术的发展,承担着让所有人平等获取信息职责的数字图书馆发展迅速。数字图书馆对计算机、网络和数据通信技术的依赖远远高于传统图书馆,数字图书馆的资源、管理和服务与信息网络息息相关,面临着很高的信息安全风险。尤其是大数据时代的到来,网络和信息技术与数字图书馆的资源、空间、流程、服务和管理等深深融为一体。与此同时,用户的信息需求日益增长,对数字图书馆的依赖和要求越来越高。数字图书馆信息安全问题的重要性愈发彰显,如何保障我国数字图书馆的信息安全已成为无法回避的问题。

　　数字图书馆信息安全是指保持数字图书馆各项信息的完整性、保密性和可用性,使得数字图书馆传递给用户的信息具有真实性、可核查性、抗抵赖性和可靠性。完整性、保密性和可用性是数字图书馆信息安全的完整体系和内核;真实性、可核查性、抗抵赖性和可靠性是数字图书馆提供给用户信息服务的质量标准。自2008年10月全国图书馆标准化技术委员会成立以来,百余项行业标准规范相继出台。图书馆工作日益标准化、规范化,刘兹恒教授指出,我国图书馆标准化、规范化的趋势不可挡,图书馆工作规范化是图书馆未来发展的十大趋势之一[1]。然而截至目前,关于数字图书馆信息安全的管理标准尚未颁布实施,迫切需要科学地制订数字图书馆信息安全管理标准规范。

　　随着黑客攻击、病毒入侵、隐私泄露、自然灾害等信息安全漏洞不断出现,网络安全战略上升到国家和国际层面,各国纷纷制定了维护国家安全的网络安全战略。2011年,美国率先颁布《网络空间国际战略》和《网络空间行动战略》;随后,德国颁布《德国网络安全战略》;2013年2月,欧盟委员会颁布《欧盟网络安全战略:公开、可靠和安全的网络空间》[2]。2014年2月27日,我国成立了中央网络安全和信息化领导小组,负责着眼于国家安全和长远发展,统筹协调经济、政治等各个领域的网络安全和信息化重大问题。维护国家安全的网络空间战略已经成为各国关注的焦点。

　　信息安全管理遵循"三分技术,七分管理"的黄金定律。技术是保障信息安全的手段,管理则是选择、使用、维护、审查包括技术措施在内的安全手段的整个过程。技术是点,管理是面,它能将各种散乱的点组织在一起,形成一个坚实的整体。信息安全问题的解决不能仅仅依靠产品和技术,唯有管理才能系统全面地避免信息安全事件的发生。据有关部门统计,在所有的计算机安全事件中,约有52%是人为因素造成的,25%由火灾、水灾等自然灾害引起,技术错误占10%,组织内部人员作案占10%,3%左右是由外部不法人员的攻击造成[3]。简单归类,属于管理方面的原因比重高达70%以上,而这些安全问题中的95%是可以通过科学的信息安全管理来避免的。

数字图书馆作为网络空间的重要组成部分之一,承担着拓展人类智力活动的能力和加速社会创新水平提升的功能,是实现社会知识资源传播共享和增值利用的重要平台。由于数字图书馆广泛依赖于计算机、网络和数据通信等高科技专业技术,一旦出现信息安全问题,必然会影响我国各行各业信息的存储、传播和利用,从而阻碍社会的发展。因此,对数字图书馆执行信息安全标准规范、加强数字图书馆的信息安全管理,可起到未雨绸缪、防患于未然的作用,从根本上杜绝信息安全事件的发生。

对国内30家数字图书馆关于"数字图书馆信息安全现状"的调研表明,在调研之前的一年中,30家被调查的数字图书馆100%都发生过信息安全事件,其中有6家发生过一次信息安全事件,占总数的20%;有10家发生过两次信息安全事件,占总数的33.3%;有14家发生过三次或三次以上的信息安全事件,占总数的46.7%[4]。另外,据统计,数字图书馆领域已经发生过多次影响恶劣的信息安全事件,例如华北电力大学图书馆主页被篡改事件,不仅中断了数字图书馆的正常业务,而且对图书馆的形象和名誉造成了恶劣的影响。可见,数字图书馆信息安全问题日益凸显、不容忽视。数字图书馆信息安全管理可以正确地识别、评估各种风险因素对数字图书馆业务流程和资产带来的损失,为进一步的风险控制提供思路和方向,以减轻可能带来的负面影响,将损失降到最低。

数字图书馆标准规范体系建设是数字图书馆建设中的一个重大命题。目前,数字图书馆的资源、服务和技术等多方面均制订了标准规范,但数字图书馆的信息安全标准规范仅在技术领域有部分涉及,在管理标准规范的系统研究和实践尚未见报道。

随着网络和信息技术的高速发展和普遍应用,各行各业均面临着日益严重的信息安全问题。普华永道2015年的《全球信息安全现状调研报告》中指出金融、医疗、汽车、新闻等行业面临着严重的信息安全风险[5],部分行业已经开始制订标准规范,实施信息安全规范化管理。中国互联网络信息中心(China Internet Network Information Center,CNNIC)与国家域名安全联盟联合发布的《中国域名服务安全状况与态势分析报告》指出,2013年,国内安全状态为差的权威域名服务器比例仍占八成,配置漏洞问题在权威域名服务器中普遍存在[6],国内政府、金融行业只有不足10%的域名处于安全状态,而教育行业则有80%以上的域名处于风险状态[7]。我国的数字图书馆广泛分布于政府、事业、教育等机构,其信息安全风险问题同样需要规范化的管理方式进行解决。

ISO 27000 提供了 ISMS 标准族中涉及的通用术语及基本原则,适用于任何规模和行业的组织,尤其适用于受信息安全影响的关键性组织。ISO 27000 在电信行业、金融行业和健康行业分别制定了对应的标准 ISO 27011,ISO 27015 和 ISO 27799,这些为数字图书馆信息安全管理标准规范的研究提供了参照和经验,也提供了可行性保障。

数字图书馆有不同的定义[8~10]。在本书中,我们将数字图书馆的内涵限定为建立在传统的实体图书馆之上的数字图书馆部分,即将传统的实体图书馆的数字化部分定义为数字图书馆,将传统的实体图书馆中的数字化部分的信息安全管理作为数字图书馆的信息安全管理。由于数字图书馆广泛依赖于计算机技术、网络技术和数据通信技术,其面临的安全风险远远大于传统图书馆。

本书基于在信息安全管理领域得到广泛应用的 ISO 27000 系列标准的原则与思想,结合数字图书馆信息安全管理的工作实践,借鉴电信、金融和健康三个行业信息安全管理标准的方法与经验,解决数字图书馆信息安全管理标准规范制订过程中涉及的关键性问题,形成建议方案,并开发对应的支撑软件,为制定数字图书馆行业的信息安全管理标准规范奠定基础。本书的内容主要有以下几点意义:第一,为数字图书馆信息安全管理标准规范的建设提供符合国际标准与国家标准的、具有可操作性的完整解决方案,可用于指导数字图书馆信息安全管理的工作实践;第二,解决数字图书馆标准规范建设中较少涉及的信息安全管理标准规范的关键性问题,完善数字图书馆标准规范体系,促进国内数字图书馆建设;第三,将 ISO 27000 的基本原则与思想完整地引入数字图书馆信息安全领域,使数字图书馆信息安全管理工作与先进的国际标准相接轨,同时对 ISO 27000 在国内的推广也有促进作用。

本书主要包括 6 个方面的内容:

(1) 数字图书馆信息安全管理的实施框架研究。数字图书馆信息安全管理的实施框架包括过程模式、关键因素和实施流程等内容。在数字图书馆信息安全管理的研究中,首先要根据 ISO 27000 系列标准的内容体系和要求以及数字图书馆信息安全管理的特点、目标需求以及现实条件,确定数字图书馆信息安全规范化管理的过程模式、关键因素和实施流程等,形成一套成熟、有效、可行的实施框架。这项工作是数字图书馆规范化管理的基础和前提,也是方针和指南。

(2) 数字图书馆信息安全管理风险评估的关键性问题研究。以 ISO 27001 中的风险评估思想和要求为依据,综合利用问卷调研与专家访谈法获得数字图书馆信息安全风险评估的基础数据,确定数字图书馆信息安全风险评估中资产、威胁、脆弱性3大属性的影响因素和计算模型,选择合适的风险值计算模型,研究梳理相应的风险评估方法与流程,解决与风险评估有关的关键性问题,构建数字图书馆信息安全风险评估的综合应用模型,并选择国内两个大型数字图书馆作为信息安全风险评估的实证,为数字图书馆信息安全规范化管理的风险评估环节提供解决方案。

(3)数字图书馆信息安全管理风险控制的关键性问题研究。对比分析2005版和2013版的ISO 27002中各个控制域、安全类别和控制措施,确认基于新标准要求下的数字图书馆信息安全风险控制核心要素和参考要素。综合考虑风险控制的经济性、有效性和可操作性要求,从数字图书馆信息安全风险控制相关因素的识别、计算入手,探讨构建数字图书馆风险控制的决策模型,辅助数字图书馆控制措施的筛选决策。解决与风险控制有关的关键性问题,构建数字图书馆信息安全风险控制的决策应用模型,为数字图书馆信息安全规范化管理的风险控制环节提供解决方案。

(4)数字图书馆信息安全管理的标准规范草案设计。通过过程方法、风险评估和风险控制等关键问题的研究,结合实证研究的效果,参考ISO 27000系列标准中的电信、金融、健康3个行业信息安全管理标准的流程与框架体系,完成数字图书馆信息安全管理标准规范草案的拟订、标准规范草案的可行性分析以及推广应用策略分析,为数字图书馆信息安全规范化管理提供长效的解决方案。

(5)基于标准规范建议方案的数字图书馆信息安全管理软件研发。根据数字图书馆信息安全管理标准规范建议方案的流程、模型和方法,设计并开发数字图书馆信息安全管理软件系统,用于信息安全管理过程涉及的大量数据处理。

(6)数字图书馆信息安全规范化管理的实证研究。本书选取一家有代表性的数字图书馆,按照信息安全管理的过程方法、信息安全风险评估和风险控制的方法模型以及设计的标准规范草案,具体实施包括数字图书馆信息安全管理体系构建、运行、评审和改进等在内的信息安全规范化管理的全过程,并对结果进行分析,验证本书研究和设计的标准规范草案在应用过程中的准确性、完整性、有效性和可操作性。

第 2 章　数字图书馆及信息安全管理标准规范概述

管理追求规范化的目标，而标准规范就是实现规范化管理的有力支撑。我国对数字图书馆标准规范建设的关注始于 2002 年，虽然晚于国外，却也取得了较为显著的成果。20 世纪 90 年代开始，信息安全作为一个技术与管理并重的领域不断受到各国政府及国际组织的关注，制定了一系列信息安全标准。然而，国内外的数字图书馆领域目前均未见相对成熟的信息安全管理标准规范。因此，本章在对核心概念加以界定的前提下，重点对国内外数字图书馆的标准规范建设情况、各行业信息安全标准的建设情况以及目前数字图书馆信息安全管理的现状进行介绍。

2.1　概　念　界　定

数字图书馆、信息安全、管理标准等是本书中研究内容的基础概念，数字图书馆信息安全和信息安全管理标准则是本书的核心概念。

2.1.1　数字图书馆信息安全

本书中数字图书馆指的是传统实体图书馆的数字化部分，即高校图书馆、公共图书馆和科技图书馆的数字化部分。本书中的数字图书馆信息安全管理指的是传统实体图书馆数字化部分的信息安全管理，即高校图书馆、公共图书馆和科技图书馆的数字化部分的信息安全管理。

传统图书馆信息安全的研究主要集中在图书馆纸质信息资源安全[11~13]和信息系统安全[14]两个方面，并且从关注技术上解决安全隐患问题转向技术与管理并重的阶段[15]。数字图书馆对计算机、网络和数据通信技术的依赖远远高于传统图书馆，数字图书馆的资源、管理和服务与信息网络息息相关，其信息安全问题更加严重。

按照 ISO 27001 的规定，信息安全即保持信息的保密性、完整性和可用性，另外，还包括信息的真实性、可核查性、抗抵赖性和可靠性[16]。同样，数字图书馆信息安全是指保持数字图书馆各项信息的保密性、完整性和可用性，使得数字图书馆传递给用户的信息具有真实性、可核查性、抗抵赖性和可靠性[4][17~18]。

2.1.2 信息安全管理标准规范

信息安全是信息系统实现互联、互用、互操作过程中提出的安全需求。因此，迫切需要技术标准来规范系统的设计和实现。既然信息安全是一个管理过程，如同质量管理过程中有 ISO 9000 与环境管理过程中有 ISO 14000 一样，信息安全管理标准是信息安全管理实践的必然产物，也是信息安全管理过程的共同原则。

信息安全管理标准产生于西方国家。西方国家的多数标准或为国际标准化组织接受成为国际标准，或在某些领域成为业界的操作规范，起到事实上的行业标准的作用。信息安全管理标准是组织建立并实施信息安全管理体系（Information Security Management System, ISMS）的指导性的准则，主要目的是为组织实施有效的信息安全管理所需的控制提供的通用规则[17]。

我国与西方国家在历史文化、传统习惯、发展道路和经济水平等各方面存在巨大的差异，使得许多国外公认有效的管理原则与科学方法在我国难以顺利运行。同时，随着管理信息化发展的推进，"重技术、轻管理""先进的技术手段与落后的管理经验形成了鲜明的反差"，类似的问题层出不穷，面对这样的情况，20 世纪 80 年代末，李习彬教授提出了规范管理化概念[18]，并综合利用组织整合理论中的三层设计理论、三元整合理论和规范行为理论等理论基础，创建了规范化管理的知识体系[19~20]。其理论和应用得到国内的认可与推广。

黄俊认为规范化主要指运用制度、章程、操作标准等，对行业进行统一的、有章可循、有规可依的管理，规范化管理即要建立健全、优化完善一套以人为本、上下认同、行之有效的管理体系来主导的管理[21]。规范化管理要求开发各种层次、各种形式的具有操作性的管理方法，包括应用模型和方法流程等。

信息安全管理标准提供了有效地实施信息安全管理的建议，规范了信息安全管理的方法和程序。依据信息安全管理标准，用户可以制订适合自己的安全管理计划和实施步骤，为所在组织发展、实施和评估有效的安全管理实践提供参考依据[22]。

信息安全管理标准规范的目的在于保证信息系统的安全运行。没有标准就没有规范，无规范就无法形成信息安全产业的规模化，无法生产出在信息安全方面有保证的满足社会需求的产品。没有标准同时也无法规范人们的安全防范行为，提高组织内外各类人员的信息安全意识及组织的整体信息安全水平。

2.1.3 数字图书馆信息安全管理标准规范

数字图书馆信息安全管理的根本目标是要建立数字图书馆信息安全管理体系。而信息安全管理体系的建立需要一套方法、流程、模型来规范和约束。国际上已经有了以 ISO 27000 为代表的一系列信息安全管理标准规范。同时，针对特别的行业，还制定了遵循通用标准并适合该行业特征的特定信息安全管理标准，如电信行业的 ISO 27011、健康行业的 ISO 27799 以及金融行业的 ISO 27015。

数字图书馆作为一个特定的行业，需要针对其在信息安全管理方面的目标和特点，建构建立信息安全体系的规范化方法、流程与模型。数字图书馆信息安全标准规范的执行，保证了数字图书馆各项信息的完整性、保密性和可用性，使数字图书馆传递给用户的信息具有真实性、可核查性、抗抵赖和可靠性。目前，数字图书馆尚没有这样的信息安全管理标准规范。

2.2 数字图书馆的标准规范

21 世纪后，科技部提出了实施人才、专利、标准三大战略，标准的重要性正日益突出。作为提供数字信息资源建设和服务的数字图书馆，标准规范可以保证其所构建的信息资源和信息服务具有可使用性、互操作性和可持续性。可使用性，是指所建立的资源或服务能够在广泛的网络环境和复杂的技术条件下为用户方便地使用；互操作性，是指所建立的资源或服务能够在更大系统范围内，与其他资源或服务方便、有效地交换、转换和整合，从而为用户提供逻辑上集成的服务；可持续性，是指所建立的资源和服务能够在变化的技术和运行机制下长期保存和使用，能够被集成在未来的资源与服务环境中[23]。

2.2.1 国外数字图书馆的标准规范

国外数字图书馆标准规范的研究和建设始于 20 世纪 80 年代末和 90 年代初。国外在数字图书馆建设的过程中，非常重视标准的选择和应用，标准选择恰当与否直接关系到数字图书馆能否可持续发展[24]。国外数字图书馆标准规范的研究主要以项目为核心，倾向于标准规范的应用研究。美国的数字图书馆先导计划一期和二期[25]、美国加利福尼亚数字图书馆、英国数字图书馆、英国国家分布式电子资源以及英国联合信息系统委员会数字图书馆等国家级的数字图书馆建设项目中都明确列出标准规范是其中一项重要的建设内容[26~27]，而且总是在继承以往成果的基础上不断完善。

国际标准化组织信息与文献：档案/文件管理标准技术委员会（ISO/TC46），是负责制定和推广与文献和图书馆工作有关的国际标准的技术委员会。目前正式出版的相关 ISO 标准有 87 项，其中基础标准（格式、语言、代码等）40 项，占总数的 46%；识别与描述（信息组织）标准 18 项，占 20%；技术互操作标准（信息共享）20 项，占 23%；统计与绩效评估（管理标准）6 项，占 7%；文件管理 3 项，占 4%[28]。此外,由于数字图书馆与互联网技术密不可分,一些常用的互联网技术标准在数字图书馆领域同样也适用,如万维网联盟(World Wide Web Consortium,W3C)和国际互联网工程任务组(The Internet Engineering Task Force,IETF)制订的相关标准。

在数字图书馆领域,世界各国都在积极地制定自己的标准。美国国家标准学会(American National Standards Institute,ANSI)下设学术委员会,从事有关元数据的命名、标识、定义、分类和注册等工作。美国数字图书馆建设在多个馆内开展,每个不同的机构都积极地开展了相关的数据加工格式和描述元数据等方面的研究与应用。许多机构或项目都规定了数据加工格式的标准,图书馆、博物馆和政府机构都制定了自己的元数据格式,图书馆界和数字图书馆建设领域还提出了若干检索服务协议[29]。

美国科罗拉多州州立大学图书馆从2000年开始建设有关海报的数字访问项目,旨在通过该项目实现对检索数据库在互联网上显示数字海报及其描述的使命[30]。在该项目进行期间,恰逢美国国家信息标准化组织(National Information Standard Organization,NISO)制定了NISO Z39.87《数据字典——静态数字图像技术元数据(2006)》(Data Dictionary——Technical Metadata for Digital Still Images)标准,该标准定义了数字图像用元数据元素标准集,为用户建立、交换和说明数字图像文件提供标准化的信息[31]。最终该图书馆在对比哈佛大学图书馆、加利福尼亚数字图书馆等采用的元数据的基础上,决定采用NISO Z39.87标准草案。

欧洲标准化委员会(Comité Européen de Normalisation,CEN),负责提供全面的标准化服务及产品,提高用户的标准化意识。其中,分布环境中人员和资源识别(People and Resources Identification in Distributed Environments,PRIDE)是欧盟启动的一个项目。该项目的思想是将PRIDE作为数字图书馆、信息和用户之间的一个中枢,以便为数字图书馆在一种较为容易管理的模式下提供一种相互发现和共享信息的方式[32]。PRIDE项目组认为采用标准是最合适的选择,因为标准提供了一个访问分布在数字图书馆之间信息的标准方法。经过对标准的一系列调查分析,PRIDE发现国际标准化组织(International Organization for Standardization,ISO)和国际电工委员会(Internatinal Electrotechnical Commission,IEC)联合制定发布的ISO 9594系列标准(也可称为ITU-T Rec. X.500系列标准),能提供目录服务的各类信息处理系统的互连[33]。该项目组通过分析后,最终选择了ISO 9594-1标准建立PRIDE目录和采用ISO 9594-8标准进行身份鉴别[34~35]。

针对标准及相关研究涉及主题,国外关于数字图书馆标准规范的研究主要集中在数字信息资源建设的标准描述体系和涉及数字信息资源建设某一方面的标准规范描述体系。前者主要是对数字信息资源涉及的数字化加工、资源描述、资源组织、资源互操作和资源服务等方面的标准、规范及其应用要求进行系统描述;后者重点是对数字信息资源的描述、组织的标准、规范及其应用要求做相关的规定[36]。

在数字信息资源建设的标准描述体系方面取得的有代表性的成果主要有美国IMSL的数字资源建设指南框架[37]、RLG/CMI数字化指南[38]、美国国会图书馆数字资源格式描述体系[39]、英国公共图书馆领域的NOF/People's Network项目标准指南[40]、英国分布国家电子资源项目标准体系[41]、加拿大文化在线项目标准与指南[42]等;在数字信息资源建设某一方面的标准规范描述体系取得的代表性成果主要有美国国会图书馆数字资源检索与互操作规范体系[43]、美国NSDL元数据标准体系[44]、RLG/CMI描述指南[45]、OhioLINK多媒体资源标准体系[46]、加利福尼亚数字图书馆数字图像标准[47]、加利福尼亚数字图书馆元数据与编码标准[47]、UN/FAO农业信息资源检索元数据框架[48]、CEN/ISSS元数据体系[49]、INDECS数字知识产权元数据框架[50]、英国与加拿大电子政务体系元数据框架[51~52]。之后,随着"后数图""泛在理论"等理念的提出,联合、开放、合作、共享的建设机制成为各国数字图书馆标准规范建设与开发的发展趋势。

2.2.2 国内数字图书馆的标准规范

1. 国内数字图书馆标准规范建设的发展历程

1997年,"中国试验型数字式图书馆项目"由文化部向国家计划委员会立项,国家图书馆、上海图书馆等6家图书馆参与了该项目。该项目创建了多馆合作的网络内容资源建设和共享体系,初步实现了一个数字图书馆系统。此后,国内图书情报单位纷纷启动数字图书馆或类似平台建设计划。在建设过程中,标准规范建设占据了非常重要的地位。我国数字图书馆标准规范的建设始于2002年10月科技部启动的"我国数字图书馆标准规范建议"项目以及中国高等教育文献保障系统数字图书馆建设标准和规范等项目。具体情况如表2-1所示。

表2-1 我国数字图书馆标准规范项目列表

项目名称	启动时间	制定的标准体系
我国数字图书馆标准规范建设	2002年	编制了《我国数字图书馆标准规范总体框架与发展战略》,为我国数字图书馆建设提供相对完善的标准与规范基础
中国数字图书馆工程	1998年	主要讨论制定数字图书馆建设过程中的标准规范体系。已制定完成《中国数字图书馆工程建设一期规划》《中国数字图书馆工程一期规划实施方案》及《中文元数据方案》等
中国科学院国家科学数字图书馆	2001年	根据《数字图书馆建设的标准规范体系》等系列研究报告,制定了《国家科学数字图书馆开放描述与标准应用指南》

续表

项目名称	启动时间	制定的标准体系
清华大学图书馆的 EMANI 项目	2001 年	提出一个元数据框架和其他相应的置标规则的应用方案
上海数字图书馆的元数据标准	2000 年	根据国内外数字图书馆资源组织描述的相关标准,编写了《DC 元数据》

此外,军队数字图书馆系统在国家数字图书馆标准规范体系的基础上,结合其自身系统的实际情况,建立了自己的标准规范体系。刘静一与曹兵等依据我国数字图书馆的发展,论述了军队数字图书馆标准规范的发展战略构想以及其建设的重点,提出了实现军队数字图书馆标准规范核心体系建设应遵循的 6 个基本原则[53]。

随着项目研究的发展,数字图书馆的相关标准作为项目的成果也随之产生。虽然我国的数字图书馆建设及其标准规范建设一直以来存在不完善之处,例如:开放性不够、实用性不够等,但是当前我国的数字图书馆标准建设正逐步完善,走联合、开放和共享的道路,其成果越来越具有实用性和适用性[54]。

2. 国内数字图书馆标准规范建设的内容

中国国家数字图书馆、中科院国家科学数字图书馆和中国高等教育数字图书馆作为国内重要的 3 个数字图书馆工程,为整个数字图书馆标准的建设发挥了重大作用。因为这 3 个数字图书馆是国内 3 大体系图书馆中最有代表性的图书馆,其在建设数字图书馆时花费了大量的人力、物力和财力,在标准规范建设方面也取得了不少优质成果。三者标准规范建设的内容和项目都各有特色,总体建设情况如表 2-2 所示。

表 2-2 3 个数字图书馆标准规范建设总体情况[55]

项目名称	标准规范名称	标准规范内容	标准规范建设体系框架
中国国家数字图书馆	国家数字图书馆标准规范体系	数字资源建设标准规范、数字图书馆应用服务标准规范、版权保护与权利描述标准规范、面向数字图书馆的电子商务标准规范	以数字资源生命周期为主线,包含数字内容创建、数字对象描述、数字资源组织管理、数字资源服务、数字资源长期保存
中科院国家科学数字图书馆	国家科学数字图书馆开放描述与标准应用指南	数字内容创建操作要求、面向对象描述操作要求、数字资源组织和服务操作要求	开放建设环境与开放描述要求、开放描述的原则与方式、数字内容、数字对象、资源组织、资源服务的开放描述要求
中国高等教育数字图书馆	中国高等教育数字图书馆技术标准与规范	CADLIS 总体架构和基本技术标准与规范、各个子项目专用的技术标准与规范、有关产品认证和项目管理方面的内容	总体框架,门户建设规范,本地系统建设规范,数字对象描述型元数据规范,基本标准与规范,基本接口规范,虚拟参考咨询系统、学科导航、特色数据库、学位论文、教学服务系统等系统规范

具体而言，国内数字图书馆标准的建设内容主要包括数字化信息组织标准规范、数字图书馆支撑技术标准规范、信息服务标准规范和信息安全标准规范。

（1）数字化信息组织标准规范。数字化信息组织的标准规范是通过权威机构组织相关专家学者研究制定并颁布执行各种相关标准，即数字化信息组织的每一种方法及操作，数字化信息组织的规则等都要按一定的标准执行，表现为信息描述和标引的标准化、机读目录格式的标准化和数字化信息组织方式的标准化等[56]。数字化信息组织标准规范具体包括元数据标准规范、数据标记格式语言与资源描述标准规范、数字资源长期保存标准规范。

其中，国家数字图书馆标准规范体系在采纳参照现行的国际标准、国家标准、行业标准和事实标准的同时，建设了一系列的标准规范，如表2-3所示[57]。数字图书馆推广工程标准规范则是按照数字资源生命周期的环节进行建设开发了一批标准规范，如表2-4所示[58]。

表2-3 国家数字图书馆标准规范成果类别及规范名称

成果类别	规范名称	成果类别	规范名称
汉字处理规范	汉字属性字典	元数据标准规范	国家图书馆元数据应用规范
	全文版式还原与全文输入XML规范		国家图书馆核心元数据标准
	古籍用字规范（计算机用字标准）		国家图书馆专门元数据设计规范
	计算机中文信息处理规范		CNMARC-XML
	生僻字、避讳字处理规范		CNMARC-DC-国家图书馆核心元数据集的对照转换
唯一标识符规范	国家图书馆数字资源唯一标识符规范		MARC21-DC-国家图书馆核心元数据集的对照转换
	国家图书馆数字资源对象管理规范		专门元数据标准与著录规范—拓片
对象数据规范	文本数据加工标准与工作规范		专门元数据标准与著录规范—舆图
	图像数据加工标准与工作规范		专门元数据标准与著录规范—甲骨
	音频数据加工标准与工作规范		专门元数据标准与著录规范—地方志
	视频数据加工标准与工作规范		专门元数据标准与著录规范—家谱
知识组织规范	知识组织规范		专门元数据标准与著录规范—电子图书
资源统计规范	数字资源统计标准		专门元数据标准与著录规范—电子连续性资源
长期保存规范	国家图书馆数字资源长期保存规范		专门元数据标准与著录规范—学位论文
元数据标准规范	专门元数据标准与著录规范—视频		专门元数据标准与著录规范—期刊论文
	专门元数据标准与著录规范—图像		专门元数据标准与著录规范—网络资源
	国家图书馆管理元数据规范		专门元数据标准与著录规范—音频

表 2-4 数字图书馆推广工程数字资源生命周期环节及其标准名称

数字资源生命周期环节	标准名称	数字资源生命周期环节	标准名称
数字内容创建	图书馆数字资源唯一标识符规范	数字对象描述	古籍元数据规范
	文本数据加工规范		电子图书元数据规范
	图像数据加工规范		电子连续性资源元数据规范
	音频数据加工规范		学位论文元数据规范
	视频数据加工规范		期刊论文元数据规范
数字资源组织管理	图书馆数字资源统计规范		网络资源元数据规范
	图书馆管理元数据规范		音频元数据规范
数字资源长期保存	图书馆数字资源长期保存元数据规范		视频元数据规范
			图像元数据规范

（2）数字图书馆支撑技术标准规范。数字图书馆支撑技术标准规范主要包括网络互操作、数据库管理、数据传输、数据检索等类型[59]。其中，与网络互操作有关的协议主要有 SOAP、WSDL、UDDI、ISO 等。不同的标准技术基础和用户群各有不同，但同样支撑着网络服务互操作的标准化应用。数据库管理标准的来源包括 ISO、IEC 和 CCITT 等。数据传输标准规范主要有 HTTP、FTP 和 METS 等类型。数据检索根据不同的应用和要求可以选择 HTTP/HTML、ISO 23950、OAI、URI、HANDLE、OPEN URL、Z39.50 等标准规范类型。

（3）信息服务标准规范。数字图书馆的信息服务标准规范主要包括馆际互借服务标准规范和参考咨询服务标准规范[58]。其中，常用的馆际互借服务标准规范有 ISO 10160、ISO 10161、ANSI/NISO Z39.83、ANSI/NISO Z39.85 等。参考咨询服务标准规范的类型涉及专家或成员描述、知识库、问题传输等，其中较为知名的、综合性的标准规范是美国的 KBIT 标准。

（4）信息安全标准规范。数字图书馆的信息安全问题涉及术语、物理安全、软硬件安全、平台安全、网络安全、数据安全、传输安全等多种类型，可以说信息安全中涉及的所有风险类型数字图书馆基本都有所涉猎。2010 年，上海图书馆主持编写了《数字图书馆安全管理指南》，尝试从管理的视角全面加强数字图书馆信息安全，该研究支持了依托信息安全管理国际标准 ISO 27000 建立数字图书馆安全管理标准规范的设想[60]，但在标准规范设置的系统性、关键性问题解决和操作性等方面还需进一步深入，且其内容过于简略，全文仅仅 2 000 字左右，在相关概念、具体依从标准选择、实施流程、控制要素等方面与 ISO 27000 的基本原则也存在较大偏差，实际应用于数字图书馆信息安全管理工作还存在较大障碍，该指南发布后未见实施推广。除此之外，国内的其他数字图书馆标准规范中未见针对信息安全管理的论述,仅在数字图书馆技术类标准规范中涉及数字水印、数据加密、身份认证、安全传输等与信息安全技术有关的内容。总体来看,国内现有研究与成果的关注点都在信息安全技术,较少涉及信息安全管理。

3. 国内数字图书馆标准规范建设的思路与原则

数字图书馆标准规范建设问题是一个复杂性的系统工程。在学科方面,涉及技术、经济、管理和法律多个学科;在内容方面,涉及数据编码、网络通信、安全控制、知识产权、服务管理等多个领域;在时间方面,需要通过长时间的探索、实验和应用之后才能保证其科学性,因此需要建立长期目标和短期规划。吴迪提出可以从资源和服务整合的视角进行数字图书馆标准规范建设[58]。

为了保障我国数字图书馆标准规范建设的顺利开展,需要在实施过程中遵循以下原则:系统性(根据数字图书馆资源建设生命周期形成数字图书馆标准规范框架,按照数字图书馆信息资源与服务的可使用性、互操作性和可持续性的要求来选择、规划和实施具体的标准规范建设内容)、实用性(从数字图书馆标准规范的实践视角出发推动标准规范体系的建立)、合作性(在建设、应用和推广环节均采用合作的方式来完成,从而保障加快标准的转化和应用)、开放性(与国际标准和其他行业标准接轨,同时建立开放交流机制,形成可持续发展机制)、工程化(标准规范的研究应该按照项目目标建立规范的任务体系、组织体系等,保证研究过程的高效和经济)、规范化(按照规范方式和程序操作,保障研究的有效性和一致性,促进成果的开放和可持续)[61]。

2.3 信息安全的标准规范

国内外各类信息安全标准规范的研究和应用非常成熟,信息安全管理的可选标准和依据多种多样。上官晓丽的《国内外信息安全管理标准研究》一文中,详细梳理了国内外信息安全管理标准规范[62]。本书仅对一些关键的、有重要影响力的标准规范进行介绍。

2.3.1 ISO 27000 系列标准

ISO 27000 系列标准的前身为英国的 BS 7799 标准。2000 年 12 月,BS7799-1 正式成为国际标准,被命名为 ISO 17799:2000《信息技术—信息安全管理实施细则》。2005 年 6 月经改版发展成为 ISO 17799:2005 标准。BS 7799-2 经过长时间讨论修订,也于 2005 年 10 月 15 日成为正式的 ISO 标准,即 ISO/IEC 27001:

2005,新标准的正式标题是：ISO 27001:2005《信息技术—安全技术—信息安全管理体系—要求》。2007 年，ISO 17799:2005 的标准号变更为 ISO 27002:2005。2013 年，ISO 27000 新版正式发布。2013 版的 ISO 27001 在架构、组织的情境、最高管理者的强调、绩效评价等方面都有改变，ISO 27001:2013 对控制域、安全类别和控制要素也作了较大调整[63]。

ISO 27000 系列标准所针对的是组织的资产，它适合于任何规模和行业的组织，尤其适合于信息安全影响关键的组织。ISO 27001 的前身—英国标准 BS 7799 自 1998 年颁布后，尤其是 ISO 27000 标准公布后，全世界范围内得到广泛的认可。截至 2013 年年底全球通过 ISO 27001 认证的机构为 22 293 个，涉及 100 多个国家和地区，且认证数量保持每年两位数的增长速度，范围覆盖了软件、外包、金融、电信、制造、保险、银行、数据中心、呼叫中心等多个行业。

ISO 27000 系列标准与 ISO 9000 系列和 ISO 14000 系列有类似的架构，并针对性地扩大了在信息安全领域的范围，不仅包含隐私、保密和信息技术，更包含了法律、人员管理、物资管理等诸多方面，从而使其可以适合各种组织[64]。根据 ISO 27000 标准中的推荐，每个与信息相关的组织都应该依据基本系列进行相关的信息安全风险评估，并通过相关的指导和建议实施适当的信息安全管控。鉴于信息安全的动态本质，针对事态的反应、回馈以及教训，并由此改进信息安全措施是非常合适的。总的来说也就是通过 PDCA 循环，寻找与信息安全相关的威胁性和脆弱性，评价其影响，并进行信息安全措施改进。ISO 27000 标准族包含的主要标准有：

ISO 27000 信息安全管理体系的原理与术语；

ISO 27001 信息安全管理体系—要求；

ISO 27002 信息技术—安全—信息安全管理实践规范；

ISO 27003 信息安全管理体系实施指南；

ISO 27004 信息安全管理体系—指标与测量；

ISO 27005 信息安全管理体系—风险管理；

ISO 27006 信息安全管理体系—认证机构的认可要求；

ISO 27007 信息安全技术—信息安全管理体系审核员指南；

ISO 27008 信息技术—安全技术—ISMS 控制措施的审核员指南；

ISO 27009 信息安全治理框架；

ISO 27010 信息技术—安全技术—组织间的信息安全管理。

考虑到不同行业之间的需求和特点差异，ISO 在不同行业进行了标准转化探索，已经完成的有电信行业的 ISO 27011《信息技术—安全技术—基于 ISO/IEC

27002 电信行业组织的信息安全管理指南》、健康行业的 ISO 27799《健康信息学——使用 ISO/IEC 27002 的健康信息安全管理》、金融行业的 ISO 27015《信息技术——安全技术——金融服务信息安全管理指南》。ISO 曾设想开发针对电子政府服务的 ISO 27012,但近年来没有进一步的进展,已正式放弃开发[65]。

2.3.2 国外其他重要的信息安全标准

世界上最早的信息安全标准出现在 20 世纪 80 年代。按内容可以粗略地分为 3 类:与信息安全等级设定与划分有关的标准;与信息安全风险管理有关的标准;非专门制定但内容涉及信息安全的标准。下面介绍几种典型标准。

1. CC 标准

1993 年 6 月,美国、加拿大和欧洲共同协商起草信息技术安全评估公共标准(Common Criteria of Information Technical Security Evaluation,CCITSE),简称 CC(ISO 15408—1),该标准是国际标准化组织统一当时已有多种准则的结果。1998 年,ISO 将其认可称为国际标准(ISO 15408),属于与信息安全等级设定与划分有关的标准。

CC 标准源于可信计算机系统评价标准(Trusted Computer System Evaluation Criteria,TCSEC)。TCSEC 标准于 1970 年由美国国防科学委员会提出,并于 1985 年 12 月由美国国防部公布,是计算机系统安全评估的第一个正式标准,对于信息安全管理而言意义重大。最初 TCSEC 只适用于军队管理,后来逐渐扩展到民用。TCSEC 将计算机系统的安全划分为四个等级、七个级别[66]。CC 标准对 TCSEC 进行了改进,其优点在于可以支持产品中安全特征的技术性评估和描述了用户对安全性的技术需求,但 CC 标准没有对物理安全、行政管理措施、密码机制等方面的评估,且不能体现用户对安全的动态性要求[67]。

2. BS 7799 标准

1993 年,由英国贸易工业部立项开始建设 BS 7799 标准。BS7799-1:1995 于 1995 年由英国标准协会首次出版,为各行业信息安全管理提供了一套综合有效的实施规则。1998 年,英国标准协会公布了标准的第二部分 BS7799-2:1998。BS 7799-2 是实施信息安全风险控制的重要依据和基础[68]。1999 年,BS 7799-1 和 BS 7799-2 重新修订发布。由于 BS 7799 标准的巨大成功,ISO 接受了 BS 7799 体系。从 2000 年起,ISO 开始对 BS 7799 标准转化,首先是 BS 7799-1 转化成了 ISO 17799。2005 年,ISO 启用了新标准号 ISO 27000,BS 7799-1 对应于 ISO 27002,BS 7799-2 对应于 ISO 27001。有关 BS 7799 标准更详细的内容可参见 ISO 27000 部分。

3. COBIT 标准

COBIT(Control Objectives for Information and related Technology)由信息系统审计与控制协会于 1996 年公布,是目前国际上通用的信息系统审计的标准。作为一个国际权威、通行的信息安全管理和控制的国际标准,对于企业中存在的商业风险、控制要求和技术需求等问题进行了很好的关联解决,在指导企业有效利用信息资源、解决信息安全风险问题的方面具有实用价值。目前,该标准已经更新到 COBIT4.1。其中,COBIT4.1 由框架、控制目标、管理指南和成熟度模型 4 个部分组成。但 COBIT 标准主要是应用在企业领域,旨在为 IT 的治理、完全和控制提供一个普遍适用的公认的标准,从而辅助企业进行 IT 治理。COBIT 标准也属于与信息安全风险管理有关的标准[69]。

4. SSE-CMM 标准

SSE-CMM(System Security Engineering Capability Maturity Model)标准于 1993 年 5 月由美国国家安全局发起制定,是一种衡量系统安全工程实施能力的成熟度模型,其重要作用是指导各组织改进和评估信息系统的安全过程[70]。从名称上也可以看出,SSE-CMM 并非专为信息安全制定,但 SSE-CMM 标准的内容涉及信息安全。

SSE-CMM 标准源自 1987 年美国卡内基·梅隆大学软件工程研究所提出的软件能力成熟度模型(Capability Maturity Model,CMM)。SSE-CMM 模型第一个版于 1996 年 10 月出版,1997 年 7 月召开了第二届公开的系统安全工程 CMM 工作会议,经多次修改,于 1999 年 4 月公布了模型和相应的评估方法,2001 年向国际标准化组织申请得到 ISO/IEC DIS 21827[71]。系统安全工程过程的组成部分如图 2-1 所示,SSE-CMM 虽不是信息安全标准,但与信息安全有关。

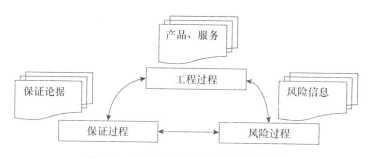

图 2-1 系统安全工程过程的组成部分

5. NIST 风险管理框架

为了保障信息安全和保护组织的信息资产,信息安全风险管理已经成为全球信息安全工作关注的焦点,尤其是美国在该方面走在了全球的前列。产生了一批相关的法律、标准和成果。2002年美国颁布了联邦信息安全管理法案(the Federal Information Security Management Act,FISMA),强调了信息安全对美国经济和国家安全利益的重要性。依据 FISMA 的要求,为联邦机构的资产和运营提供信息安全保障的标准、指南、相关方法和技术是美国国家标准与技术研究院(National Institute of Standards and Technology,NIST)的重要职责。NIST 为了实现 FISMA 的目标,在考虑相关政策、法律、法规和标准的基础上,开发了包括安全性分类、安全控制选择、提炼安全控制、安全控制措施文档化、实施安全控制措施、评估安全控制措施、系统批准和安全控制措施监控 8 个步骤的风险管理框架,如图 2-2 所示[72]。

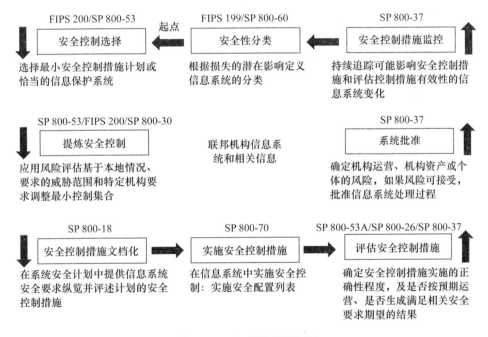

图 2-2　NIST 风险管理框架

6. ISO/IEC 信息安全标准体系的架构

国际标准化组织(International Standardization Organization,ISO)与国际电工委员会(International Electro technical Commission,IEC)对信息安全的重视,是与信息安全重要性的提升相伴的。从 20 世纪 90 年代起,ISO 在关注信息安全技术的同时也开始关注信息安全管理制度的建立和完善,开展了信息安全管理标准的研究与制定工作,其中就包括 ISO 27000 系列标准的制定。

ISO 信息安全标准由 ISO/IEC,JTC1,SC27(国际标准化组织/国际电工委员会、信息技术委员会和安全技术分委员会)负责开发。SC27 成立之初,其中有一个专门的工作组负责与信息安全有关的标准研究。到 2005 年,由于项目多、工作量大,扩展为两个工作组,其中一个专门的工作组延续之前的工作内容,负责主标准的研究开发。另一个专门的工作组负责控制措施类标准的研究开发[73]。

2.3.3 国内重要的信息安全标准

我国的信息安全标准规范研究制定工作开始于 20 世纪 90 年代末。最终的信息安全管理规范多源自工作实践,未形成系统的国家标准。后来逐步开始与国际标准对接,结合国内行业特点和需求,开始形成信息安全管理的国家标准。但相对国际标准而言,整体呈现起步较晚、影响力较小等特点。2002 年 4 月 15 日,全国信息安全标准化技术委员会(简称信安标委,SAC/TC260)成立,负责组织开展国内信息安全有关的标准化技术工作,其工作范围包括安全技术、安全机制、安全服务、安全管理和安全评估等领域[74]。该部门成立之后,我国信息安全标准化工作逐步经历了从以跟踪和转译国际标准为主到逐步采用国际标准与自主研发并重的发展阶段,信息安全标准化工作取得了较为显著的进步[73,75]。

1. GB 17859-1999 计算机信息系统安全保护等级划分标准

1999 年 9 月 13 日我国参照 CC 标准颁布了国家标准《计算机信息系统安全保护等级划分准则》GB 17859—1999。该标准是由国家公安部提出并组织制定的强制性国家标准,经国家质量技术监督局发布,并于 2001 年 1 月 1 日开始实施。GB 17859-1999 将计算机信息系统安全保护等级划分为用户自主保护级、系统审计保护级、安全标记保护级、结构化保护级和访问验证保护级 5 个等级[4]。GB 17859-1999 不仅能够辅助我国信息安全等级保护制度的建立,还能指导各行业信息系统安全管理工作,是我国信息安全管理的重要基础性标准[76]。

2. GB/T 18336-2001 信息技术安全性评估准则

2001 年 3 月 8 日,国家质量技术监督局正式颁布了国家标准 GB/T 18336-2001《信息技术 安全技术 信息技术安全性评估准则》,并于 2001 年 12 月 1 日起实施。该标准同样源自 CC 标准,包括简介和一般模型、安全功能要求、安全保证要求 3 个部分。该标准为我国信息安全产品的研发和信息系统的安全保护具有实践指导价值,促进了我国信息化的建设与发展[77]。

3. GB/T 22239-2008 信息系统安全等级保护要求

随着计算机技术发展,GB/T 22239-2008 在 GB 17859-1999、GB/T 20269-2006、GB/T 20270-2006、GB/T 20271-2006 等技术类标准的基础上建立起来。与

之相关的有 GB/T 22240-2008 信息系统安全等级保护定级指南、GB/T 25058-2010 信息系统安全等级保护实施指南、GB/T 28449-2012 信息系统安全等级保护测评过程指南。该标准从技术和管理两个层面规定了我国信息系统安全保护中不同等级的最低保护标准，为我国信息系统安全管理、评估和监督提供了参考依据和实践指南[78]。

4. GB/T 19715 信息技术安全管理指南与 GB/T 19716 信息安全管理实用规则

GB/T 19715 和 GB/T 19716 是我国最早发布的与 ISO 27000 接轨的信息安全管理标准，这两个标准都是产生于我国刚刚启动信息安全管理标准研制的背景下，主要是通过仿照 ISO 27000 标准制定。GB/T 19716 等同采用当时的国际标准 ISO/IEC 17799:2000。GB/T 19715 包括两个部分，这两部分标准分别等同于 ISO/IEC TR 13335-1:1996 和 ISO/IEC TR 13335-2：1997。GB/T 19715 第一部分主要提出了 IT 安全管理的指南，包括一些基本的概念和模型；第二部分提出 IT 安全管理的一些基本专题以及这些专题之间的关系。

5. GB/Z 24364-2009 信息安全风险管理指南

2009 年 9 月 30 日中华人民共和国国家质量监督检验检疫总局和中国国家标准化管理委员会联合发布了《信息安全技术信息安全风险管理指南》，并于 2009 年 12 月 1 日开始执行。该标准文件是在参考了 ISO 27005 等国际信息安全风险管理相关标准的基础上，并经过国家有关行业和地区的试点验证后提出的。该标准针对信息安全风险管理涉及的背景建立、风险评估、风险处理、批准监督、监控审查、沟通咨询等不同过程进行了综合性描述，对信息安全风险管理在信息系统生命周期各阶段的应用做了系统阐释[79]。发布文件中指出，该标准可以与 GB/T 20984 结合使用，并可作为机构建立信息安全管理体系的参考。

6. GB/T 20984-2007 信息安全风险评估规范

为了在中国境内推广 ISO 27000 系列标准，中华人民共和国国家质量监督检验检疫总局和中国国家标准化管理委员会针对其中的风险评估问题在遵守 ISO 27000 原则的前提下结合中国的经验与实际情况对其进行了细化，发布了 GB/T 20984《信息安全技术信息安全风险管理指南》，并于 2007 年 11 月 1 日开始执行。该标准围绕着组织的风险评估工作，介绍了风险评估的概念、流程和方法以及风险评估各要素之间的关系，并针对信息系统生命周期的不同阶段明确了实施的要点。GB/T 20984 在正文文本规定了资产、威胁、脆弱性以及风险等级全部采用 5 级赋值，但没有规定资产、威胁、脆弱性的具体估值方式。该标准提出的风险评估流程如图 2-3 所示[80]。GB/T 20984 是除了 ISO 27000 以外，本书分析数字图书馆信息安全管理标准规范所利用的另一个重要标准。

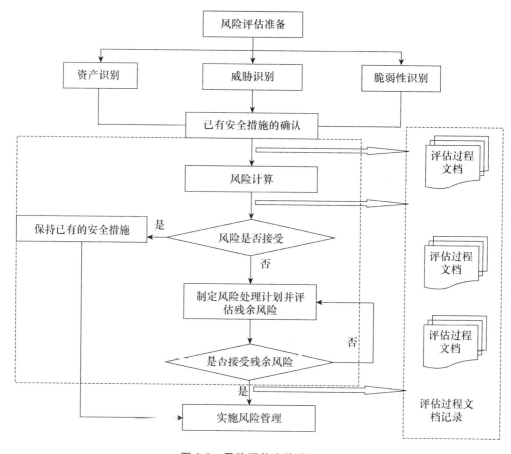

图 2-3 风险评估实施流程图

7. GB/T 20985-2007 信息安全事件管理指南与 GB/T 20986-2007 信息安全事件分类分级指南

GB/T 20985-2007 与 GB/T 20986-2007 是国家推荐的两个关于信息安全事件主题的标准,两个标准相互支撑。其中,GB/T 20985-2007 主要为信息安全事件的管理过程、策略、方案等提供指导,GB/T 20986-2007 标准主要为信息安全事件的分类分级、防范、处置等提供基础指南[81]。

8. 其他核心标准

依据国家标准文献共享服务平台上的标准文献,其余信息安全管理标准的发布(实施)日期、实施范围和核心内容详见表 2-5。

表 2-5　其他核心标准详情

标准号 标准名称	发布日期	实施日期	适用范围	核心内容
GB/T 22080 信息安全管理体系要求	2008-06-19	2008-11-01	本标准适用于所有类型的组织(例如,商业企业、政府机构、非营利组织)	该标准从组织的整体业务风险的角度,为建立、实施、运行、监视、评审、保持和改进文件化的信息安全管理体系规定了要求。它规定了为适应不同组织或其部门的需要而定制的安全控制措施的实施要求。ISMS的设计应确保选择适当和相宜的安全控制措施,以充分保护信息资产并给予相关方信心
GB/T 24363 信息安全应急响应计划规范	2009-09-30	2009-12-01	本标准适用于包括整个组织、组织中的部门和组织的信息系统(包括网络系统)的各层面上的信息安全应急响应计划	该标准规定了编制信息安全应急响应计划的前期准备,确立了信息安全应急响应计划文档的基本要素、内容要求和格式规范。可为负责制订和维护信息安全应急响应计划的人员提供指导
GB/T 22081 信息安全管理实用规则	2008-06-19	2008-11-01	本标准可作为建立组织的安全准则和有效安全管理实践的实用指南,并有助于在组织间的活动中构建互信	本标准给出了一个组织启动、实施、保持和改进信息安全管理的指南和一般原则。本标准列出的目标为通常所接受的信息安全管理的目的提供了一般性指导。本标准的控制目标和控制措施的实施旨在满足风险评估所识别的要求
GB/T 25067 信息安全管理体系审核和认证机构要求	2010-09-02	2011-02-01	任何提供 ISMS 认证的机构需要在能力和可靠性方面证实其满足本标准的要求。本标准的指南性条款为这些要求提供了进一步的说明	本标准对实施信息安全管理体系审核和认证的机构提出要求并提供指南,以作为对 GB/T 27021-2007 和 GB/T 22080-2008 要求的补充。制定本标准的主要意图是对实施 ISMS 认证的认证机构的认可提供支持
GB/T 28450 信息安全管理体系审核指南	2012-06-29	2012-10-01	本标准适用于需要实施 ISMS 内部审核、外部审核或对审核进行管理的所有组织	本标准在 GB/T 19011-2003 的基础上为信息安全管理体系(简称ISMS)的审核原则、审核方案管理和审核实施提供了指导,并对审核员的能力及其评价提供了指导
GB/T 29246 信息安全管理体系	2012-12-31	2013-06-01	本标准适用于所有类型的组织(例如,商业企业、政府机构、非营利组织)	本标准提供:ISMS 标准族的概述;信息安全管理体系(ISMS)的介绍;"规划—实施—检查—处置"(PDCA)过程的简要描述;ISMS 标准族所用的术语和定义

2.4 数字图书馆信息安全的管理问题与规范

数字图书馆对网络和信息技术的依赖决定了其安全风险远远高于传统图书馆。国内外对数字图书馆信息安全保障研究和实践在经历了技术保障、管理保障和制度保障3个发展阶段后,开始意识到通过标准规范、建立信息安全管理体系应对各类信息安全问题的重要性。最初国内外对数字图书馆信息安全管理的研究主要集中在问题的提出和逐一解决对策方面,针对数字图书馆信息安全风险评估、管理控制及管理体系等方面的研究近几年才刚刚开始。

2.4.1 数字图书馆信息安全的管理问题

国外在数字图书馆信息安全管理方面包括了与数字图书馆信息安全有关的政策法规、资源管理、人员管理以及管理模型等。其中,在政策法规方面,Joanne Kuzma 通过实践发现数字图书馆的一个共同薄弱点是管理人员对政策法规贯彻落实不合理[82]。Brown-Syed 探讨了图书馆馆员自由阅读并传递信息时对个人隐私的维护问题[83]。Bettini 等人提出了一套包含权限与义务集合的数字图书馆信息安全政策与管理框架[84]。Kumar 倡议图书馆界与其他部门合作解决涉密信息的采集、加工与传播问题[85]。还有文献指出了阻塞对全球科技的访问所需的费用[86]。

在数字图书馆资源、人员、环境等其他信息安全管理方面,Fischer 指出美国国会图书馆实施了增强物理安全性的计划[87]。Fox 探讨了数字图书馆安全意识的管理问题,强调信息安全与所有人息息相关,所有参与数字图书馆数字资源创建、维护、传播、保存的人员都应重视信息安全问题[88]。Freeman 报告了一个高校与研究型图书馆在线访问方案中用户身份授权的方法[89]。John D'Arcy 等人从用户管理的角度,建立了结合犯罪学、社会心理学和信息系统为一体的防御理论模型[90]。Joanne Kuzma 通过一种网络薄弱点的测试工具对欧洲4个国家80多个数字图书馆进行测试,以发现每个数字图书馆存在的薄弱点[91]。也有学者建议从管理、技术和物理实体的角度综合解决数字图书馆的安全问题[92]。可见,在国外,数字图书馆信息安全的解决方案越来越充分全面,"管理"已得到人们的重视。

国内在数字图书馆信息安全管理方面,有研究者在分析管理的重要性的基础上,从人员管理、设备管理、灾难恢复制度、用户与员工的培训和监督方面提出了某些一般性的管理措施,也有学者强调了法律法规建设的重要性,并提出要加强执行力度[93]。黄晨在2001年就提出信息安全是图书馆不容忽视的问题,要从系统安全和用户安全两方面确保数字图书馆信息的保密性、完整性和可用性[94]。刘敏榕针对数字图书馆的网络安全进行了分析,提出了网络环境下数字图书馆信息安全的解决方案[95]。另有很多学者分析了云时代数字图书馆面临的信息安全问题,并分别提出了解决问题的安全策略、保障体系建设等内容[96~101]。丁树芹研究了移动环境下数字图书馆面临的威胁,提出通过入侵检测防御计算机恶意和病毒的攻击、建立有效的信息安全管理体系,完善信息安全的法律制度等措施,保证移动图书馆的信息安全[102]。

2.4.2 数字图书馆信息安全的管理规范

国内外对数字图书馆信息安全管理规范的研究主要集中在信息安全风险评估、风险控制和信息安全管理的标准规范等内容。从国外来看,Robertson 指出在对数字图书馆系统进行安全评估之后,需要一个可以减轻信息安全风险的计划,此计划应该指出每一项已经在安全评估过程中识别出的风险[103]。这种观点已经综合了风险评估和风险控制的理念。Lopez 提出针对美国国会图书馆的安全任务建立一个物理安全控制的规划框架[104]。Myongho 推荐了一种综合了管理、技术和物理实体 3 个因素保证数字图书馆馆藏、用户和物理建筑安全的图书馆安全指南[105]。这两项研究均只针对个别或特定类型的图书馆。Roesnita 等人提出用图书馆信息系统安全评估模型来系统地评估图书馆信息系统的安全状态,该模型包括技术安全基础、信息安全政策、程序和控制、管理工具、方法和意识创造 5 部分内容[106],并在马来西亚的公共图书馆和专业图书馆对此评估方法的可行性进行了验证[107],该研究是目前为止在外文文献中唯一对数字图书馆信息安全进行系统评估管理,并进行实证研究的论文。

从国内情况看,黄水清及其研究团队系统地研究了 ISO 27000 系列标准在数字图书馆领域的适用性,探索在数字图书馆现有的技术水平下如何通过管理措施提升数字图书馆信息安全水平,并且根据国内外的信息安全标准,尤其是 ISO 27000 的思想,研究和构建了多种关于信息安全风险评估和控制的方法模型,并制订了数字图书馆行业通用的风险评估和控制模板,为数字图书馆信息安全管理的研究和实践奠定了良好的基础[4,108~111]。此外,曾思慧提出了基于 ITBPM 的图书馆信息安全风险评估方法[112],李伟丽提出了基于故障树的图书馆信息安全风险评估方法[113]。关于数字图书馆信息安全管理的标准规范相关研究比较少。2010年,上海图书馆主持编写了《数字图书馆安全管理指南》[114],并对该指南进行了详细的解读[60]。随后,黄水清、任妮对该指南及《解读》提出了辨析[115],指出其思想即源于 ISO 27000,但其在相关概念、依从标准选择、实施流程、控制要素等方面也与 ISO 27000 存在一些偏差,实际应用于数字图书馆信息安全管理工作时在操作性方面将会遇到困难。

整体而言,数字图书馆的信息安全问题在2000年左右开始得到关注[116]。2004年黄水清开始提出用BS 7799规范数字图书馆的信息安全管理[117]。目前,数字图书馆信息安全问题的重要性得到普遍重视[4]。已有的相关研究成果主要包括依从标准选择、风险评估与风险控制的流程和因素、风险评估与风险控制的数学模型、风险评估与风险控制的方案等。在依从标准的选择方面,茆意宏等人通过对国内外各种标准比较分析,并结合数字图书馆的自身特点,确定了ISO 27000是数字图书馆信息安全管理的最佳依从标准,能够满足数字图书馆信息安全风险管理的要求,用于指导建立数字图书馆领域的信息安全管理体系[118],并充分论证了数字图书馆选择ISO 27000系列标准作为信息安全管理依从标准的理由。上海图书馆发布的《数字图书馆安全管理指南》中也认同了该观点,同样选择了ISO 27000作为数字图书馆信心安全管理的指导标准[114]。在风险评估和风险控制的实施流程方面,朱晓欢、熊健等人确定了从数字图书馆业务流程入手,识别和计算资产、威胁和脆弱性等因素的风险评估操作过程[119~122],其中的风险评估因素识别主要包括资产、威胁、脆弱性等ISO 27001中明确提出的风险因素,而对资产、威胁、脆弱性的相关影响因素未做进一步识别,其具体大小采用直接人工赋值的方式。实际上,由于资产、威胁、脆弱性的大小在一定程度上很难直接赋值区分,这将直接影响风险值计算的客观准确性。如何对资产、威胁、脆弱性的影响因素做进一步识别,加强风险评估中要素的可识别度和定量比例,这些有待进一步研究。任妮等确定了数字图书馆风险控制的操作过程[108,109]。现有的风险评估和风险控制的过程方法研究的成果中,尚未将数字图书馆的信息安全管理过程有效地串联,数字图书馆信息安全管理体系整体实施框架和流程研究尚未成熟。在风险评估和风险控制的应用模型研究方面,陈双喜构建了基于模糊数学的资产价值评估模型、基于"构建威胁场景"的威胁等级评估模型、基于CVSS的脆弱性评价模型、数字图书馆风险值计算模型、基于投资约束和风险防范策略的数字图书馆风险控制决策模型、风险评估与风险控制的联动关系模型[110,123]。然而该模型的最大问题在于计算复杂、各参量的赋值工作量过大、操作困难,使得该模型停留在研究阶段,实际操作中难以利用。平衡风险评估和控制过程的可操作性和结果有效性以及主观性与客观性之间的关系,探索具有实际推广价值的数字图书馆信息安全风险评估和风险控制的应用模型尚有待研究。在风险评估和风险控制的方案研究方面,郑德俊等人通过对国内数字图书馆的调查,总结了数字图书馆的安全现状[116],任妮等人还总结了数字图书馆的业务流程[124],建立了数字图书馆业务流程与资产的关联表以及数字图书馆资产、威胁、脆弱性的对照表,构建了数字图书馆风险评估的模板,并将控制要素与风险项关联,构建了数字图书馆风险控制模板[4]。这些模板中的关联项是数字图书馆信息安全管理中资产、威胁、脆弱性关联以及风险项与控制措施关联的重要依据。任妮等人筛选得到了基于 ISO 27002:2005 的数字图书馆信息安全管理核心控制要素[108,109]，然而 ISO 27002:2013 发布后，对控制域、安全类别和控制措施均做了较大幅度的调整，以 2013 版的标准为依据分析筛选新标准要求下的数字图书馆信息安全风险控制的核心要素和参考要素有待研究。

尽管数字图书馆领域的标准规范类型多样，各行业信息安全管理标准日趋成熟，但是如何借鉴当前国内外信息安全管理标准，建立数字图书馆信息安全管理体系，是当前已有研究的空白，这也正是本书旨在解决的问题。

第 3 章 数字图书馆信息安全管理的实施框架

数字图书馆信息安全涉及技术与管理两个方面,数字图书馆信息安全管理需要规范化的过程方法(Process Approach)与实施框架作为保障。过程方法是建立与实施质量管理体系最有效也是必不可少的手段与工具,在质量管理体系国际标准 ISO 9000 中对过程方法有详尽的描述。信息安全管理本质上秉承的是质量管理的观念与原则,信息安全管理国际标准 ISO 27000 全盘接受了 ISO 9000 中的过程方法,并将其应用于信息安全管理体系(Information Security Management System,ISMS)的建立与实施中。依从 ISO 27000 的数字图书馆信息安全管理体系的建立与实施也应该采用过程模式。本章旨在通过讨论 ISO 27000 关于过程方法的理论思想,结合数字图书馆行业的需求特点,分析数字图书馆信息安全管理的要素,探讨适用于数字图书馆信息安全规范化管理的实施框架。

3.1 质量管理体系中的过程与过程方法

过程与过程方法并不是信息安全管理的创举,而是质量管理中的概念,在 ISO 9001:2000、ISO 9001:2008 中均有明确的定义。所谓"过程",就是通过使用资源和实施管理将输入转化为输出的一组相互关联或相互作用的活动[125~126]。"过程方法"就是在对过程本身与相互作用进行识别的基础上,对这些过程进行系统的应用、管理和连续控制,目的是使体系运行更佳[127]。

过程与过程方法经历了一个发展过程。ISO 9001:1994 提出了"过程"的概念,且要求对产品的形成或服务进行"过程控制",以保证产品与服务的质量,但并未在质量体系的所有方面进行展开[128]。过程与过程方法在质量管理体系中的地位是从 ISO 9001:2000 开始确立的。ISO 9001:2000 将 ISO 9001:1994 中涵盖的质量管理的 20 个重要方面作了调整和融合,提升为 8 项管理原则,其中的过程方法、持续改进两项原则与构成质量管理体系的过程网络直接相关。ISO 9001:1994 按上文所称的 20 个重要方面展开整个标准文件的框架与内容[129],而 ISO 9001:2000 则按过程导向组织标准文件,被称作"过程模式"[130]。相比于 ISO 9001:1994,ISO 9001:2000 最重要的两个特点就是以过程为基础的文本结构和强调通过 PDCA(Plan—计划、Do—执行、Check—检查和 Act—处理)循环达到持续改进[131]。过程与过程方法的思想在 ISO 9001:2008 中基本上没有变化,只是在顾客财产、顾客满意、监视和测量等几个具体过程中增加了一些注解。ISO 9001:2000 与 ISO 9001:2008 中的以过程为基础的质量管理体系模式(即 PDCA 循环改进图式)也完全相同,如图 3-1 所示。其中,图 3-1 中的实线箭头表示增值活动,虚线箭头表示信息流[126,130]。

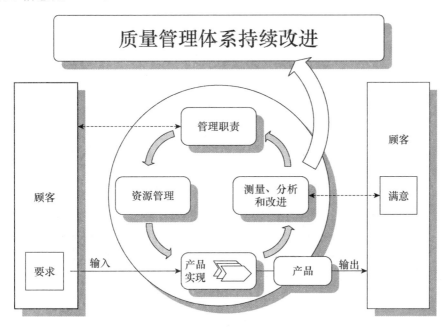

图 3-1　以过程为基础的质量管理体系模式

2004 年 5 月 13 日,国际标准化组织质量管理和质量保证质量体系分委员会制定了 ISO/TC 176/SC2 对"过程方法"的理解和应用指南文件——《管理体系的过程方法概念和应用指南》,即 ISO /TC 176/SC 2/N 544R2,该指南的最新版本是 2008 年发布的 ISO /TC 176 /SC 2/N 544R3。ISO /TC 176 /SC 2/N 544R3 和 ISO 9001 都指出,过程方法的主要优点在于能实现对过程系统中单个过程的管理,并对过程与过程之间的组合与相互作用进行连续的控制,特别是能控制好过程之间相交互的界面[125,126]。ISO /TC 176 /SC 2/N 544R3 给出了如图 3-2 所示的过程模式图[125]。

所有的管理活动都可以分解为过程,过程组合在一起形成的结构模式,代表了组织完整的管理行为。每个过程都有输入与输出,管理活动将过程的输入转化为输出,所有过程的共同结构就是"输入—活动—输出"。过程间存在相互联系与相

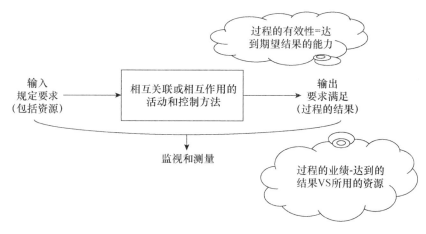

图 3-2 过程模式图

互作用,一个过程的输出可能是另一个过程的输入,由相关过程组成的过程系统即为管理体系[132]。

在 ISO 9001 与 ISO/TC 176/SC 2/N 544R3 中,过程与过程之间的关系是立体的,并且可以嵌套。过程方法对过程的管控是通过标定过程的输入和输出从而明确工作中各环节的衔接而实现的。过程方法使得管理工作的着眼点由"人"变为"事"[133]。以过程方法建立质量管理体系的一般步骤为:识别过程、描述过程、分析过程、确定过程的评价指标和准则、监控质量管理体系的运行[134]。

3.2 PDCA 过程方法模式

PDCA 循环也称戴明环,由美国的休哈特(W. A. Shewart)于 20 世纪 30 年代提出,后来他的学生戴明(W. E. Deming)又进行了改进。对 PDCA 模式进行系统描述的国际标准是作为 ISO 9000 支持集的 ISO/TC 176/SC 2/N 544。在其最初的草案(2000 年版)中,已经专门设置了"PDCA 循环与过程方法"章节。以后,ISO 组织于 2004 年公布了 ISO/TC 176/SC 2/N 544R2,2008 年又公布了 ISO/TC 176/SC 2/N 544R3,对过程方法与 PDCA 的关系进行了清晰地描述。

ISO/TC 176/SC 2/N 544R3 指出,PDCA 循环可以用作确定、实施和控制纠正措施和改进的有用工具。PDCA 循环由计划(Plan)、执行(Do)、检查(Check)和处理(Act)4 个英文单词的首字母组成,分别代表建立必要的目标和过程、实施过程、监视和测量、持续改进[125]。PDCA 循环可以应用于组织的任意一个或多个过程。组织也可以在任何层级上应用 PDCA 循环,从高层级的战略过程到简单的作业活动应用 PDCA 循环同样有效[125]。

PDCA 循环如今已成为全面质量管理及质量管理体系建设最常见、最重要的管理模式,就是因为其具有如下几项重要的特性:① PDCA 循环是一个周而复始的过程,一个循环结束后即进入下一个 PDCA 循环,这与管理过程的持续性是一致的;② PDCA 大环还可以嵌套小环,形成环环相扣的环状体系,小环保证了大环的正常运行,并最终推动整个管理体系的大循环运行,这又与管理过程的层次性一致;③ PDCA 循环是阶梯式上升的,每循环一次解决一部分问题,到新的循环又有新的目标与内容,这反映了管理过程改善的渐进性[135]。PDCA 循环过程及特性如果用图式来表示,就是一个沿着斜坡面向上推进的圆环,圆环由 P,D,C,A 4 个部分组成。圆环内部的任一部分又可以再划分为许多小环,每个小环又由 P,D,C,A 4 个部分组成,如此循环往复,嵌套进行,如图 3-3 所示。

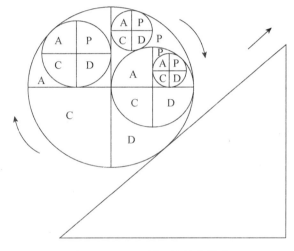

图 3-3　PDCA 循环的基本模式

3.3　信息安全管理体系中的过程方法

与质量管理体系相比,信息安全管理体系从概念提出到形成标准一直有 10 年左右的时间差距,但过程方法出现在信息安全管理国际标准中的时间与出现在质量管理国际标准中的时间基本上是同步的。

3.3.1　信息安全管理体系在质量管理体系中的位置

信息安全其实是产品质量或服务质量的一个方面,信息安全管理本质上是质量管理的一种类型,信息安全管理体系则是质量管理体系的一个组成部分。质量与信息安全、质量管理与信息安全管理以及质量管理体系与信息安全管理体系之间是分别对应的上下位类的关系。

首先,这两组概念在定义与内涵方面存在明显的对应关系。作为质量管理体系整个标准族的基础与术语部分,ISO 9000 对"质量""质量管理""质量管理体系"都给出了清晰、明确的定义。"质量"定义为一组固有特性满足要求的程度,"质量管理"则指的是在质量方面指挥与控制组织进入协调状态的活动,"质量管理体系"就是在质量方面指挥和控制组织的管理体系[136]。在产品生产与服务提供过程中,保证生产与服务过程中生产者(或服务提供者)及客户的信息安全,显然也是产品质量或服务质量的一个方面。根据 ISO 27001 中的定义,信息安全指的是保持信息的保密性、完整性、可用性及其他属性(如真实性、可核查性、可靠性、防抵赖性)。信息安全的这些属性显然属于固有特性,对信息安全的要求也就是生产者(或服务提供者)及客户对这些固有特性的要求。因此,对信息安全的要求同时也是质量要求。

"管理"即组织中的管理者通过实施计划、组织、人员配备、领导、控制、创新等职能来配置组织资源和活动,进而更有效地实现组织目标的过程[137]。ISO 27000 系列标准中对信息安全管理并没有直接进行定义,但根据"信息安全"与"管理"的定义,信息安全管理可以理解为保持信息的保密性、完整性和可用性及其他属性而进行的各种活动。如果把质量管理中的"协调状态"理解为对信息安全的各种属性的要求,信息安全管理显然是一种质量管理。而信息安全管理体系,ISO 27001 给出的定义就是"整体管理体系的一部分,基于业务风险方法以建立、实施、运行、监视、评审、保持和改进信息安全"[16]。因此,从定义与内涵角度看,信息安全管理体系是质量管理体系的一个组成部分是没有疑义的。

其次,信息安全管理体系与质量管理体系的管理在建立与实施阶段性安排方面也存在对应关系。ISO 9001 规定,组织应按 ISO 9001 的要求,建立质量管理体系,形成文件,加以实施和保持,并持续改进其有效性[136]。ISO 27001 则要求组织根据整体业务活动和风险,建立、实施、运行、监视、评审、保持并改进文件化的信息安全管理体系[16]。显然,撇开具体用词方面的不同,这两段话对阶段性的划分是完全一致的。

最后,信息安全管理体系与质量管理体系所采用的标准是相互兼容的。ISO 27001 在标准文本中直接注明 ISO 27001 与 ISO 9001:2000 是"协调一致"的,目的是"支持与相关管理标准的结合和整合的实施和运行"[16]。ISO27001 附录 C 中还特别标明了 ISO 27001:2005 与 ISO 9001:2000 各章节之间的对应关系。

因此,作为质量管理体系组成部分的信息安全管理体系,在质量管理体系的相关标准全面采用过程概念与过程方法之后，将过程方法作为信息安全管理的基本方法具有可行性。

3.3.2 信息安全管理过程方法的类型与特点

信息安全管理的国内标准基本上延续了国外标准的思想，有些国内标准直接就是国外标准的等同标准，如 GB/T 22080-2008 等同采用 ISO 27001:2005，GB/T 22081-2008 等同采用 ISO 27002:2005。而且，国内标准一般滞后于国外标准数年后才公布。因此，为简便起见，此处只讨论国外信息安全管理标准中的过程方法，国内标准的情况可以参考国外标准。

按照信息安全标准的主要内容进行粗略的划分，国外的信息安全管理标准大体有 3 种：与信息安全等级设定与划分有关的标准、与信息安全风险管理有关的标准、非专为信息安全制定但内容涉及信息安全的标准。第一种类型具有代表性的标准主要有美国的《可信计算机系统评估准则》(Trusted Computer System Evaluation Criteria，TCSEC)，加拿大的《加拿大可信计算机产品评估准则》(Canadian Trusted Computer Product Evaluation Criteria，CTCPEC)，英、法、德、荷 4 国的《信息技术安全评估准则》(Information Technology Security Evaluation Criteria，ITSEC)；第二种类型具有代表性的标准主要有美国审计总署的《信息安全管理指南——向先进公司学习》(GAO/AIMD-98-68)和《信息安全风险评估指南——向先进公司学习》(GAO/AIMD-99-139)，美国国家标准与技术研究所(NIST)风险管理框架，卡内基·梅隆大学的可操作的关键威胁、资产和薄弱点评估(Operationally Critical Threat, Asset, and Vulnerability Evaluation，OCTAVE)方法，澳大利亚和新西兰联合开发的《风险管理指南》(AS/NZS 4360：1999)，当然其中最著名的是 ISO 27000 系列国际标准；第三种类型具有代表性的标准主要有系统安全工程能力成熟度模型(SSE-CMM)。

这 3 种类型的信息安全管理标准中，第一种类型基本没有过程的概念，只考虑产品或服务的结果是否符合信息安全等级要求。第三种类型的目标对象是整个软件产品的成熟度，其中的过程可能只有部分与信息安全有关。只有第二种类型的目的是建立信息安全管理体系，其中的过程都与信息安全有关，因此也只有第二种类型会涉及信息安全管理的过程方法。

第二种类型的信息安全管理标准基本上产生于 2000 年前后，20 世纪 90 年代末发布的居多。虽然除 ISO 27000 系列标准之外，其他标准的文本并没有直接给出过程或过程方法的概念，但是每个标准都有自己独特的过程方法模式。表 3-1 列举了除 ISO 27000 系列标准之外的第二种类型其他 4 种标准的发布时间与过程方法模式[72,77,138,139]。

表 3-1　几种代表性信息安全管理标准中的过程方法模式

标准	发布机构	初始发布时间	过程模式阶段数	过程模式内容
GAO/AIMD-99-139	美国审计总署	1999 年	4 阶段循环	评估风险与确定需求、实施方针与控制、增强意识、监控与评价的循环过程
风险管理框架	美国国家标准与技术研究所	2002 年后陆续公布	8 步骤循环	安全性分类、选择安全控制、提炼安全控制、文档化安全控制、实施安全控制、评估安全控制、系统批准、监控和改进安全控制
OCTAVE 方法	美国卡内基·梅隆大学	1996 年	不包括准备阶段，共分 3 阶段 8 过程	建立基于资产的威胁配置文件（标识高层管理部门的知识、标识业务区域管理部门的知识、标识员工的知识、建立威胁配置文件）；标识基础结构的弱点（标识关键组件、评估选定的组件）；开发安全策略和计划（执行风险分析、开发保护策略）
AS/NZS 4360	澳大利亚/新西兰标准协会	1999 年	7 步骤	环境建立、风险识别、风险分析、风险评价、风险处理、风险监控与回顾、交流与咨询

GAO/AIMD-99-139 与风险管理框架标明是循环执行的。AS/NZS 4360 虽未明确宣称各步骤可循环执行，但"交流与咨询"贯穿所有过程，"监控与回顾"之后就可以重新开始风险管理过程，因此 AS/NZS 4360 实际上是可以循环执行的。唯一例外的是 OCTAVE 方法，其仅是一个风险评估过程，3 个阶段 8 个过程及不包括在其中的准备阶段都没有执行与监测过程，因此 OCTAVE 方法本身并不能循环执行，但 OCTAVE 方法可以方便地成为风险管理全过程循环的组成部分。

上表未列出 GAO/AIMD-98-68 标准，它与 GAO/AIMD-99-139 属于同一标准的不同组成部分，过程方法模式只反映在 GAO/AIMD-99-139 中，与 GAO/AIMD-98-68 中的内容无关。由表 3-1 可知，早期的信息安全管理标准的过程方法模式各不相同，但大致包括分析需求、提出建议方案、实施方案、动态检测实施效果等几个阶段。此外，就整个风险管理过程而言这几个阶段都是循环执行的，这样的过程方法模式与管理学中的经典管理模式 PDCA 非常契合。

3.3.3　ISO 27000 系列标准中过程方法的变迁

ISO 27000 系列标准的前身是英国标准 BS 7799 系列标准。英国标准 BS 7799 系列之所以能发展成为国际标准 ISO 27000，与 BS 7799 在管理理念上接受了 ISO 9000 的质量管理体系思想密切相关。但是在早期的 BS 7799 版本中，因为同期的 ISO 9000 标准还没有过程方法的提法，因此 BS 7799 也没有明确提出建立与实施信息安全管理体系时应采用过程方法。BS7799-2 最早的版本是 1998 版，但并没有正式发布，正式发布的最早版本是 BS 7799-2:1999。在这一标准文本中并没有出现过程方法一词,只是提出了建立信息安全管理框架的 6 个步骤:定义政策、定义 ISMS 范围、进行风险评估、管理风险、选择拟实施的管理目标和管理方法、编制适用性说明[140]。这样的阶段性划分与表 3-1 中的几个标准有相似之处。但到了修订后重新发布的 BS 7799-2:2002,因为之前的 ISO 9001:2000 已经用过程方法贯穿整个标准。因此,BS 7799-2:2002 中不但有了过程、过程方法的定义,而且明确指出 PDCA 适用于所有 ISMS 过程,并给出了适用于 ISMS 过程的 PDCA 模式图[141]。BS 7799-2:2002 中的这些描述完全套用了 ISO 9001:2000 中的说法,甚至连具体的文字都基本相同。

2002 年,英国标准协会对 BS 7799-2 进行了再次修订。2005 年,BS 7799-2 正式转化为 ISO 27001:2005。ISO 27001:2005 完全仿照 ISO 9001:2000 的体系结构,用"0.2 过程方法"这一小节专门论述 ISMS 的过程方法,定义了过程、过程方法的概念,强调了过程方法的重要性,提出鼓励在建立、实施、运行、监视、评审、保持和改进组织的 ISMS 时采用过程方法,并具体指出 ISO 27001:2005 应采用 PDCA 过程方法模式,PDCA 模式适用于信息安全管理体系的所有过程[16]。

2013 年 10 月 19 日,在 ISO 27001:2005 使用了 8 年后,业界期待已久的新版信息安全管理体系 ISO 27001:2013 正式发布[142]。较之 2005 版,ISO 27001:2013 采用了标准化的 ISO Annex SL 通用架构——ISO 导则 83 作为整个标准的结构性要求(同 ISO 22301)[143],不再按 PDCA 过程方法模式展开章节。在内容上,ISO 27001:2013 不再浓墨重彩地强调过程方法和戴明环,也不再花大量的篇幅说明过程方法、模型这些其他标准中定义过的通用概念,而是在继续遵循 PDCA 框架的前提下重在提出目标要求,但对 PDCA 框架下具体方法的选择不做规定[63]。也就是说,ISO 27001:2013 虽然文字上不再有过程方法与 PDCA,但过程方法和 PDCA 的原则精神仍然处处得到体现,其目的是为了强调信息安全管理目标的达成,在此前提下,任何具体的过程方法或 PDCA 模式都是可以接受的。

3.4 数字图书馆信息安全管理的过程方法

ISO/TC 176/SC 2/N 544R3 认为过程方法可用于组织类型与规模不同的任何管理体系,包括但不限于环境、职业健康和安全、业务风险、社会责任的管理体系,而 PDCA 模式则可以作为确定、实施、纠正控制措施及改进过程的有效工具[125]。照此推论,过程方法当然适用于信息安全管理体系的建立与实施。正因为如此,ISO 27000 引入了过程方法和 PDCA 模式,并在 2005 版与 2013 版中以不同的方式做了表述。

很显然,数字图书馆信息安全管理应当也必须遵守 ISO 27001:2005 和 ISO 27001:2013 中的规定,即以 PDCA 模式作为过程方法的规范。

ISO 27000 系列标准的核心是 ISO 27001 风险评估与 ISO 27002 风险控制两个标准,遵循 ISO 27000 建立与实施信息安全管理体系的过程,其实就是交替组合应用风险评估与风险控制的过程。风险评估包括识别资产威胁脆弱性、确认已有安全措施、计算风险值、分析风险等级并指出不可接受风险等过程。风险控制包括控制措施的识别与选择、控制措施的实施、风险接受等过程。

数字图书馆信息安全管理的目的是建立数字图书馆信息安全管理体系并保证其正确运行。在数字图书馆信息安全管理体系中,对信息安全整体水平的提升由各项具体的信息安全改进活动构成。而数字图书馆任意一项对信息安全的改进都可以也必须应用 PDCA 模式,既包括整体的数字图书馆信息安全管理体系的建立与实施,也包括与数字图书馆信息安全管理相关的各个具体环节,都可以方便地应用 PDCA 模式。由于 PDCA 模式是质量管理的通用过程方法,也可以应用在数字图书馆的其他涉及质量控制的领域。下面,将按照 ISO 27001:2013 的要求,从实施可操作性的角度,结合数字图书馆的环境特点和业务需求,探讨建立、实施、保持和改进数字图书馆信息安全管理体系的 PDCA 模式。

(1) 计划(Plan)阶段。计划阶段要完成的任务主要包括需求确定、领导承诺、计划制订、资源支持 4 部分工作。首先,要充分分析数字图书馆的内外环境,明确数字图书馆信息安全管理的需求和期望值,以此来确定数字图书馆 ISMS 的边界和适用性,为数字图书馆 ISMS 的建立、实施、保持和持续改进打好基础;然后,以馆长为首的数字图书馆管理层需认同数字图书馆信息安全管理的重要性,组织建立数字图书馆信息安全方针和安全目标,并将方针与目标整合进数字图书馆的战略管理和业务开展工作中,同时,管理层应承担与信息安全相关的责任和权利;第三,制订数字图书馆 ISMS 的具体实施计划,包括信息安全风险评估和风险控制的过程、方法、行动准则以及评价方案等,并对做什么、如何做、何时做、谁来做、需要什么资源、结果如何评价等提出具有可行性的要求;最后,要确保数字图书馆 ISMS 建立、实施、保持和改进的过程中所需要的条件支持能够得到满足,包括所需要的资源支持、相关人员的能力支持、相关人员的意识支持、组织的内外传达机制支持、相关信息随时记录的保障等。

(2) 执行(Do)阶段。执行阶段,数字图书馆要运行和控制必要的过程,以满足数字图书馆 ISMS 的信息安全要求并实现信息安全目标。具体而言,数字图书馆应根据计划阶段的要求和准则,按照计划的时间间隔执行信息安全风险评估,并根据评估的结果和数字图书馆信息安全目标有针对性地进行风险控制。风险评估和风险控制的过程和方法以计划阶段确定的为准，以确保不同阶段风险评估和风险控制的一致性。

（3）检查（Check）阶段。检查阶段的任务是要监视、测量、分析和评价数字图书馆的信息安全绩效以及数字图书馆 ISMS 的有效性。首先，数字图书馆需要明确监视、测量、分析和评价的内容、方法、时间、人员、对象、过程等具体问题；其次，数字图书馆应按照计划的时间间隔进行内部审核，以保障 ISMS 能够有效地实施和保持；另外，以馆长为首的数字图书馆管理层应按计划的时间间隔评审 ISMS，并给出需要改进的相关决定内容。

（4）处理（Act）阶段。处理阶段需要根据策划、实施和检查阶段的工作内容和最终决定，对不符合项进行纠正和持续改进，以确保数字图书馆 ISMS 的适宜性、充分性和有效性。需要纠正和持续改进的内容主要有：① 对不符合项进行直接控制、纠正并处理其后果；② 评价和确定不符合项的原因，从根本上进行消除，以防止再发生类似的不符合项；③ 评审、纠正和改进控制措施的有效性；④ 必要的情况下改进数字图书馆 ISMS 的相关内容。

3.5 数字图书馆信息安全管理的要素

信息安全管理是一项复杂的系统工程，涉及诸多因素。所谓信息安全管理的要素，就是建设与实施信息安全管理体系涉及主要的因素。如何对数字图书馆信息安全管理的要素进行界定、识别、衡量及计算，是数字图书馆信息安全管理的流程梳理和模型构建的重要基础，也是数字图书馆信息安全规范化管理实施框架构建的一项重要内容。数字图书馆信息安全管理的要素可以分为与风险评估有关的要素和与风险控制有关的要素两大类。其中，与数字图书馆风险评估有关的是风险评估模型中需要识别与计算的各种要素，这些要素将最终用于风险值的计算。与数字图书馆风险控制有关的要素将用于数字图书馆风险控制措施的计算、选取与实施。

3.5.1 ISO 27000 中的信息安全管理要素及变迁

信息安全管理的要素与信息安全管理的流程密切相关，可以从风险评估和风险控制两个过程进行识别。按照 ISO 27001:2005 中对信息安全管理体系的要求，信息安全风险评估的要素包括资产、威胁、脆弱性和已有控制措施 4 类。其中，资产是指任何对组织有价值的事物[16]。"保密性、完整性和可用性"是资产的 3 大属性,同样也是资产价值评估中的 3 大关键因素。威胁是指非预期事件的潜在原因,这些事件可能对系统或组织造成损害。威胁与资产密切相关,具有多对多的关系,威胁大小主要受威胁发生的可能性和威胁发生后对资产造成的损失的影响。脆弱性是指资产或资产组中能被威胁利用的弱点,也可以说,脆弱性是可能被一个或者多个威胁利用的一个或一组资产的弱点。脆弱性与威胁密切相关,同样具有多对多的关系,脆弱性与资产之间因为威胁而关联。已有控制措施是指组织在信息安全风险评估前已经实施的控制措施。已有控制措施与脆弱性密切相关,二者之间具有此消彼长的关系,即已有控制措施越完善越成熟,组织相应的脆弱性越小,安全程度越高。

在 ISO 27000:2013 中,由于更多地强调管理目标,而对具体实现方法尽可能地放宽约束,因此 ISO 27001:2013 不再对资产、威胁、脆弱性、已有控制措施这些概念及操作方式进行定义和描述。但是,ISO 27001:2013 并非认为这些要素不重要或不可行,而是让不同的组织在信息安全风险评估过程中有更大的选择空间,依靠资产、威胁、脆弱性、已有控制措施实施风险评估当然是一种 ISO 27001:2013 可以接受和认可的选择。目前,各行各业的实际风险评估过程大多仍然是建立在对资产、威胁、脆弱性、已有控制措施进行识别和计算的基础上。因此,数字图书馆信息安全管理的风险评估过程仍然可以把资产、威胁、脆弱性、已有控制措施作为风险评估的要素。下文的风险评估将主要在 ISO 27001:2005 的基础展开。

在 ISO 27002:2005 中,控制措施包括 11 个控制域、39 个安全类别、133 个控制要素。ISO 27002:2013 对 2005 版中的部分控制域进行了分解、整合、删除、新增等调整后,包括 14 个控制域、35 个安全类别、113 项控制要素。而这些控制要素从政策、法律、人员、技术、管理等诸方面对组织的信息安全进行了全方位保障。但是,无论是 2005 版还是 2013 版,都没有具体说明这些控制要素的选取原则。在实际操作过程中,控制措施选取应综合考虑一些因素的影响,包括风险值情况、组织的可接收程度、控制措施实施的成本和有效性等。

3.5.2 数字图书馆信息安全风险评估的要素

风险评估即通过评估资产面临的威胁以及威胁利用脆弱性导致安全事件的可能性,并结合安全事件所涉及的资产价值来判断安全事件一旦发生对数字图书馆造成的影响[144]。风险评估的要素须直接纳入风险值计算。在数字图书馆领域,可根据 ISO 27000 的思想和要求,并结合数字图书馆的特点转化而来,其候选对象就是资产、威胁、脆弱性、已有控制措施 4 大要素。

1. 风险评估要素的类别

风险值是风险评估结果的展现形式。根据不同的标准,风险值的评价流程和计算方法各不相同。ISO 27000 认为风险评估过程包括风险识别、风险分析和风险评价 3 个环节,提出了风险价值矩阵法、威胁分级法、风险二值法等风险值计算方法[142,145]。GB/T 20984-2007 认为风险评估过程包括风险识别和风险分析两个环节[80],提出了矩阵法与相乘法两种风险值计算方法。不管是国际标准 ISO 27000:2005 还是国家标准 GB/T 20984,关注点都在于资产、威胁、脆弱性和已有控制措施 4 大风险要素。而在实际操作中,脆弱性和已有控制措施不可分割。若已有控制措施设置完善并得到实施则被利用的脆弱性强度会降低,若控制措施未实施或实施力度不够则被利用的脆弱性强度会加大。ISO 27000:2005 与 GB/T 20984 中均未单独考虑已有控制措施,而是将其融入脆弱性的识别与计算中一并考虑。因此,数字图书馆信息安全的风险评估的要素整体包括资产、威胁和脆弱性 3 大要素。风险值(R)与风险要素的关系可以综合表示为:$R=R(A,T,V)$。其中,A 代表资产价值,T 代表威胁的大小,V 代表脆弱性的大小。

2. 风险评估要素的表示方式

(1) 资产价值的表示。资产是数字图书馆所拥有或者能控制的一切能为数字图书馆带来社会与经济利益(即对数字图书馆有价值)的事物或资源。资产的价值由保密性、完整性和可用性 3 个属性共同决定。同时,对于不同的资产而言,保密性、完整性、可用性对资产价值的重要程度也有所不同。因此,资产的价值(A)可以综合表示为:

$$A = A(A_I, A_C, A_U, W)$$

其中,A_I 是资产在保密性的价值体现,A_C 是资产在完整性的价值体现,A_U 是资产在可用性上的价值体现,W 则是保密性、完整性和可用性对于资产价值的重要程度,且 $\sum W_i = 1$。

(2) 威胁等级的表示。威胁是指可能对数字图书馆或其部分系统造成损害的非预期事件的潜在原因。威胁的大小由威胁发生的可能性和威胁发生后对资产的损失两种要素决定,而每项威胁发生后对资产伤害的程度又可细分为威胁发生后资产保密性的损失、完整性的损失、可用性的损失。因此,威胁(T)的等级可以综合表示为:

$$T = T(T_M, T_A) = T(T_M, L(T_I, T_C, T_U, W))$$

其中,T_M 为威胁发生的频率,T_A 为威胁发生对资产造成的损失程度,T_I, T_C, T_U 分别为威胁发生资产的保密性的损失程度、完整性的损失程度和可用性的损失程度,

W 为保密性、完整性和可用性对资产价值的重要程度,且 $\sum W_i = 1$。

（3）脆弱性等级的表示。脆弱性是指数字图书馆的资产或资产组中能被威胁利用的弱点。脆弱性可能来自组织结构、人员、管理、程序和资产本身的缺陷等诸多因素,而且脆弱性的识别过程需要综合已有控制措施的作用,因此其影响因素最为复杂、难以捕捉和计算。在实际操作中,为了相对客观准确地识别脆弱性,降低计算误差,本书选用了漏洞扫描、问卷调查和现场查看三种方式对脆弱性进行定量和定性相结合的评估。因此,脆弱性(V)的等级可以综合表示为:

$$V = V(V_I, V_Q, V_T)$$

其中,V_I、V_T 分别为由评估人员通过现场检查和工具扫描的方式直接给脆弱性赋值;V_Q 为对全部调查问卷进行统计分析后给脆弱性赋值。

3.5.3 数字图书馆信息安全风险控制的要素

数字图书馆信息安全风险控制是指根据数字图书馆风险评估的结果,选择合适的控制措施并加以实施,以将风险控制在组织可接受的范围内。由于 ISO 27000 和其他信息安全标准中均未设计控制措施的选取方式,因此,数字图书馆信息安全风险控制的要素是根据数字图书馆风险控制的实际需求和相关数据的可获取性及客观准确性综合得出。

1. 风险控制要素的类别

ISO 27001 和 ISO 27002 中均未涉及风险控制措施筛选的计算模型,只是强调考虑风险评估的结果和组织对风险的可接受程度组织可以有选择性地实施风险控制。目前针对信息、商业、人身、管理等各类风险事故的控制研究中普遍强调成本和收益问题,在对数字图书馆管理层的咨询中也发现控制成本和控制效果是数字图书馆选择实施控制措施考虑的重要因素。因此,控制措施的选择过程中既要考虑每项控制措施的成本,还要考虑每项控制措施对于数字图书馆风险降低的有效性。因此,数字图书馆信息安全风险控制的要素可选控制成本与控制效果两项,风险控制措施的决策结果(F)可以表示为:

$$F = f(C, E)$$

其中,C 为控制措施的实施成本,E 为控制措施实施的有效性,决策的结果要求成本效益最佳。

2. 风险控制要素的表示方式

控制措施的成本和有效性,还受到其他具体因素的影响,可以对相关因素进行识别,并进行量化计算,才能确保后续控制措施的选择决策。

（1）控制措施成本的表示。控制措施的实施成本可以从实施控制的人力成本、实施控制措施的时耗、实施的费用以及实施的难度 4 个方面进行评判,同时,对于不同的控制措施而言,人力成本、实施时耗、实施费用以及实施的难度对于控制措施的实施成本的重要程度也有所不同,因此,控制措施的成本(C)可以表示为:

$$C = C(C_H, C_T, C_S, C_D, W)$$

其中,C_H 为控制措施实施成本在人力资源上的体现,C_T 为控制措施实施成本在时间成本上的体现,C_S 为控制措施实施成本在费用成本上的体现,C_D 为控制措施实施成本在实施难度上的体现,W 为人力成本、实施时耗、实施费用以及实施的难度对于控制措施实施成本的重要程度,且 $\sum W_i = 1$。

(2) 控制措施有效性的表示。控制措施的有效性(E)是指具体控制措施对降低数字图书馆信息安全风险所能达到的效果。对于任意一个控制措施,其有效性分值越高,则其有效性越高。对于任意一个风险项 R_i,有 m 个控制措施进行对应,表示为 $\{CM_{ij}\}, j \in [1, m]$,当该风险项对应的所有控制措施实施时,能将该风险项的风险值从最高降为最低。因此,对于风险项来说,其控制措施的有效性 E 可以表示为:

$$E = E(E_{CM}, m)$$

其中,E_{CM} 表示各风险控制实施后对风险 R 的风险值的降低的程度,m 表示风险 R 对应的风险控制措施数量。

3.6 数字图书馆信息安全管理的流程

合理的实施流程能够将数字图书馆信息安全管理的过程方法模式和关键因素串联起来,形成一套完善的实施框架,共同保障数字图书馆信息安全管理体系的运行。数字图书馆信息安全管理的流程主要包括方案制订、风险评估和风险控制 3 个阶段。

3.6.1 信息安全管理的一般流程

管理流程是信息安全管理顺利实施的保障,不同的安全或风险管理标准中的管理流程均有一定的差异性和趋同性。AS/NZS 4360:1999《风险管理指南》是由澳大利亚和新西兰联合开发,适用于各行业各部门的风险管理通用指南,其管理流程主要包括建立环境、风险识别、风险分析、风险评价、风险处置 5 个基本步骤以及风险沟通和咨询、监控和评审 2 个附加环节,其中,风险识别、风险分析和风险评价

3个步骤共同组成了风险评估环节,如图3-4所示[139,146]。

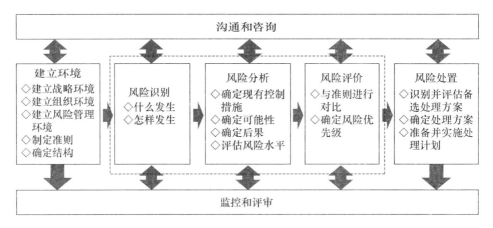

图 3-4 AS/NZS 4360:1999 风险管理的流程

NIST SP 800-30《IT系统风险管理指南》是由美国ITL研究得到的一整套信息安全管理体系实施指南,该指南的管理流程包括风险评估、风险消减、再评价及评估3个过程[147]。

《信息安全管理指南》(The Security Risk Management Guide)是微软参考BS 7799开发的风险管理实践指南,其风险管理流程包括评估风险、执行决策支持、实施控制、评定计划有效性等4个阶段[148]。

ISO 27001:2005 在建立和管理ISMS时涉及了对信息安全管理流程的要求,包括确定信息安全管埋的范围、边界和方针,风险评估(确定组织的风险评估方法、识别风险、分析和评价风险),风险控制(识别和评价风险处置措施、制订风险处置计划、实施风险处置计划),评审与改进4个环节,并包括若干个具体步骤。其中,风险评估环节具体到评估方法的选择、资产识别、威胁识别、脆弱性识别、影响评估、可能性评估和风险等级计算等步骤,具有很强的实施指导意义[16]。

ISO 27001:2013 以组织业务关系为主体[149],将使信息安全管理体系的构建流程更为连贯合理,并且可以减少交叉重复。升级后的ISO 27001:2013对信息安全管理流程的描述更加凝练,要求更加宽松,但整个框架依然包括确定信息安全管理目标、信息安全风险评估、信息安全风险控制、评价与改进4个环节。其中,信息安全管理目标是组织整个信息安全管理工作的核心、指南和行动准则,信息安全管理目标的确定应该得到最高管理者的认可。信息安全风险评估包括风险识别、风险分析和风险评价3个过程。信息安全风险控制包括选择风险控制选项、规划风险控制计划、得到组织批准并实施等过程[142]。

可见，虽然不同标准定义的管理流程各不相同，但风险评估和风险控制是信息安全管理的两个共同环节。而新老版本的 ISO 27001 均将制订组织的信息安全管理方案（包括确定组织信息安全管理的范围、边界、方针、目标等）放在首要的位置，将评审与改进（包括实施过程的监视、分析评价以及信息安全管理方案的纠正、改进等）放在结尾的位置，并花费大篇幅对两部分进行描述。因此，制订方案和评审改进对于组织的信息安全管理，尤其是标准化的信息安全管理具有重要的意义。

3.6.2 数字图书馆信息安全管理的流程

数字图书馆信息安全管理的流程也是实施数字图书馆信息安全管理过程模式、建立信息安全管理体系、充分利用信息安全管理的关键因素评估并控制风险的过程。如上节所述，风险评估和风险控制是信息安全管理的两个必备环节，而制订方案是规范化信息安全管理的重要环节，因此，数字图书馆信息安全管理的流程分为制订方案、风险评估、风险控制、评审改进 4 个过程。

1. 制订数字图书馆信息安全管理的方案

信息安全管理的整体方案制订是整个数字图书馆信息安全风险评估和控制过程的实施基础和行动指南，包括目的、原则、组织构建、流程方法等在内的一切基础性、方向性的准备工作，在此充分筹谋，以避免实施过程中的偏差和遗漏。

在该过程中，要依次做到：① 确定数字图书馆信息安全管理的范围和方针。要明确数字图书馆信息安全管理体系的范围，完善信息安全方针的文档，描述信息安全在数字图书馆内的重要性，提出信息安全管理的方法，并就以上内容争取获得最高管理者的承诺和支持，为数字图书馆的信息安全管理奠定重要的基础。② 定义数字图书馆风险评估和风险控制的系统性方法。确定数字图书馆信息安全风险评估方法，并确定风险等级准则，建立数字图书馆的风险评估文件，解释所选择的风险评估方法及选择的理由，介绍所采用的技术和工具以及使用这些技术和工具的原因。其中，数字图书馆信息安全管理的范围和方针的确立要以数字图书馆的需要和要求为前提；系统性的方法应该宽泛、灵活，以适用性、实用性和可操作性为重要考虑因素。

2. 数字图书馆信息安全风险评估

以 ISO 27001:2005 的要求、原则与规范为准绳，数字图书馆已经形成了以资产、威胁、脆弱性等风险要素为核心的包括信息安全风险评估全过程的完整行为准则、操作规范及具体评估过程方法与计算模型[4,120]。ISO 27001:2013 虽然放弃了对风险评估具体方法和过程的推荐，并多次强调只需达到组织的需要与要求即可，但对 ISO 27001:2005 中的方法却并不排斥。因此,具体到数字图书馆的信息安全风险评估,既然依照 ISO 27001:2005 中的方法已经形成了完整和可操作的风险评估具体方法,并经过实际评估证明可行,同时又满足了 ISO 27001:2013 的所有要求,那么,ISO 27001:2005 要求的数字图书馆信息安全风险评估过程与方法依然适用,并可适当引入新的过程方法。

整体来说,数字图书馆的信息安全风险评估的过程包括风险识别、风险评价、风险分析 3 个阶段。

(1) 风险识别。风险识别从数字图书馆的业务流程入手,以资产、威胁、脆弱性和已有控制措施为核心,各要素之间层层递进、相互关联。风险识别的内容和流程主要包括:资产识别,资产与威胁关联识别,威胁与脆弱性关联识别,保密性、完整性和可用性 3 大属性对资产价值的影响力识别。

(2) 风险评价。风险评价包括各要素大小的计算和各项风险值大小的计算两类,每类计算都要根据定义的方法模型进行,实现风险值的量化评价。风险评价的内容和流程主要包括:资产价值的计算、威胁的计算、脆弱性的计算、风险值的计算 4 个过程。

(3) 风险分析。风险分析是指对评估得到的风险项的可接受程度进行分析,并根据数字图书馆的实际需求区分出可接受风险和不可接受风险。风险分析的内容和流程主要包括:区分可接受风险和不可接受风险、对不可接受风险进行归类分析,并提出下一步解决方案。

3. 数字图书馆信息安全风险控制

数字图书馆信息安全风险控制的过程包括数字图书馆核心控制要素和参考控制要素的筛选、与风险评估结果相适应的控制要素的选择与效果计算、风险控制方案的审批与实施等。

(1) 数字图书馆核心控制要素和参考控制要素的筛选。数字图书馆核心控制要素和参考控制要素的筛选是综合考虑数字图书馆行业的需求和要求而从 ISO 27002 控制要素中提取出来的控制措施。基于 2005 版标准及数字图书馆的需求特点,已经从 ISO 27002:2005 的 133 项控制要素中筛选得到数字图书馆行业的核心控制要素 87 项,参考控制要素 34 项[4]。ISO 27002:2013 出版后,本书在前期研究的基础上,将新老标准的控制要素进行对比,从而确定了新标准要求下数字图书馆领域的核心控制要素 75 项,参考控制要素 32 项。这些可成为整个数字图书馆行业风险控制的筛选依据和规范。

(2) 与风险评估结果相适应的控制要素的选择与效果计算。与风险评估结果相适应的控制要素的选择与效果计算是要根据每个数字图书馆风险评估的结果,针对不可接受的风险项,按照一定的方法模型,从数字图书馆核心与参考控制要素中筛选出适应该馆现状的控制措施,并提出建议方案。其中包括:实施控制的人力成本、时耗、费用以及难度等实施成本的识别与计算、控制措施有效性的识别与计算、控制措施的决策选择等过程。

(3)风险控制方案的审批与实施。对提出的建议方案从实施成本、实施难度、实施效果、组织需求等多角度进行审批,通过审批的控制措施按计划实施,同时,对于实施控制后剩余的风险要进行确认和批准。

4. 数字图书馆信息安全管理的评审与改进

数字图书馆信息安全管理是一个从风险评估到风险控制再到风险评估的周而复始的循环过程。而每一次循环结束后,下一次循环开始前,都需要进行评审与改进。评审与改进是为了进一步优化已确立的数字图书馆信息安全管理体系,主要包括评审、改进两个环节。

(1)审查已建立的数字图书馆信息安全管理体系。数字图书馆的管理者应通过多种方式检查该馆的信息安全管理体系是否运行良好,具体包括下列过程:① 快速识别并检测风险控制措施的有效性,发现失败之处,确认安全活动达到的预期结果,确定解决安全破坏所要采取的措施,总结他人和自身的安全经验;② 对信息安全管理体系有效性定期进行评审,收集来自各方的意见和建议;③ 对控制实施后的剩余风险和可接受风险进行审核;④ 对信息安全管理的执行情况进行审核,确保各项工作按照计划和要求进行;⑤ 每年对数字图书馆 ISMS 至少要进行一次正式评审;⑥ 平时注重对 ISMS 的重要活动和事件进行记录并及时报告。

(2)在审查的基础上,改进信息安全管理体系,开始下一轮循环。根据上述操作的结论以及当前数字图书馆信息安全管理的范围和方针,确定是否改进信息安全管理体系,然后按照新的信息安全管理体系开始下一轮风险评估和控制循环。

3.7 数字图书馆信息安全管理的实施框架图

在对数字图书馆信息安全管理的过程模式、关键因素和流程进行分析确认的基础上,得到了适用于数字图书馆信息安全规范化管理的实施框架图,如图 3-5 所示。

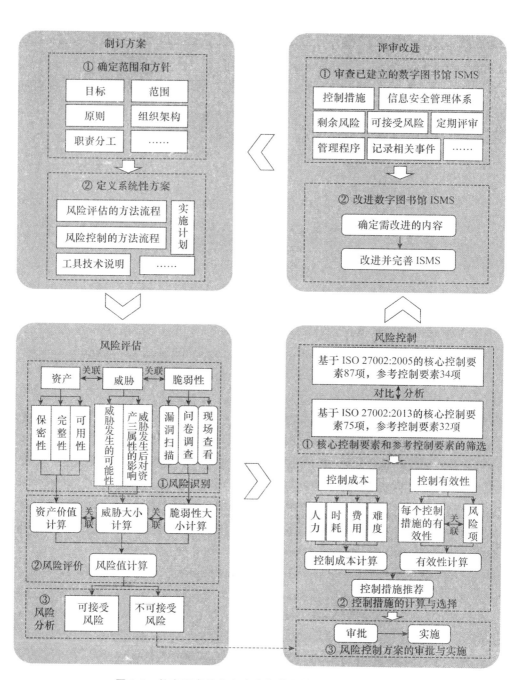

图 3-5 数字图书馆信息安全规范化管理的实施框架图

第 4 章　数字图书馆信息安全风险评估规范

　　风险评估是信息安全管理的重要环节，其评估模型与实施规程决定了风险评估过程的可操作性和结果的客观准确性。本章首先分析了 2013 版 ISO 27001 对风险评估的要求，然后从已有的信息安全风险评估方法和模型入手，分析了数字图书馆信息安全风险评估方法和模型的选择依据，确定了采用 GB/T 20984 的相乘法作为数字图书馆信息安全风险评估的基础算法，设计了基于多因素模糊综合评判矩阵的资产价值和威胁等级值计算模型以及基于多渠道加权平均的脆弱性等级值计算模型用于数字图书馆信息安全风险要素的计算，并且详细阐述了各个模型的数据采集和分析策略，形成数字图书馆信息安全风险评估的实施规范。

4.1　新版 ISO 27001 对风险评估的要求

　　2013 年 10 月 19 日，在 ISO 27001:2005 使用了 8 年后，新版信息安全管理体系 ISO 27001:2013 正式发布。新标准从框架、结构、内容、逻辑、要求等方面均有大幅改进，为指导组织建立、实施、保持和持续改进信息安全管理体系规定了要求，并提供了更加灵活的实施空间[150]。

　　2005 版和 2013 版的 ISO 27000 标准族都把信息安全风险管理划分为风险评估和风险控制两个过程。而且，新老版本的标准又都把风险评估概括为建立准则、选择方法、识别风险、分析风险、评价风险 5 个环节。在 ISO 27001:2005 中，对风险评估的具体方法没有作详细规定，但整个风险识别与风险分析过程是依托于对资产价值、威胁、脆弱性、已实施的风险控制措施 4 种风险要素的识别、赋值和计算展开的。实际评估过程中，常常把已实施的风险控制措施的效果合并到脆弱性的识别、赋值与计算中。因此，遵循 ISO 27001:2005 标准实施的风险评估过程是以资产、威胁、脆弱性的识别、赋值、计算为核心的。在此基础上，可以再依据选定的风险评估方法和模型计算出各风险项的风险值，并确定可接受风险与不可接受风险，对不可接受风险依照 ISO 27002:2005 规定的方法进入风险控制过程。

2013版ISO 27000标准中对风险评估的要求、原则与规范同样落实在ISO 27001标准，即ISO 27001:2103中。与ISO 27001:2005不同，ISO 27001:2013在风险识别和风险分析过程中不再强调资产价值、威胁、脆弱性、已实施的控制措施等风险要素，组织可以根据自身情况，灵活自由地选用任意可行的风险评估方法，或继续使用现行的方法[142]。这意味着任何组织在依照ISO 27001:2013评估信息安全风险时，只需最终结果达到ISO 27001:2013的要求即可，在具体方法的选用方面可以更加宽泛和灵活。换句话说，符合ISO 27001:2013评估目的与要求的任意方法都是允许和可接受的，选用包括ISO 27001:2005或其他标准中推荐的方法当然也是可行的。

ISO 27001:2013在指导制定和实施信息安全管理体系过程中多次强调组织需要、组织要求，风险评估的过程方法可繁可简，选择完全取决于组织的需要和要求。组织可以根据自身的情况，选用合适的风险评估方法。这种情况下，对于数字图书馆信息安全风险评估而言，以行业特点和需求为依据，研究探讨适合用数字图书馆需要的信息安全风险评估的方法模型、实施规范，显得更有必要。

4.2 风险评估的方法模型及数字图书馆的选择

风险评估是信息安全管理体系（ISMS）建立的一个重要环节，也是关键因素。风险评估的结果是信息安全风险管理的重要依据。ISO 27000中对风险评估的定义源于ISO Guide 73:2002，风险评估是风险分析和风险评价的全过程。其中，风险分析就是通过系统的利用信息而识别来源并估计风险，风险评价是根据既定的风险准则对已估计的风险进行比较分析，以此确定风险的严重程度[16]。

4.2.1 风险评估的方法及数字图书馆的选择

1. 风险评估的方法

信息安全的风险评估方法，即信息安全风险评估过程中所采用的分析手段与信息方法。风险评估方法对评估过程的每个环节都会产生影响，对最后的评估结果也可能会产生影响。对于风险评估方法的类型，学者的观点比较一致，即将其划分为定性分析方法、定量分析方法、定性与定量相结合的半定量法[151]。

顾名思义，定性分析是一种非数量的分析方法，其依据是参与风险评估过程的所有人员过去的知识和经验，辅之以某些知识库、文档库等非量化资料，对信息安全风险状况做出判断。定性分析方法的优点是操作简便、直观，充分发挥了人的智能,可站在全局的高度直指组织的深层缺陷,使评估的结论更全面、更深刻。但它的缺点也是人的知识、经验等智能因素融入过多,主观性较强,对评估者本身的要求也较高。定性分析法并不采用具体数据来表示风险值及构成要素,而是设定类似高、中、低这样的等级,或者用3,2,1这样的数值对应表达高、中、低等级。

定量分析法采用数量指标对风险及构成风险的各个要素进行评估和标定。首先对构成风险的各个要素和潜在损失的水平进行赋值或概率值计算,然后根据上述参数计算损失估算值[152]。定量分析法的各项指标及最终的评估结果都是用数值来表示的,客观、严谨、深刻、易于理解,这是它的最大优点。但对构成风险的各个要素都必须用量化数据来表示往往会遇到困难,因为并非所有场合的所有要素都能被方便地量化。在实际工作中,定量分析法的各项数据值常常不得不用近似或替代指标来表示,这给定量分析法带来了数据不可靠或不精确的缺陷。通常,定量分析法采用客观概率和主观概率相结合的方法表示数据,即定量过程已部分融入了定性因素。

风险评估是一个复杂的过程,构成风险的要素及它们的影响因素也很多,有些要素可以方便地用量化的方法表示,但有些要素却很难量化甚至不可能量化。从风险评估的实际效果看,也并非量化的都是科学的、准确的、效果更好的。定性与定量的风险评估方法各有所长,同时也都存在着不足,实际的风险评估过程常常把定性与定量分析法结合在一起使用。可能评估的输出结果是量化的,但在评估过程中存在主观赋值的因素;也可能评估的结果或要素的评分是等级值,但某个具体的分值却是通过前期定量分析和计算得到的。这就形成了第三种评估方法——定性与定量相结合的方法,也称为半定量方法或综合评估方法[153]。

2. 数字图书馆风险评估方法的选择

对比定性、定量、定性与定量相结合三种信息安全风险评估方法,若不考虑操作性,定量分析无疑是最理想的方法。从可能性上讲,当信息安全问题局限在一个小的范围,如特定的网络系统或计算机系统某个方面的风险时,各项要素比较容易量化,采用定量分析法的可能性增大;从必要性上讲,当风险评估的结果用作某个软件系统的自动化输入数据时,如网络安全闭环控制中的漏洞检测,则必须采用定量分析法。而数字图书馆的信息安全不是一个局部的信息安全问题,而是系统性的整体问题,其风险评估的目的也不是作为软件系统的自动化输入数据,而是为管理者进行全面决策提供依据。因此,完全的定量分析法显然不适合用作数字图书馆信息安全管理的整体风险评估。但是,不排除针对数字图书馆某个设施或子系统进行风险管理时采用定量分析法,如针对特定服务器的漏洞检测。另外,在数字图书馆信息安全风险评估过程中的某些要素评估、要素基础上的风险值计算采用定量分析法也是可能的。显然,绝对的定性分析法过于简单、主观,也不适合数字图书馆。例外的情况是,对数字图书馆进行信息安全管理符合性的基线评估时,定性分析是一个较好的评估方法。

综上所述,除个别特例外(基线评估或小范围、特定用途的评估),数字图书馆信息安全风险评估一般情况下应采用定性与定量相结合的半定量法(或称综合分析法),即,对能量化的要素进行量化计算、不易量化的要素采用主观赋值法,最后产生的评估结果是等级值,但该等级值却是通过对各要素的分值计算得到。

4.2.2 风险值的计算模型及数字图书馆的选择

1. 信息安全风险值的计算模型

信息安全风险值计算模型,就是信息安全风险值的赋值或计算的具体实现手段。风险值计算模型的数量非常多,依据不同的数学工具与方法,学者提出了不同的模型,如 BP 神经网络[154]、贝叶斯网络[155]、博弈论[156]、灰色关联决策算法[157]、支持向量机[158]等。这些模型从字面上就能看出来大多是定量分析方法的模型,有些模型甚至名称就直接以"定量"命名[159],但实际使用率并不高。

下面就一些常用的信息安全风险评估模型进行介绍和分析。

(1) ISO 27000 系列标准中的风险评估模型。ISO 27000 已经是当前世界上普及率及认可度最高的信息安全管理国际标准。但是,作为一个有广泛包容性的国际标准,ISO 27000 系列标准并未规定采用何种风险评估方法及具体的风险评估模型,而是将 ISO 27000 的原则与评估方法、评估模型之间保持一定的独立性。换句话说,ISO 27000 允许多种评估模型并存,只要符合 ISO 27000 的原则,这些评估模型都可以被 ISO 27000 所接受。同时,ISO 27005 的附录 E 以示例方式给出了风险价值矩阵法、威胁分级法、风险二值法,这在一定程度上意味着 ISO 27000 向用户推荐这 3 种评估模型。这 3 种模型都是半定量的风险评估方法,其中的风险价值矩阵法应用范围较广[144]。

风险价值矩阵法,也称为风险矩阵测量法或预定价值矩阵法。风险价值矩阵法利用威胁发生的可能性、脆弱性、被威胁利用的可能性及资产的相对价值的三维矩阵来确定风险的大小。在风险价值矩阵法中,将威胁发生的可能性定性地划分为低、中、高 3 级,对应取值分别为 0,1,2;脆弱性被利用的可能性也定性地划分为低、中、高 3 级,对应取值分别为 0,1,2;资产的相对价值则定性地划分为 5 级,分别取值为 0,1,2,3,4。依据风险函数的特性,将这 45 种情况预先与风险的 9 种取值对应起来,形成事先确定的风险价值表,这个风险价值表就是所谓的风险价值矩阵。风险价值矩阵的结构与取值如表 4-1 所示。

表 4-1 风险价值矩阵

资产 \ 威胁 \ 脆弱性	威胁等级	低 0			中 1			高 2		
	脆弱性级别	低 0	中 1	高 2	低 0	中 1	高 2	低 0	中 1	高 2
资产相对价值	0	0	1	2	1	2	3	2	3	4
	1	1	2	3	2	3	4	3	4	5
	2	2	3	4	3	4	5	4	5	6
	3	3	4	5	4	5	6	5	6	7
	4	4	5	6	5	6	7	6	7	8

表 4-1 中的风险值其实是资产相对价值、威胁级别和脆弱性级别三者之和,随着资产值的增加、威胁等级的增加和脆弱性等级的增加,风险值随之加大。对于每一项资产,根据资产价值、威胁等级和脆弱性等级的取值,查表或直接计算都可以得到资产风险值。风险矩阵法共有 3×3×5＝45(种)风险组合,但只有 9 种不同的风险值,最大值为 8,最小值为 0。可以设 0,1,2 为低风险,3,4,5 为中风险,6,7,8 为高风险。

威胁分级法,也称二元乘积法,其最大特点是无须对脆弱性进行评分。因此,在 ISO 27005 的 3 种模型中威胁分级法的评估工作量最小。在威胁分级法中,风险值等于威胁发生的可能性与威胁发生后对资产价值造成的损害的乘积,其中两者都用 5 级分值表示。因此,威胁分级法共有 25 种风险组合,14 种风险等级。该模型与风险价值矩阵法的最大区别是资产的脆弱性没有被单独作为风险要素列出,而是隐含在威胁发生的可能性中,与目前的风险评估发展趋势不符,虽简化了评估过程,却增加了威胁发生的可能性这一要素的评分难度。

风险二值法,也称为可接受与不可接受风险区分法,只区分可接受与不可接受风险,即评估得到的风险值只有两种:可接受风险(T)与不可接受风险(N)。风险二值法的评估过程类似于风险矩阵法,资产按 5 级赋值,威胁、脆弱性按 3 级赋值,再把赋值分别带入威胁发生频率值表,可接受与不可接受风险矩阵,得到最终的风险值。其评估工作量与风险矩阵法相似,但结果却大为简略。

(2)实际评估活动中常用的风险评估模型。在实际的风险评估活动中,各评估机构还常常采用一种经过改造的风险价值矩阵。在这种模型中,仍用威胁、脆弱性的级别及资产的相对价值的三维矩阵来确定风险的大小,但威胁、脆弱性与资产相对价值的等级可任意设定,一般都按李克特 5 级量表设定,即,很低(1)、低(2)、中(3)、高(4)、很高(5),如表 4-2 所示。

表 4-2　实际评估常用的风险矩阵

威胁、脆弱性　　资产价值	很低(1)					低(2)					……	很高(5)				
	1	2	3	4	5	1	2	3	4	5	……	1	2	3	4	5
很低(1)	1	2	3	4	5	2	4	6	8	10	……	5	10	15	20	25
低(2)	2	4	6	8	10	4	8	12	16	20	……	10	20	30	40	50
中(3)	3	6	9	12	15	6	12	18	24	30	……	15	30	45	60	75
高(4)	4	8	12	16	20	8	16	24	32	40	……	20	10	60	80	100
很高(5)	5	10	15	20	25	10	20	30	40	50	……	25	50	75	100	125

这样,资产—威胁—脆弱性共有 $5\times5\times5=125$(种)风险组合情况,但最后的风险值只有 30 种不同的情形。将这 3 种风险值按照从高到低的顺序排列,每 6 个风险值看作一组,则共得到 5 组,分别对应于很高、高、中、低、很低 5 个风险等级。表 4-2 中的风险值按以下公式计算得到:

风险值(R)=资产价值(A)×威胁等级(T)×脆弱性等级(V)=$A\times T\times V$。

如果确定了资产的相对价值、威胁及脆弱性的等级,既可以查表得到风险值,也可以直接用三者乘积计算得到。

(3) GB/T 20984-2007 标准中的风险评估模型。中国国家标准 GB/T 20984-2007《信息安全技术—信息安全风险评估规范》于 2007 年 11 月 1 日正式实施,目的是指导国内用户规范组织的风险评估工作,正确识别安全风险,解决信息安全问题。它的理念与 ISO 27000 一致,其正文文本规定:资产、威胁、脆弱性以及风险等级全部采用 5 级赋值。在其附录 A"风险的计算方法"中,还列出了两种风险评估模型:矩阵法和相乘法[80]。

GB/T 20984 中的矩阵法与 ISO 27005 中的风险矩阵构造思路类似,只不过 GB/T 20984 中的矩阵是多个矩阵,且每个矩阵都是一个二维表。在其矩阵法中,每一个依据两个要素值确定一个要素值的情形,都可构成一个矩阵,且矩阵中的各要素的值可根据具体情况分别采用不同的数学公式计算。换句话说,GB/T 20984 的矩阵法其实是由多步骤、多公式的计算过程构成的,矩阵法本身并没有规定应采用什么样的计算公式。

GB/T 20984 中的相乘法以公式计算的方式由两个或多个要素值计算得到另一个要素的取值。一般意义上,设需要计算的要素为 Z,用于计算的要素分别为 X,Y,Z 与 X,Y 的关系可用公式表示为:

$$z=f(x,y)=x\otimes y$$

其中,$\otimes$ 表示直接相乘或直接相乘后取模。

GB/T 20984 中给出了一个计算示例,其计算公式为:

风险值$(R)=\sqrt{资产价值(A)\times威胁等级(T)\times脆弱性等级(V)}=\sqrt{A\times T\times V}$

式中,资产价值、威胁等级、脆弱性等级均采用五级评分制。风险值的计算值四舍五入后取整。资产、威胁、脆弱性的取值为1~5的整数。因此,风险值取值可能在1~25之间。将风险值的取值范围等比例划分为5个区间:$R\in[1,5.8)$时,风险等级对应换算取值为1,代表风险很低,业务几乎不受影响;$R\in[5.8,10.6)$时,风险等级对应换算取值为2,代表风险低,业务受影响很小,属于可接受风险;$R\in[10.6,15.4)$时,风险等级对应换算取值为3,代表风险中等,业务受到一定的影响,应该采取措施;$R\in[15.4,20.2)$时,风险等级对应换算取值为4,代表高风险,导致业务受到较重的影响,必须采取一定措施降低风险;$R\in[20.2,25]$时,风险等级对应换算取值为5,代表很高风险,导致业务受到严重的影响,必须快速做出处理。

2. 数字图书馆风险值计算模型的选择

风险评估是建立信息安全管理体系的基础。下文将结合理论分析与测评实践,基于半定量分析法,推荐数字图书馆风险评估规范宜采用的风险值计算模型。

(1) 数字图书馆信息安全风险值计算模型的初筛。依据复杂数学工具和方法的定量或半定量评估模型(层次分析法、神经网络、贝叶斯网络、灰色关联、支持向量机等),计算比较繁杂,评估结果的质量却无法得到保证,使用率也不高,若用于数字图书馆,许多评估数据的获取存在较大的困难。因此,这类模型原则上不适用于数字图书馆的风险评估,在某些特殊场合或特定的条件下,也许有个别采用的可能。

ISO 27005标准中的威胁分级法用于某些小型组织或系统,可能具有简化评估过程的优势,用于数字图书馆这样的复杂组织的信息安全风险评估并不恰当。ISO 27005标准中的风险二值法若用于数字图书馆,并不能为管理者提供各组成成分的风险等级排序,只是简单地区分风险是否可接受,不适合数字图书馆信息安全管理需要。因此,除非是仅做基线评估,一般情况下,风险二值法不适合用作数字图书馆的风险评估模型。

GB/T 20984的矩阵法本身并没有规定计算公式,评估矩阵只是各风险要素计算结果的展示,实际上等同于没有规定评估模型。若应用于数字图书馆的风险评估,还需确定每个矩阵元素的计算公式,而在此之前无法评价其评估结果的优劣。

通过上述分析,采用排除法初步确定:可能适用于数字图书馆信息安全管理的风险值计算模型只有ISO 27005示例中的风险价值矩阵法、经改造后常用于实际评估工作的风险矩阵法及GB/T 20984中的相乘法3种。为方便叙述,下文对这3种模型分别简称为标准型风险矩阵法、实用型风险矩阵法和相乘法。

标准型风险矩阵法、实用型风险矩阵法和相乘法的基本原则和思路是一致的:

风险构成要素为资产价值、威胁、脆弱性;风险构成要素与风险值本身的评分均为等级评分;风险值与资产价值、威胁、脆弱性的取值正相关;风险构成要素的评分可以人工赋值,也可以采用其他模型计算得到。不同之处在于风险值的计算:① 标准型风险矩阵法的威胁、脆弱性是3级评分,而实用型风险矩阵法、相乘法的威胁、脆弱性与资产价值一样是5级评分;② 标准型风险矩阵法的风险要素分值从0开始起评,实用型风险矩阵法和相乘法都是从1开始起评;③ 标准型风险矩阵法的风险值等于资产价值、威胁、脆弱性的和数,实用型风险矩阵法的风险值等于资产价值、威胁、脆弱性的乘积,相乘法的风险值等于资产值与威胁的乘积开平方再与脆弱性相乘;④ 标准型风险矩阵法共有9种风险值,实用型风险矩阵法共有30种风险值,相乘法共有23种风险值,换算成风险等级后,标准型风险矩阵法的风险等级分别为1,2,3,实用型风险矩阵法和相乘法的风险等级分别为1,2,3,4,5。

从风险值计算的角度看,这3种都是典型的半定量分析法。若以上述评估模型为基础,在风险值计算环节加入更多的定量分析算法,可以提高模型定量分析的成色。已有学者进行过这方面的尝试[160]。从技术上讲,这3种评估模型都适用于数字图书馆的信息安全风险评估,并能正确输出评估结果。

(2) 数字图书馆信息安全风险值计算模型的测评实践。为评测标准型风险矩阵法、实用型风险矩阵法及相乘法3种模型用于数字图书馆信息安全风险评估的效果,本章选择了国内两个中型图书馆,对两个馆涉及数字图书馆的所有业务分别采用3种模型进行了全面的风险评估。这两个馆一个是业务水平较高、在国内也有较高知名度的市级公共图书馆(以下简称D馆),另一个是学校综合实力排全国高校50名左右的"211"高校图书馆(以下简称N馆)。这两个馆的数字图书馆业务基础都较好,拥有众多的数字资源,电子书超过百万册,电子刊超过1万种、论文达到几千万篇。所开展的业务既有馆内公共电子阅读室的浏览、下载服务,也有依托于手机、iPad等的移动阅读服务。以这两个馆作为风险评估方法与模型评估效果的测评对象具有典型性。

对D馆与N馆所涉及的数字图书馆的所有业务分别采用3种模型进行全面的风险评估,并分别按照标准型风险矩阵法、实用型风险矩阵法及相乘法3种评估模型的不同要求,计算得到全部资产项的风险值,并转换为对应的风险等级值。其中,各项风险要素的等级值计算采用的是本书4.3节中设计的风险要素评估方法,分别是基于多因素模糊综合评判矩阵的资产等级值和威胁等级值计算模型,基于多渠道加权平均的脆弱性等级值计算模型。各项风险要素转换成对应的3级或5级评分的分值,再分别代入标准型风险矩阵法、实用型风险矩阵法及相乘法评估模型。

D馆涉及的资产项总数共有3 111项。这3 111项资产分别采用3种模型计算得到的风险等级值分布情况如表 4-3 所示。

表 4-3　不同模型计算得到的 D 馆资产项风险等级分布情况

评估模型	评估结果风险等级对应的资产数					风险资产占总资产比例	
	很低风险	低风险	中风险	高风险	很高风险	中风险及以上	高风险及以上
标准型矩阵法	无此等级	703	2 329	79	无此等级	77.40%	2.53%
实用型矩阵法	85	852	1 599	545	30	69.9%	18.49%
相乘法	874	1 806	403	28	0	13.90%	0.9%

N 馆涉及的资产项总数共有 2 685 项。这 2 685 项资产分别采用 3 种模型计算得到的风险等级值分布情况如表 4-4 所示。

表 4-4　不同模型计算得到的 N 馆资产项风险等级分布情况

评估模型	评估结果风险等级对应的资产数					风险资产占总资产比例	
	很低风险	低风险	中风险	高风险	很高风险	中风险及以上	高风险及以上
标准型矩阵法	无此等级	633	1 735	317	无此等级	76.42%	11.80%
实用型矩阵法	8	756	1 485	420	16	71.55%	16.24%
相乘法	697	1 648	324	16	0	12.66%	0.60%

观察表 4-3 与表 4-4 的数据可以发现，标准型风险矩阵法对资产风险等级的区分度太小，同时风险等级值也偏高。在表 4-3 中，接近 75% 的资产处于中风险区，中风险与高风险合计则超过 77%。表 4-4 的情况略好一些，但仍然有接近 65% 的资产集中在中风险区，另有大约 12% 的资产处于高风险区，中风险与高风险合计也超过了 76%。两个馆的中风险与高风险项合计比例非常接近，反映了标准型矩阵法区分度小的缺陷有普遍性。

表 4-3 与表 4-4 中实用型风险矩阵法的数据，区分度太小的情况得到缓解。作为所有风险项中所占比例最高的中风险项，其峰值也从超过全部风险项的 2/3 降为只超过全部风险项的 1/2。但是，风险等级偏高的现象仍然存在。在表 4-3 中，高风险与很高风险的风险项所占比例合计接近 20%，如再加入风险等级为中风险的资产项，则接近 70% 的资产需要施加一定的风险控制措施，显然工作量过大。相比于表 4-3，表 4-4 中实用型风险矩阵法的高风险与很高风险项的合计所占比例比表 4-3 略低 2 个百分点，但中风险项的比例比表 4-3 高 3 个百分点，有 71.55% 的风险项达到中风险以上等级，与表 4-3 中的 69.9% 非常接近，未来的风险控制任务都很重。

验证测评结果的最佳方法是被测评馆的认可程度。就两个馆的所有资产经 3 种模型计算后得到的风险等级值，分别与 D 馆和 N 馆的相关人员对所有资产项一一进行对照分析，经与两个馆的沟通，共同的结论是相乘法的结果可接受度更高。

分析表 4-3 与表 4-4 中的数据还可以看出，标准型风险矩阵法、实用型风险矩阵法与相乘法分别应用于 D 馆和 N 馆得到的评估结果数据趋势很一致，反映出 3 种模型的测评结果以及分析有典型性和普遍意义。

（3）数字图书馆信息安全风险值计算模型的讨论。标准型风险矩阵法、实用型风险矩阵法及相乘法 3 种模型应用于数字图书馆信息安全风险评估的测评实践表明，从技术上讲，这 3 种模型都适用于数字图书馆的信息安全风险评估，并能正确输出评估结果。但是，3 种模型输出的评估结果在优劣性方面存在差异，总体来讲，相乘法优于实用型矩阵法，实用型矩阵法又优于标准型矩阵法。

标准型风险矩阵法的评估效果在 3 种评估模型中位居最末，从理论上分析还是有根据的。标准型风险矩阵法的风险等级只有 3 级，威胁与脆弱性也只有 3 级，本身的区分度就很小。而低风险等级对应的风险值为 0,1,2，只要资产价值为 2 及以上的资产其威胁或脆弱性中的任意一个取值为 1，则风险等级至少达到中风险值级别。而标准型风险矩阵法中只要资产具备"一般性秘密，泄露会使组织的安全和利益受损"的特性，资产价值即达到 2。这一条件基本上数字图书馆的绝大多数资产都能具备。因此，用标准型风险矩阵法评估数字图书馆的信息安全风险，不但本身的区分度小，且绝大多数的资产的风险项会达到中级以上的风险等级。在对 D 馆和 N 馆的测评实践中，中风险与高风险的风险项合计均为总风险项的 77% 左右，接近总风险项的 80%，这一方面已失去评估的意义，另一方面若要对这些风险项涉及的资产全部施加控制措施，则几乎是不可能完成的任务。

如果说标准型风险矩阵法同时具备区分度小、评估后得到的风险等级偏高的弱点，那么实用型风险矩阵法区分度虽然加大了，但评估后的风险等级偏高的弱点仍然存在。从对 D 馆和 N 馆的测评实践来看，高风险与很高风险的风险项合计接近二成、中风险及以上的风险项大约占七成，显然不合理。而且，实用型风险矩阵法还有一个缺点，即，通过模型计算得到的 30 种风险值分别为 1,2,3,4,5,6,8,9,10,12,15,16,18,20,24,25,27,30,32,36,40,45,48,50,60,64,75,80,100,125，呈非连续分布态式，将风险值转换为风险等级时不直观。

其实，实用型风险矩阵法与相乘法的区别仅在于前者的风险值计算公式为 $A \times T \times V$，后者为 $A \times T$ 开平方后再与 V 相乘。从形式上看，相乘法通过对 $A \times T$ 开平方使得风险值的值域落在闭区间 $[1,25]$ 内，且风险值基本上呈连续态式，消除了实用型风险矩阵法的一个缺点。而相乘法更本质的改进在于：相乘法通过对 $A \times T$ 开平方，抑制了在风险值中资产价值与威胁的贡献率，提升了脆弱性的贡献率。

在 ISO 27002:2005 中，资产、威胁、脆弱性分别被定义为"任何对组织有价值的事物""非预期事件的潜在原因，这些事件可能对系统或组织造成损害""可能被一个或多个威胁利用的一个或一组资产的弱点"[161]。资产是一种不可改变的客观存在。威胁来自资产外部,如火灾、雷击、访问攻击、口令探测。而脆弱性则是资产的内部因素,即资产在信息安全方面的弱点,如防火设施不足、避雷针没有安装到位、操作系统漏洞、弱口令。当资产内部的脆弱性被资产外部的威胁所利用,安全事件就发生了,资产便遭受了损失。

在信息安全管理过程中,资产的客观性不容改变,而数字图书馆对于来自外部的威胁掌控能力较弱。相对于威胁,数字图书馆的管理者更有把握的是减少资产自身的安全弱点。因此,在资产、威胁、脆弱性3个安全要素中,数字图书馆信息安全管理应更加着眼于脆弱性的防堵与弥补。从这个意义上说,在风险值计算模型中弱化资产与威胁两个要素的影响力,提升脆弱性的权重,完全合理,也非常有必要。

综合测评实践及上述理论分析,不难得出结论,数字图书馆信息安全风险值的计算模型以采用中国国家标准GB/T 20984附录A中推荐的相乘法为宜。

4.3 数字图书馆风险评估要素的识别与计算

ISO 27000:2005和国家标准GB/T 20984虽然都是综合利用资产、威胁、脆弱性等要素计算风险值,并以示例方式给出了矩阵法、威胁分级法、风险二值法、相乘法等多种风险值的计算方法,但这两个标准均未涉及资产、威胁和脆弱性的影响因素识别与计算方法。而国内的信息安全等级保护(即等保条例)中的等级测评[162,163]在信息安全管理的生命周期中属于安全规划中确定安全需求的范畴,在等级要求明确后,仍然需要采用风险评估的方法测定组织与系统是否达到等级保护要求并进入风险处置阶段,与ISO 27000的风险管理循环一致。但是,等级保护的相关条例与规范同样没有涉及资产、威胁和脆弱性的影响要素识别与计算方法。

具体到数字图书馆信息安全风险评估要素的识别与计算方面,国内已有部分学者涉足。如,李伟丽根据标准BS 7799的要求,以系统面临的威胁和潜在的脆弱性为系统风险的直接原因构造故障树,全面地分析系统面临的风险[113]。曾思慧利用德国IT基线保护手册(ITPBM)"资产—威胁—安全措施"模型对高校图书馆进行了信息安全风险评估分析[112]。这些成果多以国际标准或国家标准为依据,具有可规范化的流程和可操作性的计算方法,然而在资产、威胁、脆弱性和控制措施等风险要素的识别和计算中多采用人工赋值的方式,定性有余而定量不足,在一定程度影响了评估结果的客观性。黄水清等人在ISO 27001:2005的基础上提出了一种综合评估方法,分别采用模糊数学、构建威胁场景、CVSS 的方法构建了资产、威胁和脆弱性的计算模型,并以风险矩阵作为风险值的计算方法[111]。不过,该项研究中所涉及的相关影响因素过多,计算方法过于复杂,在操作性和推广应用方面都有不小的难度。

可见,无论是理论研究还是已有行业标准中,风险评估的要素识别与计算方法或者未提及、或者采用直接赋值方式、或者计算方法过于复杂,总之,存在较大的改进空间。而资产、威胁、脆弱性作为风险评估的三要素,其影响因素的识别与计算是信息安全风险评估模型的重要组成部分,同时直接决定了定量分析在整个评估方法中所占的比重及评估结果的客观性和准确性。因此,亟须研究一种以信息安全管理国际标准 ISO 27000 的规范为依据,客观且具有可操作性的数字图书馆信息安全风险评估要素的识别方法与计算模型,且该方法与模型要与基于相乘法的数字图书馆风险值计算模型相适应。

本节将综合利用定性与定量的方式,并充分考虑数字图书馆的各项风险要素,在资产和威胁的计算中引入多因素模糊综合评判模型,脆弱性的计算采用多渠道加权平均的方式,构建出数字图书馆信息安全各项风险要素的计算模型。

4.3.1 多因素模糊综合评判模型简介

模糊综合评判[164]是对具有多种属性的事物或其总体优劣受多种因素影响的事物,能做出一个合理地综合这些属性或因素的总体评判。其基本原理是:首先确定被评判对象的因素(指标)集和评判(等级)集;再分别确定各个因素的权重及它们的隶属度向量,获得模糊评判矩阵;最后把模糊评判矩阵与因素的权向量进行模糊运算并进行归一化,得到模糊评价综合结果。具体步骤如下所示:

(1) 确定因素集。因素集也称评价指标集,是由影响评判对象的各要素组成的集合,通常用 U 表示,即:$U=\{u_1,u_2,\cdots,u_n\}$。其中,$u_i(i=1,2,\cdots,n)$ 代表影响因素。

(2) 确定评判集。评判集,也称等级集,是以评判者对被评价对象可能做出的评价集合,通常用 V 表示,即:$V=\{v_1,v_2,\cdots,v_m\}$。其中,$v_i=(i=1,2,\cdots,m)$ 代表具体的评价等级,共有 m 个评价等级。

(3) 计算单因素评判矩阵。从因素集中的单个因素出发进行评判,确定评判对象对评判集中各元素的隶属程度,即建立一个从 U 到 V 的映射。假设评判对象按因素集中第 i 个因素从 $u_i(i=1,2,\cdots,n)$ 进行评判时,对评判集中第 j 个元素 v_j 的隶属程度为 $r_{ij}(j=1,2,\cdots,m)$,则单因素 u_i 在评判集 V 上的模糊集合为 R_i,即:

$$R_i=\{r_{i1},r_{i2},\cdots,r_{im}\}$$

（4）建立综合评判矩阵。将 n 个单因素矩阵合并得到综合评判矩阵 R，即：

$$R = \begin{bmatrix} R_1 \\ R_2 \\ \vdots \\ R_n \end{bmatrix} = \begin{bmatrix} R_{11} & R_{12} & \cdots & R_{1m} \\ R_{21} & R_{22} & \cdots & R_{2m} \\ \vdots & \vdots & \vdots & \vdots \\ R_{n1} & R_{n2} & \cdots & R_{nm} \end{bmatrix}$$

（5）建立权重集。因素集 U 中各个因素的重要程度不同，为了区别反映各因素重要性，需赋予相应的权重系数。由各权重系数组成的集合称为因素的权重集 W，即：$W = \{w_1, w_2, \cdots, w_n\}$。其中，各权重系数应满足归一和非负的条件，即：

$$\sum_{i=1}^{n} w_i = 1 \cap w_i \geqslant 0$$

（6）多因素综合评判。选择合适的计算方法将权重集 W 与综合评判矩阵 R 综合得到模糊综合评判集 B，则 $B = W \times R$。根据一定的原则（如最大隶属度原则、加权平均原则）得到评判对象的多因素评判结果，供决策利用。

4.3.2 资产的识别与计算

根据 ISO 27000，资产是指任何对组织有价值的事物。数字图书馆的资产则是指数字图书馆所拥有或者能控制的一切能为数字图书馆带来社会与经济利益（即对数字图书馆有价值）的事物或资源[120]。资产的安全特性主要由资产的保密性、完整性和可用性等3大要素来反映。依照 ISO 27000 对资产的界定，数字图书馆信息安全风险评估围绕资产识别赋值和资产的价值计算两个阶段展开。

根据 ISO 27001，资产主要包括信息、软件、实物、服务、人员和无形资产6大类[16]。熊健结合数字图书馆的实际调研数据，将数字图书馆的资产划分为电子资源、数据文档、实物资产、软件资产、服务、人员等6个大类。并做了进一步细分得到数字图书馆常见的资产列表，如表4-5所示[121]。

在具体的资产识别过程中，以表4-5作为模板，结合数字图书馆的实际情况进行增加或删除。

表 4-5 数字图书馆常见资产列表

资产大类	二级类目	详细资产列表
电子资源类	电子书刊论文	电子图书、电子期刊、学位论文
	电子资源数据库	多媒体资源库、书目数据库、文献数据库等数据库资源
数据文档类	用户信息数据	用户的相关信息、数据
	软件相关数据	源代码、系统文档等各种与软件相关的数据
	电子/纸质报告和合同	查新报告、查新合同及其他合同（电子/纸质）
	管理培训资料	用户手册、培训资料、规章制度等

续表

资产大类	二级类目	详细资产列表
实物资产类	基础设施	供电设施(包括外部电源、内部电源和UPS)、空调系统(包括空气过滤系统)、消防设施、防雷设施等
	网络设备	交换机、路由器、集线器、调制解调器、无线设备等
	PC(个人计算机)	台式计算机、移动笔记本
	服务器	PC服务器、小型机、大型机、工作站等
	存储设备	光盘塔、磁盘阵列、U盘、光盘、移动硬盘等
	安全保障设备	数据备份设备、系统备份(镜像,克隆,容灾)、硬件防火墙、监控设备等
	其他电子设备	扫描仪、复印机、打印机、传真机、投影仪、录音设备、影像设备、条形码阅读器(CCD)等
软件资产类	应用软件	图书管理系统(业务管理系统)、一卡通系统、学科导航系统、门户网站系统、门禁系统、电子资源服务平台、馆内自行开发的应用系统等
	系统服务平台	操作系统平台、数据库平台
	安全防护软件	入侵检测系统、身份验证系统、防病毒软件、漏洞扫描系统
服务类	办公服务	电力支持、物业管理(卫生,安全)
	网络服务	提供的网络连接服务(校园网、电信)
	第三方服务	外购产品享受的服务、软硬件维保
人员类	管理人员	馆长、书记等
	维护人员	硬件维护人员、网络维护人员、系统维护人员
	研发人员	软件研发人员、数据库研发人员

根据3.5.2小节中对资产价值的综合表示方式,数字图书馆资产的价值由资产的保密性、完整性和可用性以及3大属性对各项资产的重要程度决定。因此资产的赋值过程应该对每项资产的保密性、完整性、可用性以及3大属性的重要程度共计6项指标分别赋值。资产价值由3大属性的值以及3大属性对资产的重要程度共同决定。

根据多因素模糊综合评判的原理和计算模型,数字图书馆信息安全风险评估中的资产价值的计算模型可描述为:

(1) 建立因素集(U)。

$$U = \{u_1, u_2, u_3\}$$

其中,u_1为资产的保密性;u_2为资产的完整性;u_3为资产的可用性。

（2）建立评判集（V）。资产的保密性、完整性和可用性均采用 5 级赋值，因此，$V=\{1,2,3,4,5\}$，其中，1～5 代表的评价等级由低到高，分别为很低、低、中、高、很高。

资产 3 大属性的等级含义分别如表 4-6,4-7,4-8 所示[121]。

表 4-6 资产保密性等级含义描述

等级	赋值	定义
很高	5	对数字图书馆业务发展有着很大影响，如被攻击或破坏会造成灾难性的损害
高	4	如被攻击或破坏会使数字图书馆的业务运行遭受严重损害
中	3	如被攻击或破坏会使数字图书馆的业务运行受到损害
低	2	向外扩散有可能对数字图书馆的业务运行造成轻微损害
很低	1	可对社会公开的信息，公用的信息处理设备和系统资源等

表 4-7 资产保密性等级含义描述

等级	赋值	定义
很高	5	未经授权的修改或破坏会对数字图书馆的业务运行造成重大的或无法接受的影响，对业务冲击重大，并可能造成严重的业务中断，难以弥补
高	4	完整性价值较高，未经授权的修改或破坏会对数字图书馆的业务运行造成重大影响，对业务冲击严重，比较难以弥补
中	3	完整性价值中等，未经授权的修改或破坏会对数字图书馆的业务运行造成影响，对业务冲击明显，但可以弥补
低	2	完整性价值较低，未经授权的修改或破坏会对数字图书馆的业务运行造成轻微影响，可以忍受，对业务冲击轻微，容易弥补
很低	1	完整性价值非常低，未经授权的修改或破坏对数字图书馆的业务运行造成的影响可以忽略，对业务冲击可以忽略

表 4-8 资产保密性等级含义描述

等级	赋值	定义
很高	5	授权用户对信息资源及信息系统的可用度要求达到年度 99.9％以上，或系统不允许中断
高	4	授权用户对信息资源及信息系统的可用度要求达到每天 90％以上，或系统允许中断时间小于 10 分钟
中	3	授权用户对信息资源及信息系统的可用度要求在正常工作时间达到 70％以上，或系统允许中断时间小于 30 分钟
低	2	授权用户对信息资源及信息系统的可用度要求在正常工作时间达到 25％以上，或系统允许中断时间小于 60 分钟
很低	1	授权用户对信息资源及信息系统的可用度要求在正常工作时间低于 25％

(3) 计算单因素评判矩阵 (R_i)。根据对数字图书馆资产的保密性、完整性和可用性赋值的调研，计算得到 3 大属性分别在评判集 V 上的映射矩阵，即：

$$R_i = \{r_{i1}, r_{i2}, r_{i3}, r_{i4}, r_{i5}\}, \sum_{j=1}^{5} r_{ij} = 1 \bigcap r_{ij} \geqslant 0 \quad (i = 1,2,3)$$

其中 $r_{ij}(i=1,2,3;j=1,2,3,4,5)$ 是因素 u_i 对于 v_j 的隶属程度，根据调查数据中每个资产价值因素在各个资产价值指标上的比重而计算得到。

r_{ij} 的假设如下：设针对某资产保密性、完整性和可用性赋值的调研问卷数量为 e 份；又设共有 k 类调研对象（如管理类、技术类、服务类等），不同类型的调研对象所赋值的权威性（权重）不同；再设第 a 类调研对象 ($a=1,2,\cdots,k$) 的权重为 w_a，并且：

$$\sum_{a=1}^{k} w_a = 1$$

如此，则 r_{ij} 的计算公式为：

$$r_{ij} = \frac{\sum_{t=1}^{e} N \times W}{\sum_{t=1}^{e} W}$$

其中，若第 t 个调研对象对因素 u_i 的赋值为 v_j 时，$N=1$，否则，$N=0$；若第 t 个调研对象属于第 a 类，则 $W=w_a$。

(4) 建立综合评判矩阵 (R)。基于保密性、完整性和可用性的单因素评判矩阵，得到资产价值因素集到评判集的综合评判矩阵，即：

$$R = (r_{ij})_{3 \times 5}$$

(5) 建立权重集 (W)。权重集 W 即资产的 3 大属性对于资产价值的重要程度的集合，该数据根据全国 30 家数字图书馆的专家给出的赋值情况计算得出。即，$W = \{w_1, w_2, w_3\}$，且 $w_1 + w_2 + w_3 = 1$。其中，w_1, w_2, w_3 分别是指资产的保密性、完整性和可用性对于资产价值的重要程度。

(6) 多因素综合评判结果（资产价值 A）。将上述的权重集 W 与综合评判矩阵 R 相乘得到模糊综合评判集 B，则 $B = W \times R$。为综合考虑评判集中各元素的隶属程度，使用加权平均的方法计算得到评判对象的多因素综合评判结果，即资产价值 A 的计算公式为：

$$A = \text{int}(B \times V^T) = \text{int}(W \times R \times V^T)$$

4.3.3 威胁的识别与计算

威胁是信息安全风险的主要构成要素之一，威胁是资产与脆弱性关联的桥梁，资产和脆弱性通过威胁的连接而构成风险项。同样，数字图书馆的威胁依附于资产而存在,通过被脆弱性利用而成为风险。因此,数字图书馆威胁的识别、赋值与计算应基于资产识别的基础上、与资产进行关联后进行。

国家标准 GB/T 20984-2007 中给出了信息系统所面临的威胁列表,以此为基础,通过调研和专家访谈,确定了各类型数字图书馆 52 项常见的威胁项,如表 4-9 所示[4,121]。

在数字图书馆威胁的具体识别过程中,可以将表 4-9 作为模板,结合数字图书馆的实际情况进行增删。

表 4-9 数字图书馆的常见威胁列表

类别	威胁
系统(10 项)	软件的非法输入输出、外包操作失败、软件运行错误、软件设计错误、提供给操作人员错误的指南信息、存储介质的故障、网络部件的技术故障、通信服务故障、流量过载、供应故障
环境(8 项)	电子干扰、电磁辐射、温度过低或高、湿度过低或高、电力供应故障、空调设备故障、电力波动、静电
自然(4 项)	地震、暴风雨、火灾、水灾
人员(30 项)	偷盗、抵赖、窃听、窃取信息、破坏性攻击、拒绝服务攻击、恶意代码、通信渗透、系统入侵、系统渗透、系统篡改、资源滥用、对软件的非法更改、未授权的数据访问、未授权的拨号访问、未授权使用存储介质、Web 站点入侵、内部员工蓄意破坏、未授权人员引用或带出数据、内部人员身份假冒、内部人员出卖个人信息、软件的操作失误、错误信息输入、内部人员信息丢失、管理运营员工失误、人员匮乏、用户失误、软件维护失误、硬件维护失误、保养不当

资产本身与保密性、完整性和可用性 3 大属性密切相关,每项威胁对资产的 3 个属性伤害程度有所不同。因此,威胁的赋值过程中,不能简单对资产损失程度进行赋值。另外,威胁发生的概率也是综合衡量威胁值的一个重要因素(详见 3.5.2 小节)。综上所述,威胁的赋值包括两个部分,一是威胁发生的可能性,二是威胁一旦发生对资产的 3 大属性造成的损失。

威胁包括威胁发生的可能性和威胁发生后对资产的损失两种要素。其中,威胁发生的可能性可用单因素评判矩阵计算得到;威胁发生后对资产的损失可以细分为威胁发生后对资产的保密性、完整性、可用性产生的损失,因此可以用多因素模糊综合评判方法计算得到。

(1) 威胁发生的可能性(T_m)的计算

① 建立评判集(V)。威胁发生的可能性采用 5 级赋值,$V=\{1,2,3,4,5\}$,其中,1~5 代表的评价等级由低到高,分别表示很低、低、中、高、很高。威胁发生的可能性等级含义具体如表 4-10 所示。

表 4-10　威胁发生的可能性等级含义描述

等级	赋值	定义
很高	5	出现的频率很高（≥1次/周）；大多数情况下几乎不可避免；证实经常发生
高	4	出现的频率较高（≥1次/月）；大多数情况下很有可能发生；证实多次发生
中	3	出现的频率中等（>1次/半年）；某种情况下可能会发生；被证实曾发生
低	2	出现的频率较小；一般不太可能发生；没有被证实发生过
很低	1	威胁几乎不可能发生；仅可能在非常罕见和例外的情况下发生

② 计算单因素评判矩阵（R）。根据对数字图书馆威胁属性的具体调研结果，可以得到威胁发生的可能性在评判集 V 上的映射矩阵。即：

$$R = \{r_1, r_2, r_3, r_4, r_5\}, \sum_{j=1}^{5} r_j = 1 \cap r_j \geq 0$$

其中，$r_j(j=1,2,3,4,5)$ 是威胁发生的可能性对于 v_j 的隶属程度，其取值参见资产价值中 r_{ij} 的计算方法。

③ 单因素判断结果（计算威胁发生的可能性）

计算公式为：

$$T_m = R \times V^T$$

（2）威胁发生对资产造成的损失程度（T_A）的计算。

① 建立因素集（U）

$$U = \{u_1, u_2, u_3\}$$

其中，u_1 为威胁发生后对保密性的影响；u_2 为威胁发生后对完整性的影响；u_3 为威胁发生后对可用性的影响。

② 建立评判集（V）。威胁发生后对保密性、完整性和可用性的影响均采用五级赋值，因此，$V=\{1,2,3,4,5\}$，其中，1~5 代表的评价等级由低到高，分别为很低、低、中、高、很高。威胁发生后对保密性、完整性和可用性的影响的等级含义分别如表 4-11，4-12，4-13 所示[4]。

表 4-11　威胁发生对保密性的损失程度等级含义描述

等级	赋值	定义
很高	5	如威胁发生将严重破坏资产保密性，使资产几乎不受任何权限限制
高	4	如威胁发生将比较严重破坏资产保密性，使资产权限保护不能完全发挥作用
中	3	如威胁发生将一定程度影响资产的保密性，使资产的权限保护受到影响
低	2	如威胁发生对资产的保密性影响较小，使资产的权限保护受到较小的影响
很低	1	如威胁发生，基本不会影响资产的保密性

表 4-12　威胁发生对完整性的损失程度等级含义描述

等级	赋值	定义
很高	5	如威胁发生将严重破坏资产完整性,对业务冲击重大,难以弥补
高	4	如威胁发生将比较严重的影响资产完整性,对业务冲击严重,较难以弥补
中	3	如威胁发生将对资产完整性产生一定的影响,对业务冲击明显,但可以弥补
低	2	如威胁发生将对资产完整性影响较小,可忍受,对业务冲击轻微,容易弥补
很低	1	如威胁发生对资产完整性基本没有影响,对业务冲击可以忽略

表 4-13　威胁发生对可用性的损失程度等级含义描述

等级	赋值	定义
很高	5	如果威胁发生将会使资产的可用性严重中断,或长时间中断
高	4	如果威胁发生将会对资产的可用性造成较严重的影响,中断时间较长
中	3	如果威胁发生将会对资产的可用性造成一定的影响,中断时间较短
低	2	如果威胁发生对资产的可用性影响较小,如果产生中断很快可以修复
很低	1	如果威胁发生对资产的可用性基本没有影响,不会产生中断

③ 计算单因素评判矩阵(R_i)。根据对某一家数字图书馆威胁赋值的具体调研结果,计算得到威胁一旦发生对3大属性的影响分别在评判集 V 上的映射矩阵。即:

$$R_i = \{r_{i1}, r_{i2}, r_{i3}, r_{i4}, r_{i5}\}, \sum_{j=1}^{5} r_{ij} = 1 \bigcap r_{ij} \geqslant 0 \quad (i=1,2,3)$$

r_{ij} 的取值参见资产价值中 r_{ij} 的计算方法。

④ 建立综合评判矩阵(R)。将分别计算得到威胁对保密性、完整性和可用性的影响的3个单因素评判矩阵组合,得到威胁发生对资产造成的损失程度因素集到评判集的综合评判矩阵,即:$R=(r_{ij})_{3\times5}$。

⑤ 建立权重集(W)。权重集 W 即保密性、完整性和可用性对资产的重要程度,其取值同资产价值计算中的权重集。

⑥ 多因素综合评判结果(威胁发生对资产造成的损失程度 T_A 的计算)。为综合考虑评判集中各元素的隶属程度,上述的权重集 W 与综合评判矩阵 R 相乘,然后使用加权平均的方法计算得到评判对象的多因素综合评判结果,即威胁发生对资产造成的损失程度 T_A 的计算公式为:

$$T_A = L(T_i, T_c, T_a, w) = W \times R \times V^T$$

(3) 威胁大小的计算。通过上述计算,得到威胁发生的可能性和威胁一旦发生对资产造成的损失程度,采用几何平均数的计算方法将两种要素相融合,即得到每项资产对应的威胁大小。即：

$$T = T(T_M, T_A) = \text{int}(\sqrt{T_M \times T_A})$$

其中,其中 T_M 为威胁发生的频率,T_A 是威胁发生对资产造成的损失程度。

4.3.4 脆弱性的识别与计算

脆弱性也称为"薄弱点""漏洞",即可能被威胁利用的薄弱点。脆弱性与威胁直接相关联,并通过威胁与资产相关联[165]。脆弱性的存在直接决定了数字图书馆的信息安全风险。因此,脆弱性的识别、赋值与计算也是数字图书馆信息安全风险评估的一个重要环节。

张红旗等指出脆弱性可能是来自组织结构、人员、管理、程序和资产本身的缺陷,可以分为技术、操作和管理 3 种类型[166]。以此为依据,结合数字图书馆的调研和专家咨询,得到数字图书馆的脆弱性列表,如表 4-14 所示。

表 4-14　数字图书馆脆弱性分类表

脆弱性类别		脆弱性子项
技术脆弱性	物理环境	机房防火、机房供配电、机房防静电、机房接地与防雷、机房抗震、机房防潮与除湿、机房抗洪、机房防暴风雨、机房防灰尘、机房应对火山爆发、电磁防护、通信线路保护、机房区域保护、机房设备管理
	网络结构	网络结构设计、边界保护、外部访问控制策略、内部访问控制策略、网络设备安全配置情况
	系统软件	补丁安装、物理保护、用户账号、口令策略、资源共享、事件审计、访问控制、新系统配置(初始化)、注册表加固、网络安全、系统管理
	数据库软件	补丁安装、鉴别机制、口令机制、访问控制、网络和服务设置、备份恢复机制、审计机制
	应用中间件	协议安全、交易完整性、数据完整性
	应用系统	审计机制、审计存储、访问控制策略、数据完整性、通信、鉴别机制、密码保护
管理脆弱性	技术管理	物理和环境安全、通信与操作管理、访问控制、系统开发与维护、业务连续性
	组织管理	安全策略、组织安全解决能力、资产分类与控制、人员安全、符合性

同样,脆弱性的存在离不开威胁,将识别得到的脆弱性与威胁相互关联,得到威胁—脆弱性对应表[4]。实际评估过程中,可以结合数字图书馆的实际情况对威胁—脆弱性对应表进行增删。

脆弱性的识别过程中不考虑数字图书馆已经实施的控制措施,但在脆弱性的赋值过程中,应该考虑已有控制措施的实施情况,即脆弱性的赋值应该是已有控制措施实施后的剩余脆弱性程度。按照 3.5.2 小节中的对脆弱性等级的综合表示方式，脆弱性的赋值包括 Guttman 量表、现场查看、工具检测 3 种方式。其中，Guttman 量表收集的数据能够反映数字图书馆内部人员对于数字图书馆脆弱性状态的看法。现场观察可由第三方评估团队的人员围绕 ISO 27002 的控制域展开，通过该方法收集的数据能够反映评估人员对于该数字图书馆脆弱性状态的看法。工具检测可以采用较为成熟的计算机软件对该数字图书馆的技术脆弱性问题进行客观的识别。

在完成上述 3 方面因素的数据收集后，就可以基于多渠道加权平均的方法，计算脆弱性的等级值。

设从漏洞扫描、问卷调查和现场查看 3 个方面进行评估并进行 5 级转化后得到的对应结果分别为 V_I, V_Q, V_T，则数字图书馆该资产的脆弱性计算公式为：

$$V = \text{int} \sum_{i\_in\_(I,Q,T)} w_i V_i$$

且 w_i 满足：

$$\sum_{i\_in\_(I,Q,T)} w_i = 1$$

其中 V_I, V_T 分别由评估人员通过现场检查和工具扫描的方式直接给出等级，V_Q 则是对全部调查问卷进行统计分析得出，w_i 是 3 方面因素的对应权重。

4.4　方法及模型的效果检验

为了验证本章的风险评估及要素计算的方法模型的可行性与实际效果，对 D 馆及 N 馆按照本章 4.2 和 4.3 节的规范流程及模型完成一次完整的风险评估全过程工作，识别和计算得到两个馆全部资产、威胁、脆弱性的等级值，并利用 GB/T 20984 中的相乘法和实用型矩阵法计算得到各资产项的风险值。

首先在须在 D 馆和 N 馆选择若干个馆员进行调研，D 馆被选中人员分别来自 9 个不同部门，N 馆被选中的人员分别来自 6 个不同部门。将各个部门根据岗位性质分为管理类、技术类和服务类，资产赋值时设定的各类岗位的权重分别为管理类 0.45、技术类 0.35、服务类 0.2。在资产和威胁相关联的基础上，请参与调研的人员对每项资产的威胁从威胁发生的可能性和威胁发生后对该项资产 3 大安全属性的损失程度进行赋值。每种属性等级值都被划分为 5 级。

脆弱性赋值由问卷调研、现场查看和漏洞扫描 3 个环节组成。其中问卷调研采取了分层抽样的方法，分别针对管理人员、技术人员和普通馆员设计了不同的问卷进行调研。现场查看围绕 ISO 27002 的所有控制域展开，针对具体问题分别走访相关部门，就环境场地、实施现状、数据文档、操作习惯等问题进行观察、查看、检测、询问等。漏洞扫描工具选用了绿盟科技的"远程安全评估系统"，检测对象涵盖了各种主流的操作系统（Windows，Unix，Linux 等）、应用服务（FTP，WWW，Telnet，Smtp 等）和网络设备。根据现场检查、问卷调研、工具扫描等 3 种方式对该数字图书馆脆弱性进行测试的结果，由评估人员经分析判断转化为 5 级赋值。

经过上述工作，D 图书馆共得到 3 111 个资产、威胁、脆弱性关联项，N 图书馆共得到 2 685 个资产、威胁、脆弱性关联项。利用本文的 3 要素计算方法得到的资产、威胁和脆弱性，分别用实用型矩阵和相乘法进行了风险值计算，并将之与基于直接赋值方法得到的结果[4]分别进行对比分析。各方法的等级分布和对比情况如表 4-15 和 4-16 所示。

表 4-15　不同评估模型及要素计算方法应用于 D 馆的风险等级分布

计算方法		1	2	3	4	5	中风险及以上	高风险及以上
直接赋值	实用矩阵	6	309	1 248	1 407	141	89.87%	49.76%
	相乘法	119	2 038	950	4	0	30.57%	0.13%
本文方法	实用矩阵	85	852	1 599	545	30	69.9%	18.49%
	相乘法	874	1 806	403	28	0	13.90%	0.9%

表 4-16　不同评估模型及要素计算方法应用于 N 馆的风险等级分布

计算方法		1	2	3	4	5	中风险及以上	高风险及以上
直接赋值	实用矩阵	0	357	1 419	846	63	86.70%	33.85%
	相乘法	338	1 771	513	63	0	21.45%	2.35%
本文方法	实用矩阵	8	756	1 485	420	16	71.55%	16.24%
	相乘法	697	1 648	324	16	0	12.66%	0.60%

根据上述数据，经与两个馆的人员沟通，均认为相乘法的结果更符合实际。

一方面，本书提出的基于模糊综合评判矩阵的资产和威胁值计算方法以及基于多渠道加权平均的脆弱性计算方法，一则对数字图书馆信息安全风险评估的影响要素做了进一步细分；二则综合考虑了数字图书馆行业的普遍情况和被评价数字图书馆的特殊情况；三则加大了定量分析在整个评估过程中的比重，平衡了定量和定性的关系。因此，该计算方法首先在理论上具有客观性。

另一方面，风险值计算无论是采用实用型矩阵还是相乘法，本书中提出的 3 要素计算方法得到的中风险及以上和高风险及以上的比例都更符合图书馆的实际情况。综合考虑风险控制成本和风险可能造成的影响，对于数字图书馆而言更多的风险值应该处于可接受范围内。通常情况中风险以上的风险项应该要考虑实施一定的控制措施,而图书馆相关人员表示,一半以上(甚至高达 89.87%)的风险项需要采取控制措施从成本和工作量角度都是不切实际的。他们认为图书馆需要采取控制措施的风险项应该可控,结果要具有可操作性。显然,本文的方法更符合这一要求。另外,与图书馆实际情况相印证表明,本书提出的方法与相乘法结合优于与实用型矩阵方法结合。本书提出的 3 要素计算方法与相乘法相适应,对数字图书馆的中风险项和高风险项进一步聚焦,从实践层面更具准确性和可行性。

第 5 章 数字图书馆信息安全风险控制规范

数字图书馆信息安全风险控制是根据数字图书馆信息安全要求和风险评估的结果,平衡成本和效益,选择并实施控制措施,将风险控制在数字图书馆可接受范围内的过程。风险控制是风险评估的后续过程,是最终实现数字图书馆信息安全管理的重要手段。本章的重点是根据 ISO 27002 的思想和方法,筛选并确定适合数字图书馆领域的风险控制措施,分析并构建了一种综合模糊数学和线性规划的风险控制决策模型,为数字图书馆的风险控制提供科学的管理规范。

5.1 数字图书馆信息安全风险控制要素筛选

数字图书馆信息安全风险控制要素集合的筛选和确定是数字图书馆风险控制应用模型研究和实施的基础。ISO 27002 中列出了指导各类组织进行风险控制的基本措施,同时也指出这些控制措施并非强制性的,任何组织可以从其中选择适合自身的控制措施也可以选择标准中未涉及的其他控制措施。对于数字图书馆领域而言,各图书馆之间业务流程、资产、威胁、脆弱性均具有高度的相似性,分析并构建适合于数字图书馆领域的风险控制措施集合具有可行性。数字图书馆需要根据 ISO 27002 的具体要求,确认符合行业特色的核心控制要素集合,从而降低数字图书馆信息安全管理体系构建的难度,提高数字图书馆风险控制的效率。任妮、黄水清曾在 ISO 27002:2005 的基础上,通过调研分析,从 ISO 27002:2005 的 133 项控制要素中筛选得到数字图书信息安全管理的核心控制要素 87 项、参考控制要素 34 项,构建了数字图书馆信息安全风险控制要素的框架体系[108],如表 5-1 所示。

表 5-1 基于 ISO 27002:2005 的数字图书馆信息安全风险控制要素框架体系

控制域	安全类别	核心控制要素	参考控制要素
1. 安全方针	1.1 信息安全方针	1.1.1 信息安全方针文件	
			信息安全方针评审

续表

控制域	安全类别	核心控制要素	参考控制要素
2. 信息安全组织	2.1 内部组织	2.1.1 信息安全的管理承诺	
		2.1.2 信息安全协调	
		2.1.3 信息安全职责的分配	
		2.1.4 信息处理设施的授权过程	
		2.1.5 与政府部门的联系	
			保密协议
			与特定利益集团的联系
	外部各方		处理与顾客有关的安全问题
3. 资产管理	3.1 对资产负责	3.1.1 资产清单	
		3.1.2 资产责任人	
		3.1.3 资产的可接受使用	
	信息分类		分类指南
			信息的标记和处理
4. 人力资源安全	4.1 任用中	4.1.1 管理职责	
		4.1.2 信息安全意识、教育和培训	
			纪律处理过程
	4.2 任用的终止或变更	4.2.1 终止职责	
		4.2.2 资产的归还	
		4.2.3 撤销访问权	
5. 物理和环境安全	5.1 安全区域	5.1.1 物理安全周边	
		5.1.2 物理入口控制	
		5.1.3 外部和环境威胁的安全防护	
			办公室、房间和设施的安全保护
	5.2 设备安全	5.2.1 设备安置和保护	
		5.2.2 支持性设施	
		5.2.3 布缆安全	
		5.2.4 设备维护	
		5.2.5 设备的安全处置与再利用	
		5.2.6 资产的移动	
			组织场所外的设备安全

续表

控制域	安全类别	核心控制要素	参考控制要素
6.通信和操作管理	6.1 操作规程和职责	6.1.1 文件化的操作规程	
		6.1.2 变更管理	
			责任分割
			开发、测试与运行设施分离
	6.2 第三方服务交付管理	6.2.1 服务交付	
			第三方服务的监视和评审
			第三方服务的变更管理
	6.3 系统规划和验收	6.3.1 容量管理	
		6.3.2 系统验收	
	6.4 防范恶意和移动代码	6.4.1 控制恶意代码	
		6.4.2 控制移动代码	
	6.5 备份	6.5.1 信息备份	
	6.6 网络安全管理	6.6.1 网络控制	
		6.6.2 网络服务安全	
	6.7 介质处理	6.7.1 信息处理规程	
		6.7.2 系统文件安全	
			可移动介质的管理
			介质的处置
	6.8 信息的交换	6.8.1 信息交换策略和规程	
		6.8.2 交换协议	
		6.8.3 业务信息系统	
			运输中的物理介质
			电子消息发送
	6.9 监视	6.9.1 审计记录	
		6.9.2 监视系统的使用	
		6.9.3 日志信息的保护	
		6.9.4 管理员和操作员日志	
		6.9.5 故障日志	

续表

控制域	安全类别	核心控制要素	参考控制要素
7. 访问控制	7.1 访问控制的业务要求	7.1.1 访问控制策略	
	7.2 用户访问管理	7.2.1 用户注册	
		7.2.2 特殊权限管理	
		7.2.3 用户口令管理	
		7.2.4 用户访问权的复查	
	7.3 用户职责	7.3.1 口令使用	
		7.3.2 无人值守的用户设备	
			清空桌面和屏幕策略
	7.4 网络访问控制	7.4.1 使用网络服务的策略	
		7.4.2 外部连接的用户鉴别	
		7.4.3 远程诊断和配置端口的保护	
		7.4.4 网络隔离	
		7.4.5 网络连接控制	
		7.4.6 网络路由控制	
			网络上的设备标识
	7.5 操作系统访问控制	7.5.1 安全登录规程	
		7.5.2 用户标识和鉴别	
		7.5.3 口令管理系统	
		7.5.4 系统实用工具的使用	
			会话超时
			联机时间的限定
	7.6 应用和信息访问控制	7.6.1 信息访问限制	
		7.6.2 敏感系统隔离	
	移动计算和远程工作		移动计算和通信
			远程工作

续表

控制域	安全类别	核心控制要素	参考控制要素
8. 信息系统获取、开发和维护	8.1 信息系统的安全要求	8.1.1 安全要求分析和说明	
	8.2 应用中的正确处理	8.2.1 输入数据确认	
		8.2.2 内部处理的控制	
		8.2.3 消息完整性	
			输出数据确认
	密码控制		使用密码控制的策略
			密钥管理
	8.3 系统文件的安全	8.3.1 运行软件的控制	
		8.3.2 对程序源代码的访问控制	
			系统测试数据的保护
	8.4 开发和支持过程中的安全	8.4.1 信息泄露	
		8.4.2 外包软件开发	
			变更控制规程
			操作系统变更后应用的技术评审
			软件包变更的限制
	8.5 技术脆弱性管理	8.5.1 技术脆弱性的控制	
9. 信息安全事件管理	9.1 报告信息安全事态和弱点	9.1.1 报告信息安全事态	
		9.1.2 报告安全弱点	
	9.2 信息安全事件和改进的管理	9.2.1 职责和规程	
		9.2.2 对信息安全事件的总结	
		9.2.3 证据的收集	
10. 业务连续性管理	10.1 业务连续性管理的信息安全方面	10.1.1 在业务连续性管理过程中包含信息安全	
		10.1.2 业务连续性和风险评估	
		10.1.3 制订和实施包含信息安全的连续性计划	
			业务连续性计划框架
			测试、维护和再评估业务连续性计划

续表

控制域	安全类别	核心控制要素	参考控制要素
11. 符合性	11.1 符合法律要求	11.1.1 可用法律的识别	
		11.1.2 知识产权（IPR）	
		11.1.3 保护组织的记录	
		11.1.4 数据保护和个人信息的隐私	
		11.1.5 密码控制措施的规则	
			防止滥用信息处理设施
	11.2 符合安全策略和标准以及技术符合性	11.2.1 符合安全策略和标准	
		11.2.2 技术符合性核查	
	11.3 信息系统审计考虑	11.3.1 信息系统审计控制措施	
			信息系统审计工具的保护

ISO 27002:2013 的控制要素在 2005 版的基础上进行了诸多调整，但整体框架和内容与 2005 版存在继承关系。本节将在对 2005 及 2013 版进行对比分析的基础上，结合数字图书馆的实际情况，筛选得到了基于 2013 版 ISO 27002 的数字图书馆信息安全风险控制的核心控制要素和参考控制要素。

5.1.1　ISO 27002:2005 与 ISO 27002:2013 的对比分析

ISO 27002:2005 共有 11 个控制域、39 个安全类别、133 项控制要素，而 ISO 27001:2013 的附录 A 和 ISO 27002:2013 的正文严格对应，包含了 14 个控制域、35 个安全类别、114 项控制要素。新版标准对老版中的部分控制域进行了分解，对相近或类似的控制要素进行了整合，同时删除了部分过时的、过于具体的控制要素。另外，针对近几年信息技术的发展，ISO 27002:2013 新增了部分控制要素，使得控制域和控制要素更加简洁明了并凸显重点。同时，对检查的要求也更加明确和严格，要求包括监视、测量、分析、评价等环节，并以 5W1H（测什么、如何测、何时测、何时分析、谁来分析、谁负责评价）等方式提出了监视和测量的要求[143]。整体而言，新版标准减少了对技术实现的关注，增加了对管理控制的要求，与信息安全领域"三分技术、七分管理"的黄金定律更加吻合。

2005 版标准中共有 11 个控制域，2013 版改为 14 个控制域。其中，保持不变的有"安全方针""信息安全组织""资产管理""人力资源管理""物理和环境安全""访问控制""信息安全事件管理""业务连续性管理""符合性"等 9 个控制域。2005 版中的"通信与操作管理"控制域在新版标准中被拆分为"操作安全"和"通信安全"两项；"信息系统获取、开发和维护"在新标准中被拆分成"密码"与"系统获取、开发和维护"两项。新版标准还新增了"供应关系"控制域[63,142]。

在安全类别方面,2005 版共有 39 项安全类别,2013 版减少为 35 项安全类别。在新版标准中,2005 版中的安全类别有的完全保留、有的被拆分成多个、有的多个被整合成一个,还有的被直接删去。2013 版标准中完全新增的安全类别有 3 项,"移动设备和远程办公""供应商关系中的信息安全""冗余"。

在控制要素方面,2005 版共有 133 项控制要素,2013 版减少为 114 项控制要素。同样,在新版标准中,2005 版中的控制要素有的完全保留、有的名称或内容略有变化、有的被拆分成多个、有的调整了所属控制域,还有的被直接删去。

5.1.2 基于 ISO 27002:2013 的控制要素筛选

数字图书馆信息安全管理的控制要素筛选,目的就是从 ISO 27002 的所有控制要素中区分出核心、参考和无用的控制要素。其中,核心控制要素,是指对数字图书馆信息安全风险控制非常重要、作用很大的控制要素。而参考控制要素,则是重要性一般、有时会有一定作用的控制要素。除此之外的即为 ISO 27002 中对数字图书馆不起作用或没有应用场所的控制要素,不应该出现在数字图书馆风险控制的控制要素列表中。

将 2013 版与 2005 版 ISO 27001 的附录 A,与 ISO 27002 的正文对照,经过逐条、逐项进行关联对照和分析,寻找上述 87 项核心控制要素、34 项参考控制要素在新版标准中的对应位置,再对 2013 版的新增控制要素作认真分析,并结合数字图书馆信息安全管理的现实情况,最终得到 ISO 27002:2013 标准下数字图书馆的核心控制要素和参考控制要素。其中,核心控制要素 75 项,分布于 13 个控制域和 29 个控制类别,参考控制要素 32 项,分布于 11 个控制域和 17 个安全类别。如表 5-2 和 5-3 所示。

表 5-2 数字图书馆信息安全管理核心控制要素

控制域	安全类别	核心控制要素	对应于 2005 版标准的控制要素	对应关系
1.安全方针	1.1 信息安全方针	1.1.1 信息安全方针文档	1.1.1 信息安全方针文件	完全对应
2.信息安全组织	2.1 内部组织	2.1.1 信息安全角色与责任	2.1.3 信息安全职责的分配	名称变化,内容一致
		2.1.2 职责分割	2.1.4 信息处理设施的授权过程责任分割(参考控制要素)	调整归类
		2.1.3 与政府部门(监管机构)的联系	2.1.5 与政府部门的联系	完全对应
	2.2 移动设备和远程办公	2.2.1 移动设备策略	2.2.2 移动计算和通信(参考控制要素)	调整归类

续表

控制域	安全类别	核心控制要素	对应于2005版标准的控制要素	对应关系
3.人力资源安全	3.2 任用中	3.2.1 管理职责	4.1.1 管理职责	完全对应
		3.2.2 信息安全意识、教育和培训	4.1.2 信息安全意识、教育和培训	完全对应
	3.3 任用的终止或变更	3.3.1 终止或责任变更	4.2.1 终止职责	名称变化，描述略变
4.资产管理	4.1 资产责任	4.1.1 资产清单	3.1.1 资产清单	完全对应
		4.1.2 资产责任人	3.1.2 资产责任人	完全对应
		4.1.3 资产的可接受使用	3.1.3 资产的可接受使用	完全对应
		4.1.4 资产的归还	4.2.2 资产的归还	调整归类
5.访问控制	5.1 访问控制的业务要求	5.1.1 访问控制策略	7.1.1 访问控制策略	完全对应
		5.1.2 网络和网络服务的访问	7.4.1 使用网络服务的策略	名称变化，内容一致
	5.2 用户访问管理	5.2.1 用户注册与注销	7.2.1 用户注册	名称变化，描述略变
		5.2.2 用户访问设置		新增
		5.2.3 特权管理	7.2.2 特殊权限管理	完全对应
		5.2.4 用户秘密认证信息的管理	7.2.3 用户口令管理	名称变化，描述略变
		5.2.5 用户访问权的复查	7.2.4 用户访问权的复查	完全对应
		5.2.6 撤销或调整访问权	4.2.3 撤销访问权	调整归类
	5.3 用户责任	5.3.1 秘密认证信息的使用	7.3.1 口令使用	名称变化，描述略变
	5.4 系统与应用访问控制	5.4.1 信息访问限制	7.6.1 信息访问限制	完全对应
		5.4.2 安全登录程序	7.5.1 安全登录规程	完全对应
		5.4.3 口令管理系统	7.5.3 口令管理系统	完全对应
		5.4.4 特权实用程序的使用	7.5.4 系统实用工具的使用	名称变化，描述略变
		5.4.5 对程序源代码的访问控制	8.3.2 对程序源代码的访问控制	调整归类
6.物理和环境安全	6.1 安全区域	6.1.1 物理安全周边	5.1.1 物理安全周边	完全对应
		6.1.2 物理入口控制	5.1.2 物理入口控制	完全对应
		6.1.3 外部和环境威胁的安全保护	5.1.3 外部和环境威胁的安全防护	完全对应
	6.2 设备	6.2.1 设备安置和保护	5.2.1 设备安置和保护	完全对应
		6.2.2 支持性设施	5.2.2 支持性设施	完全对应
		6.2.3 布缆安全	5.2.3 布缆安全	完全对应
		6.2.4 设备维护	5.2.4 设备维护	完全对应
		6.2.5 资产的移动	5.2.6 资产的移动	完全对应
		6.2.6 设备的安全处置和再利用	5.2.5 设备的安全处置与再利用	完全对应
		6.2.7 无人值守的用户设备	7.3.2 无人值守的用户设备	调整归类

续表

控制域	安全类别	核心控制要素	对应于2005版标准的控制要素	对应关系
7.操作安全	7.1 操作规程与责任	7.1.1 文件化的操作规程	6.1.1 文件化的操作规程	完全对应
		7.1.2 变更管理	6.1.2 变更管理	完全对应
		7.1.3 容量管理	6.3.1 容量管理	完全对应
	7.2 防范恶意软件	7.2.1 控制恶意软件	6.4.1 控制恶意代码	完全对应
	7.3 备份	7.3.1 数据备份	6.5.1 信息备份	完全对应
	7.4 日志与监视	7.4.1 事件日志	6.9.1 审计记录	名称变化,内容一致
		7.4.2 日志信息的保护	6.9.3 日志信息的保护	完全对应
		7.4.3 管理员和操作员日志	6.9.4 管理员和操作员日志	完全对应
	7.5 操作软件控制	7.5.1 操作系统上的软件安装	8.3.1 操作软件的控制	调整归类
	7.6 技术脆弱性管理	7.6.1 技术脆弱性的管理	8.5.1 技术脆弱性的控制	调整归类
	7.7 信息系统审计考虑	7.7.1 信息系统审计控制	11.3.1 信息系统审计控制措施	调整归类
8.通信安全	8.1 网络安全管理	8.1.1 网络控制	6.6.1 网络控制	完全对应
		8.1.2 网络服务安全	6.6.2 网络服务安全	完全对应
		8.1.3 网络隔离	7.4.4 网络隔离	调整归类
	8.2 信息传输	8.2.1 信息传输的策略与规程	6.8.1 信息交换策略和规程	名称变化,内容一致
		8.2.2 信息传输协议	6.8.2 交换协议	名称变化,内容一致
9.系统获取、开发和维护	9.1 信息系统的安全要求	9.1.1 信息安全需求分析与说明	8.1.1 安全要求分析和说明	完全对应
	9.2 开发和支持过程中的安全	9.2.1 外包开发	8.4.2 外包软件开发	完全对应
		9.2.3 系统验收测试	6.3.2 系统验收	调整归类
10.供应商关系	10.1 供应商关系中的信息安全	10.1.1 供应商关系的信息安全策略		新增
		10.1.2 供应商协议中的安全		新增
		10.1.3 信息与通信技术供应链		新增

续表

控制域	安全类别	核心控制要素	对应于2005版标准的控制要素	对应关系
11.信息安全事件的管理	11.1 信息安全事件的管理和改进	11.1.1 职责与规程	9.2.1 职责和规程	完全对应
		11.1.2 报告信息安全事件	9.1.1 报告信息安全事态	完全对应
		11.1.3 报告信息安全的弱点	9.1.2 报告安全弱点	完全对应
		11.1.4 信息安全事件的评估和确定		新增
		11.1.5 信息安全事件的响应		新增
		11.1.6 从信息安全事件中学习	9.2.2 对信息安全事件的总结	名称变化,描述略变
		11.1.7 搜集证据	9.2.3 证据的搜集	完全对应
12.业务连续性管理的信息安全方面	12.1 信息安全连续性	12.1.1 计划信息安全连续性	10.1.1 在业务连续性管理过程中包含信息安全	名称变化,描述略变
		12.1.2 实施信息安全的连续性	10.1.3 制订和实施包含信息安全的连续性计划	名称变化,描述略变
	12.2 冗余	12.2.1 信息处理设施的可用性		新增
13.符合性	13.1 符合法律和合同要求	13.1.1 适用法律和合同要求的识别	11.1.1 可用法律的识别	名称变化,内容一致
		13.1.2 知识产权	11.1.2 知识产权(IPR)	完全对应
		13.1.3 记录保护	11.1.3 保护组织的记录	完全对应
		13.1.4 隐私与个人身份信息保护	11.1.4 数据保护和个人信息的隐私	名称变化,内容一致
		13.1.5 密码控制的规则	11.1.5 密码控制措施的规则	完全对应
	13.2 信息安全评审	13.2.1 符合安全策略和标准	11.2.1 符合安全策略和标准	完全对应
		13.2.2 技术符合性评审	11.2.2 技术符合性核查	完全对应

注:① 第4列中的注明为"(参考控制要素)"的,是指原本为参考控制要素,现根据新版标准调整为核心控制要素。

② 第1,2,3列的编号为按2013版的体例对75项核心控制要素的统一编号,第4列的编号见参考文献[4]。

表5-3 数字图书馆信息安全管理参考控制要素

控制域	安全类别	参考控制要素	对应于2005版标准	对应关系
安全方针	信息安全方针	信息安全方针评审	信息安全方针评审	完全对应
信息安全组织	内部组织	与特殊利益团体的联系	与特殊利益团体的联系	完全对应
		项目管理中的信息安全		新增
	移动设备和远程办公	远程办公	远程工作	名称变化,内容一致

续表

控制域	安全类别	参考控制要素	对应于2005版标准	对应关系
人力资源安全	任用中	纪律处理过程	纪律处理过程	完全对应
资产管理	信息分类	信息的分类	分类指南	名称变化,内容一致
		信息的标记	信息标识与处置	拆分
		资产的处置	信息标识与处置	拆分
	介质处置	移动介质的管理	移动介质的管理	完全对应
		介质的处置	介质的销毁	名称变化,内容一致
		物理介质传输	物理介质传输安全	完全对应
密码术	密码控制	使用密码控制策略	使用加密控制的策略	名称变化,内容一致
		密钥管理	密钥管理	完全对应
物理和环境安全	安全区域	办公室、房间和设施的安全保护	办公室、房间和设施的安全	完全对应
		场外设备和资产安全	场外设备安全	完全对应
	设备	清空桌面和屏幕策略	桌面和屏幕清空策略	完全对应
操作安全	操作规程与责任	开发、测试与运行环境分离	开发、测试与运营设施的分离	完全对应
	日志与监视	时钟同步		新增
	技术脆弱性管理	限制软件安装		新增
通信安全	信息传输	电子消息	电子消息	完全对应
		保密或不泄露协议	保密协议	完全对应
系统获取、开发和维护	开发和支持过程中的安全	安全开发策略		新增
		变更控制程序	变更控制程序	完全对应
		操作系统变更后对应用的技术评审	操作系统变更后的应用系统技术评审	完全对应
		软件包变更的限制	软件包的变更限制	完全对应
		安全系统工程原则		新增
		安全开发环境		新增
		系统安全测试		新增
	测试数据	测试数据的保护	系统测试数据的保护	完全对应
供应商关系	服务交付管理	供应商服务的监视与评审	第三方服务的监视和评审	名称变化,描述略变
		供应商服务的变更管理	管理第三方服务的变更	名称变化,内容一致
业务连续性管理的信息安全方面	信息安全连续性	验证、评审和评估信息安全的连续性	BCP的测试、保持和再评估	名称变化,描述略变

5.1.3 新老标准中的数字图书馆风险控制要素对比分析

从表5-2、表5-3可以看出,新老标准中筛选得到的核心控制要素与参考控制要素部分发生了变化。下面分门别类地分析变化情况及其原因。

1. 核心控制要素对比分析

数字图书馆核心控制要素在新老标准中的变化共有4种情况:删除、保留、新增和调整。

(1) 删除。有些控制要素已经被2013版删除,那些已删除的核心控制要素在表5-2并没有出现。之前根据2005版标准得到的87项数字图书馆核心控制要素中,有21项未收入2013版标准,因此,数字图书馆的核心控制要素应该将这21项删去。

(2) 保留。保留的核心控制要素在表5-2中用"完全对应"表示。在基于新版标准的75项数字图书馆核心控制要素中共有42项的名称、详细内容、控制目标基本一致,控制域归类与老版标准对应。按照老版标准的筛选依据[108],该42项控制要素仍旧属于数字图书馆的核心控制要素。42项保留的控制要素的具体情况详见表5-2,不再赘述。

(3) 新增。新增的核心控制要素在表5-2中用"新增"表示。2013版新增各项控制要素中,有7项应该作为数字图书馆的核心控制要素。具体内容与理由如下:

① 用户访问设置。数字图书馆的用户类型多样,如馆员和读者,馆员和读者又可以再分为多种类型,每一类用户都存在对应的访问权限设置问题。明确规定不同用户的访问权限并有正式的用户设置过程非常必要。因此,将"用户访问设置"确定为核心控制要素。

② 供应商关系的信息安全策略、供应协议中的安全问题和信息与通信技术供应链。数字图书馆的电子资源、硬件设备、系统平台以及网络服务等工作均涉及采购或外包,期间与各类供应商的合作非常密切,应该与供应商就信息安全问题达成一致并形成文件,建立相关的信息安全要求,并在协议中确定相关的信息安全风险要求,以确保数字图书馆与供应商合作关系中的信息安全。因此,将"供应商关系的信息安全策略""供应商协议中的安全问题"和"信息与通信技术供应链"确定为核心控制要素。

③ 信息安全事件的评估和确定、信息安全事件的响应。对于任何组织而言,都应该对已经发生的信息安全高度重视。数字图书馆也不例外,应该及时地评估确定已发生的信息安全事件并按照一定的程序予以处理,使信息安全事件的影响和损失最小化。因此,将"信息安全事件的评估和确定""信息安全事件的响应"确定为核心控制要素。

④ 信息处理设施的可用性。与数字图书馆有关的服务器、存储、网络、电源等信息处理设施都应该有充分冗余,以确保在任何变化和状况下都能满足其可用性的要求。因此,将"信息处理设施的可用性"确定为核心控制要素。

(4) 调整。调整的情况最复杂,在表 5-2 中的"名称变化、内容一致""名称变化、描述略变""调整归类""拆分"4 种情况都属于调整。基于 2005 版 ISO 27001 和 ISO 27002 得到的数字图书馆信息安全 87 项核心控制要素中,有 26 项经过一定的调整后依旧出现在 2013 版的标准中,这些控制要素仍是数字图书馆信息安全管理的核心控制要素。调整变化主要有 3 种形式:名称改变而内容表述完全一致、名称改变且内容表述略有变化、控制域归类发生变化。

名称改变而内容表述完全一致、控制域归类也完全一致的核心控制要素共有 8 项,如表 5-2 所示。

名称改变且内容表述也略有变化、但控制域归类完全一致的核心控制要素共有 7 项。包括(括号前的为 2013 版中的编号与名称,括号中为 2005 版中的编号与名称,参见表 5-2):① 3.3.1 终止或责任变更(4.2.1 终止职责),新标准中强调对于责任终止和变更情况不仅要有规定,还应该传达给所有相关人员知晓;② 5.2.4 用户秘密认证信息的管理(7.2.3 用户口令管理)、5.3.1 秘密认证信息的使用(7.3.1 口令使用),新标准中用户认证信息的范围不仅包括口令,还包括密钥数据和其他存储在产生认证码的硬件(如智能卡)的数据;③ 5.4.4 特权实用程序的使用(7.5.4 系统实用工具的使用),新标准中将限制和严格控制的范围缩小在可能超越、有特权的系统和应用程序中;④ 11.1.6 从信息安全事件中学习(9.2.2 对信息安全事件的总结),老的标准强调从安全事件中学习总结的方法,而新标准强调的是结果,要从中获取知识、减少未来相关事件发生的可能性;⑤ 12.1.1 计划信息安全连续性(10.1.1 在业务连续性管理过程中包含信息安全),新标准更加细化,强调即便在不利的情况下(如危机或灾难)也要确保信息安全管理的连续性;⑥ 12.1.2 实施信息安全的连续性(10.1.3 制订和实施包含信息安全的连续性计划),老标准强调在关键业务流程中断和失效时要保持信息安全,而新标准则强调在任何不利的情况下都要保持信息安全的连续性。

控制域归类发生变化的核心控制要素共有 11 项,详见表 5-2。其中,"2.1.2 职责分割"是将老标准中"2 信息安全组织"中的核心控制要素"信息处理设施的授权过程"和"6 通信和操作管理"中的参考控制要素"责任分割"中的要求进行合并,且改名为"职责分割",统一置放于控制域"2 信息安全组织"中,该项控制要素从组织的宏观层面强调各类职责和权限的分割,以降低对组织资产的滥用。而"2.2.1 移动设备策略"是将老标准中"7 访问控制"中的参考控制要素"移动计算和通讯"调整到控制域"2 信息安全组织"中,且改名为"移动设备策略"。对于数字图书馆而言,随着移动网络的发展普及,数字图书馆的业务流程也逐步到移动终端,应该加强相关管理措施,因此调整为核心控制要素。控制域归类发生变化的 11 项核心控制要素的另外 9 项,其名称和内容都没有变化,仅仅是控制域归类发生了变化,具体变化情况如表 5-4 所示。该 9 项控制要素在 2005 版中就属于核心控制要素,因此在 2013 版中仍保留为数字图书馆的核心控制要素。

表 5-4 新老标准中控制域归类发生变化的核心控制要素列表

控制要素名称(2013 版)	在 2013 版所属的控制域	在 2005 版中所属的控制域
4.1.4 资产的归还	4 资产管理	4 人力资源安全
5.2.6 撤销或调整访问权	5 访问控制	4 人力资源安全
5.4.5 对程序源代码的访问控制	5 访问控制	8 信息系统获取、开发和维护
6.2.7 无人值守的用户设备	6 物理和环境安全	7 访问控制
7.5.1 操作系统上的软件安装	7 操作安全	8 信息系统获取、开发和维护
7.6.1 技术脆弱性的管理	7 操作安全	8 信息系统获取、开发和维护
7.7.1 信息系统审计控制	7 操作安全	11 符合性
8.1.3 网络隔离	8 通信安全	7 访问控制
9.2.3 系统验收测试	9 系统获取、开发和维护	6 通信和操作管理

2. 参考控制要素对比分析

数字图书馆参考控制要素在新老标准中的变化共有 5 种情况：删除、保留、新增、拆分和调整。

(1) 删除。2005 版的数字图书馆参考控制要素中有 10 项未出现在 2013 版的数字图书馆参考控制要素中。其中,"移动计算和通信""责任分割"两项在 2013 版中被调整为核心控制要素。"处理与顾客有关的安全问题""防止滥用信息处理设施""会话超时""联机时间的限定""输出数据确认""网络上的设备标识""信息系统审计工具的保护""业务连续性计划框架"8 项被 2013 版标准删除,故也未出现在新版的数字图书馆参考控制要素中。

(2) 保留。保留的参考控制要素在表 5-3 中用"完全对应"表示,共有 16 项。

(3) 新增。新增的参考控制要素在表 5-3 中用"新增"表示,共有 7 项。具体内容与理由如下：

① 项目管理中控制的要素：信息安全、安全开发策略、安全系统工程原则、安全开发环境、系统安全测试。这 5 项控制要素更倾向于在系统工程、项目开发或软件研发的过程中对信息安全管理、环境、测试等方面的要求,而数字图书馆本身自行开发的项目工程比较少,无须在这方面作严格的要求。因此,这 5 项控制要素列入参考控制要素。

② 时钟同步。对于系统的监视与日志分析有较大的帮助，"时钟同步"可以作为参考控制要素加以限制。

③ 限制软件安装。该项控制要素要求组织制定软件安装管理规则，并严格执行和监督，而数字图书馆的员工因工作性质的不同对软件安装的要求差异较大，实际工作中可以列出禁止安装的软件清单（如游戏软件）或必须安装的软件清单（如安全防护软件），不需要规定只能安装哪些软件。因此，"限制软件安装"可作为参考控制要素。

（4）拆分。拆分的参考控制要素在表5-3中用"拆分"表示。2005版的数字图书馆参考控制要素中只有"信息标识与处置"存在这种情况，该项控制要素在2013版中被拆分为"信息的标记""资产的处置"两项。

（5）调整。调整参考控制要素在表5-3中有"名称变化，描述略变"和"名称变化，内容一致"两种表现，共有7项，其中，"名称变化，描述略变"的有两项，"名称变化，内容一致"的有5项，相关控制要素名称详见表5-3。

5.2 信息安全风险控制的方法模型

风险控制与风险评估同为信息安全管理的两大主要过程，然而现实研究中风险评估包括风险评估方法模型的研究较多，风险控制研究的文献则较少，风险控制模型的研究更是寥寥无几。所谓风险控制，简单而言就是控制措施选取及实施的过程。控制模型需要解决以下问题：控制措施的影响因素；控制措施如何筛选；风险控制的效果如何评价。这些方法和模型的明确对于风险控制的科学性和有效性均有重要的影响。

5.2.1 信息安全风险控制的方法

信息安全的风险控制方法，即信息安全风险控制过程中所采用的分析手段和信息方法。风险控制方法的选择直接决定组织风险控制措施的选择与实施效果，同样也决定了信息安全风险管理的最终成效。目前国内外对信息安全风险控制方法的研究非常少，根据现有的研究情况，和风险评估的方法分类一致，同样可以分为定性分析方法、定量分析方法、定性与定量相结合的半定量方法。

目前，定性分析方法是风险控制的主流方法。风险控制需要识别和筛选适用于组织的控制措施，并根据风险评估的结果从中选择必要的控制措施加以实施，并说明选择或不选择的理由，但ISO 27000的所有标准中对于控制措施的选择或不选择应采用的计算方法和模型均未提及。

在实际的应用研究中,一些学者离开风险评估过程,从理论分析的角度对信息安全风险控制的对策、流程、方案等进行探讨和定性的描述[167~169]。也有一些学者根据风险评估的结果,结合已经实施的控制措施,对实施不到位的控制措施或者未加实施的控制措施做定性的分析,然后得出结论需要就某些控制措施加以实施或强化[170~173]。

定性分析的过程中对风险管理者的管理和技术方面的经验、知识以及对该组织的了解程度等要求很高,唯有如此,选择的风险控制措施才有针对性。因此,定性分析法最明显的缺点就是主观性太强,且容易出现选择的控制措施越多越全越好的情况。ISO 27002 中明确注明,控制措施的选择除了要考虑风险控制的效果,还应考虑资金需求以及角色和职责分配等情况。这显然与控制措施越多越全越好的做法相违背。

如何充分考虑组织选择控制措施过程中的影响要素,准确、客观、科学地筛选合适的控制措施,需要一定的计算方法和模型进行定量化研究,这正是定量分析方法的过程和目标。虽然有学者从控制措施的有效性[174]和控制措施的成本效益[175]等情况对不同组织的信息安全风险控制的定量分析方法进行了研究,但这些研究均脱离了风险评估而独立存在,与 ISO 27000 的信息安全管理思想不符。而且,成本和有效性等控制措施的影响因素不能完全精确的定量化。在实际工作中,定量分析法的各项数据值还常常不得不用近似或替代指标来表示。因此,定量分析的方法往往融入了定性的因素,难以独立存在。

信息安全风险控制的过程包括现有风险判断、控制目标确定和控制措施选择 3 个过程[146]。其中风险判断和控制目标的确定需确定风险等级的接受程度,并分析风险控制的需求情况,确定风险控制的目标和控制的优先级别。该过程重点依赖于风险管理者的知识、经验等软性因素,需采用定性分析的方法。而控制措施的选择计算,无论是经济、时间、人力等成本因素还是有效性、重要程度的效力指标,从可操作性的角度看,其赋值更适于采用等级赋值的方式,这也属于定性分析方法的范畴。而根据对组织中与风险控制有关的影响要素的识别与风险评估的结果等情况,计算并选择组织最适合的控制措施集合,该过程中采用的计算方法和模型又属于定量分析方法的范畴。因此,定性与定量相结合的方法,也即半定量方法或综合分析方法更适用于组织的信息安全风险控制。陈双喜采用定性和定量相结合的方式,提出了基于投资约束和风险防范策略的风险控制决策模型,然而,该模型的控制成本仅仅考虑了费用因素,成本单一,而且该模型中成本和有效性与每一项风险一一对应,调研中被调查对象的工作量过大,难以操作且数据有效性降低[110]。

5.2.2 信息安全风险控制的模型

构建信息安全风险控制模型的目的是选择控制措施并确定控制措施的优先级

别,即得到信息安全风险控制措施按成本效益原则的排序情况。目前,信息安全风险控制排序模型相关研究比较少,且主要集中在企业信息安全风险管理的决策方面,主要有成本效益分析模型、SCP2DR2模型、复合多准则决策等。

成本效益分析模型是从经济学角度来进行信息安全投资决策分析。该模型的起源较早[176],且相关研究成果较多,包括ROI[177]、IRR[178]、PROMETHEE[179]、费效分析框架[180]等模型。这些模型的基本理念"安全方案控制风险并非越贵越好"对于企业进行信息安全的最佳投资决策具有重要的意义,因此在企业中应用较广。这些模型从纯定量的研究起源,发展成定量和定性相结合的研究方法,具有很强的可操作性,且与数字图书馆信息安全风险控制的方法理念具有一定相似性。但由于多数数字图书馆是公益性机构,效益很难衡量,因此该模型不能直接应用于数字图书馆领域。

SCP2DR2模型是基于过程管理的,在安全监督的控制、安全策略和文化的指导下,保护、检测、响应、恢复构成了一个动态的、完整的安全循环,最终实现信息安全。根据模型,能够识别出监督型、文化型、策略型、保护型、检测型、响应型和恢复型控制措施,其中监督型、文化型、策略型控制措施属于管理型控制措施,保护型、检测型、响应型和恢复型控制措施属于技术型控制措施[174]。由于数字图书馆信息安全风险管理工作才刚刚起步,很少有图书馆专门设立信息安全风险管理部门,同时,该模型的控制措施选取脱离了风险评估的过程而独立存在,因此该模型不能解决数字图书馆风险管理的控制措施选择问题。

复合多准则决策方法是由DEMATEL、ANP和VIKOR 3种方法共同作用形成的[181],该方法的优点是综合考虑了控制措施之间(既包括管理,也包括技术)的相互联系、相互影响以及可能存在的反馈作用,相对于PROMETHEE决策方法不需要考虑成本效益,只需根据决策者给出的评价就能找到最折中、最接近理想结果的方案。但是该方法存在实际操作性非常烦琐的缺点,可行性不高。

综合上述的信息安全风险控制措施排序模型分析,风险评估与风险控制是ISO 27000中相互关联的两个必要过程,二者缺一不可,现有模型与这一思想不符;现有模型多适用于企业风险控制的运营,与数字图书馆特定的领域存在较大的差异性;现有模型的影响要素较多、数据获取难度高、操作烦琐,在数字图书馆领域的可行性和推广性不强。但是,现有的相关模型对基于ISO 27000的数字图书馆风险控制模型的构建具有一定的参考借鉴价值。

5.3 数字图书馆信息安全风险控制模型

基于ISO 27000的思想,结合风险评估的结果,针对不可接受的风险项从数字图书馆信息安全风险控制要素中计算、筛选并得到成本最低、成效最佳的风险控制措施集合,是数字图书馆信息安全风险控制模型的根本任务。基于这样的前提,本节提出一种基于线性规划的风险控制决策模型。

线性规划(Linear Programming,LP)是利用数学方法解决最优化问题的重要方法,由乔治·丹泽格(George Dantzig)在1947年提出,被誉为20世纪的十大算法之一,被广泛运用于企业营销策划、产品生产计划、采购与库存管理、物流管理、理财与投资、综合评价、设计优化等领域[182]。线性规划可以解决在一定的资源(人力、物力、财力等)条件下,如何组织安排,使得经济效果更好的问题。这种思想与成本最低、成效最高的风险控制措施筛选要求相一致。

线性规划是一种合理利用、调配资源的数学方法。其基本思路是在满足一定的约束条件下,使预订的目标达到最优。它的研究内容可以归纳为两个方面:一个是系统的任务资源数量已定,精细安排,用最少的资源去实现这个任务;二是资源数量已定,如何合理利用、调配,使任务完成的最多,前者求极小,后者求极大[183]。从实际问题中建立数学模型一般有以下3个步骤[183]:

(1) 根据影响所要达到目的的因素找到决策变量集合 X;
(2) 由决策变量和所在达到目的之间的函数关系确定目标函数 f;
(3) 由决策变量所受的限制条件确定决策变量所要满足的约束条件。

因此,线性规划的一般数学表示方式如下:

目标函数:
$$\max(\min) f = CX$$

其中:
$$C = (c_1, c_2, \cdots, c_n)$$

$$X = \begin{pmatrix} x_1 \\ x_2 \\ \vdots \\ x_n \end{pmatrix}$$

约束条件为:
$$\begin{cases} AX \geqslant (=, \leqslant) B, \\ X \geqslant 0, \end{cases}$$

其中:
$$A = \begin{pmatrix} a_{11} & a_{12} & \cdots & a_{1n} \\ a_{21} & a_{22} & \cdots & a_{2n} \\ & \cdots & \cdots & \\ a_{m1} & a_{m2} & \cdots & a_{mn} \end{pmatrix}$$

$$B = \begin{pmatrix} b_1 \\ b_2 \\ \vdots \\ b_m \end{pmatrix}$$

约束条件 X 大于等于 0 的含义为：安全措施的实施，最差的情况就是不实施，即实施程度为 0，不可能存在负实施的情况。

5.3.1 基于模糊数学的控制措施实施成本的计算

控制措施实施成本由人力、时间、费用、难度 4 大属性的值以及 4 大属性对实施成本的重要程度共同决定。根据多因素模糊综合评判的原理和计算模型，控制措施实施成本的计算模型可描述为：

(1) 建立因素集(U)。$U=\{u_1, u_2, u_3, u_4\}$，其中 u_1 为控制措施实施的人力成本，u_2 是控制措施实施的时间耗费，u_3 是控制措施实施成本的费用，u_4 是控制措施实施的难度。

(2) 建立评判集(V)。控制措施实施的人力、时间、费用和难度成本均采用五级赋值，因此，$V=\{1,2,3,4,5\}$，其中，1~5 代表的评价等级由低到高，分别为很低、低、中、高、很高。

(3) 计算单因素评判矩阵(R_i)。根据对数字图书馆控制措施的人力、时间、费用和难度的赋值的具体调研结果，计算得到四大属性分别在评判集 V 上的映射矩阵。即：

$$R_i = \{r_{i1}, r_{i2}, r_{i3}, r_{i4}, r_{i5}\}$$

其中：

$$\sum_{j=1}^{5} r_{ij} = 1 \cap r_{ij} \geqslant 0$$

$r_{ij}(i=1,2,3;j=1,2,3,4,5)$ 是因素 u_i 对于 v_j 的隶属程度，根据调查数据中每个控制措施成本因素在各个资产价值指标上的比重而计算得到。r_{ij} 的计算假设为：① 针对某控制措施实施的人力、时间、费用、难度的调研问卷数量为 e 份；② 共有 k 类调研对象（如管理类、技术类、服务类等），不同类型的调研对象所赋值的权威性（权重）不同；③ 第 a 类调研对象（$a=1,2,\cdots,k$）的权重为 w_a，且：

$$\sum_{a=1}^{k} w_a = 1$$

则：

$$r_{ij} = \frac{\sum_{t=1}^{e} N \times W}{\sum_{t=1}^{e} W}$$

其中,若第 t 个调研对象对因素 u_i 的赋值为 v_j 时,$N=1$,否则,$N=0$;若第 t 个调研对象属于第 a 类,则 $W=w_a$。

(4) 建立综合评判矩阵(R)。将分别计算得到的人力、时间、费用和难度 4 个单因素评判矩阵组合,得到控制措施实施成本的因素集到评判集的综合评判矩阵,即:$R=(r_{ij})_{4\times 5}$。

(5) 建立权重集(W)。权重集 W 即控制措施实施成本的四要素对于控制措施实施成本的重要程度的集合,该数据根据数字图书馆专家给出的赋值情况计算得出。即,$W=(w_1,w_2,w_3,w_4)$,且 $w_1+w_2+w_3+w_4=1$。其中,w_1,w_2,w_3,w_4 分别是指控制措施的人力、时间、费用和难度成本对于控制措施实施成本的重要程度。

(6) 多因素综合评判结果(控制措施的实施成本)。将上述的权重集 W 与综合评判矩阵 R 相乘得到模糊综合评判集 B,则 $B=W\times R$。为综合考虑评判集中各元素的隶属程度,使用加权平均的方法计算得到评判对象的多因素综合评判结果,即控制措施实施成本 C 的计算公式为:

$$C = \text{int}(B \times V^T) = \text{int}(W \times R \times V^T)$$

5.3.2 基于风险项的控制措施有效性的计算

1. 基于单因素评判矩阵的单个控制措施有效性等级计算

首先,建立评判集(V)。风险控制措施的有效性采用五级赋值,$V=\{1,2,3,4,5\}$,其中,1~5 代表的评价等级由低到高,分别为很低、低、中、高、很高。

其次,计算单因素评判矩阵(R)。根据对某一家数字图书馆控制措施有效性的具体调研结果,计算得到控制措施有效性在评判集 V 上的映射矩阵。即:

$$R = \{r_1, r_2, r_3, r_4, r_5\}$$
$$\sum_{j=1}^{5} r_j = 1 \cap r_j \geqslant 0$$

其中,$r_j(j=1,2,3,4,5)$ 是控制措施有效性对于 v_j 的隶属程度,其取值参见控制措施成本计算模型中 r_{ij} 的计算方法。

最后,单因素评判结果(E_{CM})。控制措施有效性可能性的计算公式为:$E_{CM}=R\times V^T$。对于任意的风险项,归一化其对应的风险控制列表的有效性数值。

2. 基于风险项的控制措施有效性归一化

对于风险项 R_i,其对应的控制措施列表为 $\{E_{ij}\}$,$j\in[1,m]$,根据上文单个控制措施有效性等级计算得到的控制措施有效性等级值,对控制措施有效性进行归一化,建立风险项对应的有效性向量($e_{i1},e_{i2},\cdots,e_{im}$)。

5.3.3 基于线性规划的控制措施决策

1. 根据影响所要达到目的的因素找到决策变量集合 **X**

对于控制措施决策过程,决策变量集合就是所有中高风险项所对应的控制措施列表:

$$X = \begin{pmatrix} x_1 \\ x_2 \\ \vdots \\ x_n \end{pmatrix}$$

其中 x_i 是需要施加控制措施的中高风险项对应的控制措施列表中的第 i 个控制措施。

2. 由决策变量和所在达到目的之间的函数关系确定目标函数 f

风险控制决策的目的是降低所有的中高风险项为低风险项,并且要使得控制措施实施的成本最低。因此,该模型的目标函数就是控制措施实施的成本最低,目标函数为:$\min f = CX$,其中,C 为控制措施的实施成本向量,X 为控制措施的实施程度向量。

3. 由决策变量所受的限制条件确定决策变量所要满足的约束条件

风险控制决策的目的是降低中、高风险项为低风险项,并且要使得控制措施实施的成本最低。所以,对于每一个中、高风险项,控制措施实施后风险值降低到安全的阈值下。此外,在约束条件中,行列式 A 第 i 行第 j 的元素 a_{ij} 代表了风险项 i 对应的第 j 个控制措施的有效性,行列式 B 第 j 列的元素 b_i 代表了第 i 个风险项的风险值降低到低风险的风险值降低的比例。

第 6 章　数字图书馆信息安全管理标准规范的设计与实施

数字图书馆信息安全管理实施框架及风险评估与控制规范的研究,最终是为了能够建立一种数字图书馆信息安全管理的长效机制,能够长期、持续、稳定并全面地保障数字图书馆的信息安全。通常而言,构建长效机制需要从法律、政策、监管、问责等多角度入手,而其中标准规范就是保障长效机制运行的一种有效措施。本章将介绍数字图书馆信息安全管理标准规范草案的设计与拟订,以规范数字图书馆的信息安全工作,确保数字图书馆信息安全管理体系的长效建设。为形成标准草案,本章重点从标准确立的目的、意义、范围、结构、流程、核心、实施障碍、推行策略等方面进行分析和思考。

6.1　ISO 27000 中的行业标准

ISO 27000 标准族在强调自身对于各行各业的通用性时,同时提示各行业各组织在执行 ISO 27000 时可以需要根据自身的实际情况有所侧重有所选择。ISO 27001 和 ISO 27002 中都有类似的文字与内容。为此,ISO 27000 标准族中还专门针对某些规模及意义重大的行业制定了针对行业的信息安全管理标准。截至目前,ISO 总共在四个行业尝试进行了行业标准的转化与制定工作。其中,电子政务的信息安全管理标准因争议过大最终被放弃。另外 3 个行业(电信、健康和金融)则最终完成了对 ISO 27001 和 ISO 27002 的行业标准转化,分别形成了适用于这 3 个行业的信息安全管理国际标准,并公布执行。电信行业的标准为 ISO 27011《信息技术—安全技术—基于 ISO/IEC 27002 的电信行业组织的信息安全管理指南》,健康行业的标准为 ISO 27799《健康信息学—使用 ISO/IEC 27002 的健康信息安全管理》,金融行业的标准为 ISO 27015《信息技术—安全技术—金融服务信息安全管理指南》。

6.1.1　电信行业的 ISO 27011

ISO 27011《信息技术—安全技术—基于 ISO/IEC 27002 的电信行业组织的信

息安全管理指南》于 2008 年 12 月正式发布。该标准由 ITU-T 和 ISO/IEC JTC1/SC27 共同制定，根据 ISO 27001:2005 和 ISO 27002:2005 转化而来，适用于电信行业。

ISO 27011 规定了电信组织在整体经营风险框架下建立、实施、运行、监视、评审、维持和改进其文件化的信息安全管理体系的要求，有助于其满足电信行业信息安全管理的基线要求，即保密性、完整性、可用性和任何其他相关安全特性[184]。

ISO 27011 的整体结构与 ISO 27002 高度相似，主要由说明、风险控制和附录 3 部分组成。说明部分包括范围、参考标准、定义与缩写、概述等 4 个章节。风险控制部分包括安全方针、信息安全组织、资产管理、人力资源安全、物理与环境安全、通信与操作安全、访问控制、信息系统的获取、开发和维护、信息安全事件管理、业务连续性管理、符合性等 11 个章节。附录部分包括电信扩展控制集和增加的实施指南两部分内容[185]。

ISO 27011 对于 ISO 27002 中不需要任何附加条件即可适用的条款，直接给出了指向 ISO 27002 的索引。对于那些需要附加指导纲要以适用于电信行业的条款，则首先原文复制了 ISO 27002 的相关控制措施及实施指南，随后添加了适用于电信行业的该项控制要素的专用实施指南。另外，考虑到电信组织的特定需求，除了 ISO 27002 中的通用标准，该标准还提供了电信组织专用的控制措施，并对新的控制目标、控制措施、实施指南的定义进行了详细说明。

6.1.2 金融行业的 ISO 27015

ISO 27015《信息技术—安全技术—金融服务用信息安全管理导则》于 2012 年 12 月正式发布。该标准由 ISO/IEC JTC 1/SC 27 信息技术、IT 安全技术联合技术委员会制定，根据 ISO 27001:2005 和 ISO 27002:2005 转化而来，适用于金融服务行业（如银行、保险公司、信用卡公司等）。

随着信息技术的不断发展，人们在资产处理中越来越依赖于专业组织提供的金融服务。由于金融服务行业有特殊的信息安全需求和约束条件，尤其其中涉及大量的金融交易行为。因此，金融行业的管理者、客户和监管方均对有效保护资产及资产处理信息有高度的期望值。显然，作为通用标准，ISO 27001 和 ISO 27002 不能满足金融服务行业的信息安全要求。ISO 27015 是 ISO 27001 和 ISO 27002 在金融服务行业中的补充，旨在帮助金融服务行业的组织使用 ISO 27000 系列标准建立、实施、保持和改进信息安全管理体系。

ISO 27015 的整体结构与 ISO 27002 高度相似，主要由说明、风险控制两部分组成。说明部分包括范围、参考标准、术语与定义、本标准的框架结构等 4 个章节[186]。风险控制部分包括安全方针、信息安全组织、资产管理、人力资源安全、物理与环境安全、通信与操作安全、访问控制、信息系统的获取、开发和维护、信息安全事件管理、业务连续性管理、符合性等 11 个章节。

6.1.3 健康行业的 ISO 27799

ISO 27799《健康信息学—使用 ISO/IEC 27002 的健康信息安全管理》于 2008 年 6 月正式发布。该标准由 ISO 负责医疗信息学的技术委员会 TC215 发布的，而非由负责 ISO 27000 的 ISO/IEC 联合技术委员会 JTC1/SC27 发布。因此，ISO 27799 是否是 ISO 27000 系列标准中的一个还存在争议。该标准同样根据 ISO 27001:2005 和 ISO 27002:2005 转化而来，适用于医疗保健行业（医疗保健机构和个人健康信息的管理）。

ISO 27799 规定了一套详细的管理医疗信息安全控制准则并且提供了医疗信息安全管理最佳的实践指南，适用于医疗保健信息的各个方面，无论信息的形式（文字或数字，有声记录，图画，多媒体和医疗图像）、储存信息的手段（纸介质印刷或书写，或电子存储）还是传递的手段（手工，传真，计算机网络或邮政）都必须得到适当保护。为各种规模、不同地点和不同服务模式的医疗保健机构在医疗健康环境中建立、运行、维护和改进信息安全管理体系（ISMS）提供了参考，以确保健康信息的保密性、完整性和可用性。ISO 27799 不是对 ISO 27002 或 ISO 27001 的替代，而是这些通用条款在医疗保健行业的一种补充。

ISO 27799 的整体结构是 ISO 27001 与 ISO 27002 的整合，主要由说明、ISMS 和风险控制 3 部分组成。说明部分包括应用范围、参考标准、术语与定义、缩略语等 4 个章节[187]。ISMS 部分包括医疗信息安全的目标和要素（资产、威胁和脆弱性）以及 ISMS 建立、运行、维护和改进的具体方案（包括信息安全风险评估的流程和方法）共两个章节。风险控制部分只有一个章节，其中包括安全方针、信息安全组织、资产管理、人力资源安全、物理与环境安全、通信与操作安全、访问控制、信息系统的获取、开发和维护、信息安全事件管理、业务连续性管理、符合性等 11 个小节。

ISO 27799 与 ISO 27011 和 ISO 27015 的最大不同在于该标准中从医疗保健行业的视角包含了信息安全风险评估和风险控制的整个过程，即对 ISO 27001 和 ISO 27002 进行了完全转化。而 ISO 27011 和 ISO 27015 对 ISO 27001 中的风险评估方法则是全面接受，并没有进行移植或细化，内容上则仅包含了风险控制的过程，即 ISO 27011 和 ISO 27015 实际上仅涉及对 ISO 27002 的转化。ISO 27799 根据 ISO 27001 构建了满足医疗保健行业需求和特色的信息安全管理体系的模型方法，对 ISMS 的规划、操作、检查和处理 4 大环节进行了详细的解释说明，而且参照 ISO 13335 对医疗保健行业风险评估的目标、流程、方法、要素等进行了说明。另外,ISO 27799 还根据 ISO 27002 对 11 个安全控制域和 39 个安全控制类别分别根据医疗保健行业的特点和要求进行了转化,提出了详细的实施指南和控制建议。因此,从某种意义上讲,ISO 27799 是一个更全面和完整的信息安全管理标准,而 ISO 27011 和 ISO 27015 则不能脱离 ISO 27001 和 ISO 27002 而存在。

6.2 数字图书馆信息安全标准规范的设计

信息安全管理标准的确立是一个系统、持续的建设过程,涉及目标、范围、流程、方法、论证、推广等环节。我国信息安全标准制定过程中存在着缺乏整体规划、忽视需求驱动理论、标准制定与实施之间存在矛盾、实施与安全教育之间脱节等方面的问题[188]。数字图书馆信息安全管理标准虽然是以成熟通用的 ISO 27000 系列标准为依据进行行业标准转化的,其确立的过程中仍需注意上述问题和环节。

6.2.1 目的与意义

数字图书馆信息安全管理标准建立的目标就是建立并实施数字图书馆的信息安全管理体系,即以 ISO 27000 系列标准为依据,建立数字图书馆信息安全方针与目标,并通过计划、控制、检查、改进等环节来协调人力、物力、财力等资源,以期达到数字图书馆的信息安全目标。

现阶段国内数字图书馆的信息安全存在很多隐忧。如果没有信息安全管理标准的制定与贯彻,数字图书馆的研究与实务部门都习惯性地将信息安全问题仅仅看作技术问题,即,试图通过不断更新、升级数据备份与软件更新、密码技术、杀毒软件、身份认证与访问控制、防火墙技术、漏洞扫描与检测等软、硬件设备来确保数字图书馆的信息安全。而实际上,绝大多数的数字图书馆信息安全事件来自管理因素,仅仅依靠数字图书馆的信息产品的升级与安全技术的加强根本无法解决。

自以 2005 版的 ISO 27000 系列标准为代表的国际信息安全管理标准规范公布以来,依据 ISO 27000 的思想和原则,建立和实施数字图书馆信息安全体系,用管理手段实现对数字图书馆信息安全风险的有效控制,逐渐成为国内数字图书馆研究与实务部门的共识。随着理论研究的深入以及实务部门测评实践的成功,各种风险评估及风险控制中的细节问题也逐步得到解决,依据 ISO 27000 制定数字图书馆自己的信息安全管理标准规范既有现实的必要性也具备可能性。

另外,与更新软硬件设施设备相比,建设并规范数字图书馆信息安全管理体系可以节约大量的资金成本。实际的安全管理实践表明,在现有的管理水平与管理条件下,已经可以做到将数字图书馆定期组织的风险评估工作控制在 15 天左右完成，大大减少了信息安全管理对数字图书馆日常业务的影响。因此，依据 ISO 27000 系列标准并结合数字图书馆的实际，设计出的数字图书馆信息安全管理标准，并在数字图书馆实务部门贯彻执行，可以摆脱目前单纯依赖技术手段的信息安全管理现状，实现在不提升技术条件的前提下通过管理手段解决数字图书馆信息安全的现实问题，同时又可以节约大量的人力、物力和时间。

数字图书馆信息安全管理标准规范的制定完善了数字图书馆标准规范体系。数字图书馆信息安全管理标准规范是数字图书馆标准规范体系的组成部分，而标准规范体系建设又是数字图书馆建设的重大命题。我国的数字图书馆标准规范体系建设从 2002 年 10 月起由中国科技信息研究所、中国科学院文献情报中心和中国国家图书馆联合发起，正式立项启动。目前未包含数字图书馆信息安全管理标准规范。因此，为了完善数字图书馆标准规范体系，有必要早日制定数字图书馆信息安全管理标准规范。

ISO 27000 系列标准中电信行业的 ISO 27011、金融行业的 ISO 27015，特别是医疗行业的 ISO 27799，为各行业各领域在遵守 ISO 27000 的思想与原则的基础上根据行业和领域特点，对 ISO 27000 进行转化，形成本行业的信息安全管理标准规范提供了很好的例证，也为数字图书馆信息安全管理标准规范的制定提供了参照和经验。模仿 ISO 27011，ISO 27015 和 ISO 27799 的思路，基于 ISO 27000 的风险评估和风险控制方法、过程、模型，将其合理地转化并应用到数字图书馆领域，制定数字图书馆信息安全管理标准规范，不仅可以规范数字图书馆的信息安全管理，而且可以使数字图书馆的信息安全管理标准与国际标准接轨。

6.2.2 范围与结构

为确定数字图书馆信息安全管理标准规范的适用范围，首先需要明确数字图书馆的概念。有的人认为数字图书馆是传统的实体图书馆的延伸，是在实体图书馆的基础上发展起来的，实体图书馆是其基础和支撑，例如各个高校图书馆和公共图书馆建设的数字图书馆部分。也有的人认为数字图书馆可以脱离实体图书馆的存在，只要它具备数字图书馆的基本功能、特征之一或者全部，就可以理解为数字图书馆，如某一电子数据库，某一电子书店等等。后者与前者在业务流程、功能结构和安全需求方面都有较大的差异，后者更类似于信息系统的安全管理要求。作为数字图书馆标准规范体系的组成部分，数字图书馆信息安全管理标准规范必须与整个数字图书馆行业对数字图书馆的认识以及数字图书馆标准规范体系中对数字图书馆的定义相一致。因此，数字图书馆信息安全管理标准规范中所指的数字图书馆，应该是也必须是传统实体图书馆的数字化部分。

数字图书馆的类型多种多样、规模差异较大，但无论是公共图书馆、高校图书馆还是专业图书馆从部门设置、业务流程、功能框架、资产、威胁、脆弱性等各方面均有高度的相似性。因此,数字图书馆信息安全管理标准规范的制定既要充分考虑各种类型、不同规模的数字图书馆的共性特点和需求,还要考虑不同数字图书馆之间的个性化特点和需求,确保标准的制定既规范又具有弹性,能够充分适用于数字图书馆行业,保护各类数字图书馆信息资产的保密性、完整性和可用性。

数字图书馆信息安全管理标准是以 ISO 27000 系列标准,尤其是 ISO 27001 和 ISO 27002 为主要参考标准,是 ISO 27000 系列标准在数字图书馆行业的转化。因此,本标准的基本理念、原则与规范完全遵循 ISO 27000 系列标准的要求,是在 ISO 27001 和 ISO 27002 的基础上对数字图书馆进行信息安全管理的解释、细化及具体实施,并且需要规定一套详细的数字图书馆信息安全风险评估和风险控制准则,为数字图书馆信息安全管理实践提供具有操作性的指南和参照模板。

数字图书馆信息安全管理标准规范的结构参照 ISO 27001、ISO 27002 以及由此转化而来的 ISO 27011,ISO 27015 和 ISO 27799。整个标准规范应该包括总则、术语和定义、风险评估、风险控制、附录等 5 部分内容。其中,总则包括标准规范的涵盖范围、数字图书馆信息安全风险管理目标、数字图书馆 ISMS 建立的过程模式和流程,术语和定义包括与数字图书馆信息安全、风险评估和风险控制相关的重要定义和术语说明,风险评估包括资产、威胁、脆弱性的识别计算、风险值计算以及风险分析的过程和要求,风险控制包括风险控制的目标确定、措施筛选的过程和要求,附录包括风险评估和风险控制的方法、样例、模板等内容。

6.2.3 核心内容

信息安全管理标准的核心内容是信息安全的管理目标与实现手段,ISO 27000 系列标准均围绕着这些核心内容展开。ISO 27001 的重点是如何帮助组织建立、运作、维护和改进信息安全管理体系。ISO 27002 则是实施 ISO 27001 中设定的信息安全管理体系的目标过程中选择控制措施时的参考,也可作为组织实施通用信息安全控制措施时的指南文件,即实现目标时所采用的管理手段的选择。ISO 27005 是组织信息安全风险管理的指南,包括风险评估、风险处置、风险接受、风险沟通、风险监视和风险评审的建议。

数字图书馆信息安全管理标准规范的核心内容是为数字图书馆建立、运作、维护和改进信息安全管理体系提供指南,其中的风险评估和风险控制环节最为关键。

数字图书馆信息安全风险评估部分,依据 ISO 27001 中对风险评估要素、方法、流程等方面的要求,结合数字图书馆的实际情况,对数字图书馆信息安全的风险评估的方法、流程、要素及其识别进行详尽的描述,并给出风险要素权重值、风险要素计算模型以及风险项风险值计算模型的推荐方案,为数字图书馆信息安全管理风险评估环节的关键问题解决提供可行性方案。其中,风险要素权重值、风险要素计算模型以及风险项风险值计算模型以附录方式推荐。

数字图书馆信息安全风险控制部分,依据 ISO 27002 中对控制域、安全类别和控制措施的具体要求,结合数字图书馆的实际情况,列举数字图书馆行业的核心控制要素、参考控制要素以及相关解释说明,以此作为数字图书馆信息安全风险控制的具体参考。同时,确定与风险评估结果相匹配、适合于数字图书馆信息安全风险控制过程的控制措施选取流程,推荐风险控制措施选取的数学模型,为数字图书馆信息安全管理风险控制环节的关键问题解决提供可行性方案。其中,风险控制措施选取的数学模型以附录方式推荐。

6.2.4 关键技术

数字图书馆信息安全管理标准规范所涉及的管理方面的关键性技术,在第 3,4,5 章分别予以了讨论并给出了解决方案。拟订数字图书馆信息安全管理标准规范时,应该把所涉及的关键技术及其解决方案按照第 3,4,5 章的技术思路进行描述及展开。

数字图书馆信息安全管理的 PDCA 过程方法模型、风险评估要素及表示方式、风险控制要素、风险管理流程、风险管理框架,已在第 3 章中讨论并给出了解决方案。数字图书馆信息安全管理标准规范中涉及这一部分的关键技术将以第 3 章的内容为依据。

数字图书馆信息安全风险评估的方法、风险值计算模型、风险要素的识别与计算,已在第 4 章中讨论并给出了解决方案。数字图书馆信息安全管理标准规范中涉及这一部分的关键技术将以第 4 章的内容为依据。根据 ISO 27000 的原则,风险评估模型只要符合 ISO 27000 管理思想即可,并不一定要限定于某种具体的评估模型,因此 ISO 27000 和 GB/T 20984 中的推荐模型,都放在附录中。数字图书馆信息安全风险评估的风险要素权重值、风险要素计算模型以及风险项风险值计算模型也作为标准规范的附录出现。另外,出于简化日常评估过程的目的,同时给出一个在多次数字图书馆调查数据基础上形成的风险评估模板,可通过查表方式直接得到大多数风险项的风险等级值。

数字图书馆信息安全风险控制的核心控制要素列表、参考控制要素列表、风险控制措施选取的成本效益决策模型,已在第 5 章中讨论并给出了解决方案。数字图书馆信息安全管理标准规范中涉及这一部分的关键技术将以第 5 章的内容为依据。根据 ISO 27000 的原则,风险控制措施的选取只要符合 ISO 27000 管理思想即可,并不一定要限定于某种具体的计算模型,甚至不一定需要采用数学模型。因此,数字图书馆信息安全风险控制措施选取的数学模型不出现在标准规范的正文中,而是作为标准规范的附录出现。

遵循 ISO 27000 系列标准的思路与原则,在对 ISO 27011,ISO 27799 和 ISO 27015 三大行业专用标准进行分析的基础上,重点以第 3,4,5 章的研究成果为依据,可以初步拟订并撰写出数字图书馆信息安全管理标准规范的草案,供科研部门研究、实务部门操作、主管部门审核。具体文稿见附录 A。

6.3 数字图书馆信息安全标准规范的实施与推广

一项标准的出台到实施必然会遇到各种各样的障碍,数字图书馆信息安全管理标准规范的实施自然也不例外。本书的实证研究过程中,也遭遇过某些方面的障碍。本节将分析障碍,并且有针对性地提出解决策略,以达成数字图书馆信息安全标准规范顺利实施推广的目的。

6.3.1 实施障碍

根据本书实证研究过程中遇到的问题,并基于对国内外各类标准实施过程中遭遇的普遍性障碍[188,189]的分析,在数字图书馆信息安全管理标准规范实施过程中可能遇到的障碍主要有思想障碍、管理障碍、成本障碍和操作障碍 4 类。

1. 思想障碍

思想障碍是数字图书馆信息安全管理标准规范实施的最大障碍。虽然近年来各大信息安全事件层出不穷,数字图书馆实务部门也屡屡发生安全事件,但是整个数字图书馆领域的信息安全风险意识仍然非常薄弱,甚至有部分业内外人士认为数字图书馆的信息资源不存在保密性、完整性和可用性的威胁问题。从数字图书馆管理层而言,虽然已经逐步认识到了数字图书馆存在信息安全风险问题,但是目前的普遍做法仍是通过技术手段进行防御,而未能意识到"三分技术、七分管理"的黄金律。

2. 管理障碍

数字图书馆信息安全管理体系的建立有赖于良好的信息安全组织体系,即有效的领导力。只有建立了以数字图书馆最高领导为首的组织管理架构、明确定义角色、责任与权力,将信息安全管理体系的要求从战略层面整合进整个数字图书馆的组织管理中,数字图书馆信息安全管理标准才能得到真正的贯彻落实。而在本书调研的多个数字图书馆中,只有一家数字图书馆有一个简单的信息安全组织管理架构和信息安全管理机制,其他数字图书馆仅仅从网络技术层面做相关要求。数字图书馆行业中信息安全管理水平的薄弱在今后标准化管理中必然成为一个重要的障碍。

3. 成本障碍

数字图书馆信息安全管理体系的建立、实施、保持和持续改进是一个长期的过程，其间对时间、经费、人力、技术等成本的投入均有一定的要求，在实证研究中发现这也是数字图书馆信息安全管理标准实施的一个重要障碍。在实际操作中，数字图书馆信息安全风险评估需要引入第三方评估力量，需要图书馆全体工作人员不同程度的配合。

一般情况下，社会上的第三方评估机构对一个小型组织的风险评估周期大多数需要半年到一年的时间。通过本书的实证研究发现，采用本书的成果，对数字图书馆进行风险评估，评估周期可以减缩到 2 周至 1 个月，但即使这么短的时间，对于数字图书馆来说仍然是一种投入。而在风险控制阶段，对实施经费、时间、技术等投入要求更高。

因此，如何平衡时间、经费、人力、技术等成本投入与数字图书馆信息安全管理的有效性之间的关系是数字图书馆信息安全标准实施过程中要克服的重要问题。

4. 操作障碍

ISO 27000 作为一项通用标准对组织信息安全管理体系建立的过程模式提供了指导性要求，但具体到数字图书馆行业该要求显然太过宏观。数字图书馆信息安全管理标准规范的制定过程中，有一项重要的研究内容即风险评估和风险控制的具体流程和方法。实证研究过程中也发现，不同的方法流程得到的数字图书馆风险项和对应的控制措施均有不同，使得数字图书馆将控制措施落实到日常管理工作中时操作难度有所不同，而操作性是数字图书馆管理者非常关注的问题，也直接影响了风险管理的效果。

因此，如何通过相对简洁、有效、合理的方法和流程，使得数字图书馆风险管理的过程和结果符合数字图书馆的需求与期望，也即，使得数字图书馆信息安全管理标准规范更具操作性，是数字图书馆信息安全管理标准规范实施的另一个重要问题。

6.3.2 推行策略

如上所述，数字图书馆信息安全管理标准的实施过程中必然会遇到各种障碍，需要采用多种举措进行克服，以确保标准的有效落地和推广。主要包括管理保障策略、宣传推广策略和培训提升策略 3 个方面。

1. 管理保障策略

管理保障策略是从组织管理的层面对数字图书馆信息安全管理标准规范实施的保障，可以包括内部管理保障和外部管理保障两个层面。从外部来说，即数字图书馆行业的管理,应将数字图书馆信息安全管理纳入数字图书馆的管理评估中,作为一项类似资源管理标准、服务标准的标准规范进行推广。从内部来说,则要建立完善的战略决策、组织架构、规章制度、分工协作、激励考核、督察督办等在内的管理保障机制。

2. 宣传推广策略

宣传推广策略是从思想意识的层面对数字图书馆信息安全管理标准规范实施的保障,意在提升数字图书馆行业内对信息安全管理的认可度和参与度。一方面,可以通过网站、宣传手册、调研培训、邮件推送等形式进行普遍的宣传与推广,提高相关人员关于数字图书馆信息安全管理的意识,激发其参与意愿和主动性。另一方面,可以采取试点先行、逐步推广的策略,在标准规范的推进和实施过程中,采取小范围试点示范的方式,选择一些条件比较成熟的数字图书馆进行试点,然后进行经验宣传,形成示范效应,再逐步扩展到整个数字图书馆行业,以比较稳妥的方式逐渐推广数字图书馆信息安全管理标准。

3. 培训提升策略

培训提升策略是从专业技能的层面对数字图书馆信息安全管理标准规范实施的保障,意在将信息安全管理的方法流程最大范围地推广。可以将数字图书馆信息安全管理标准规范有关的学习和培训纳入图书馆员专业素养的教育和考核中,提升其标准意识以及对相关过程、方法、理念的了解,从而在其配合第三方团队开展风险评估和风险控制时能够更加灵活有效,从而提高数字图书馆信息安全管理标准规范贯彻落实的可行性。

第 7 章　数字图书馆信息安全管理软件的设计与实现

依照信息安全管理标准规范建立信息安全管理体系是一项系统工程。由于风险评估与风险控制过程中需要处理大量的数据，包括资产分类、资产属性描述、资产识别与评估、威胁识别与评估、脆弱性识别与评估、风险值计算与分类、处理方式及控制措施选择等，还要根据这些评估要素进行风险分析，生成一系列有价值的清单、报告。而且评估要素随着评估过程、沟通过程、监视和评审过程不断变化，需要不断地重复进行大量的数据处理。这些海量数据，如果采用手工处理，会占用大量的人力和时间，导致风险评估效果和效率低下。风险管理软件可以将分析人员从繁重的手工数据分析、整理工作中解脱出来，同时能够将专家知识与技术探测数据进行集中，使专家的经验知识被广泛地应用，大大提高风险管理的效率和评估结果的科学性[190]，在信息安全管理体系的建立与实施过程中非常必要。

数字图书馆在依照信息安全管理标准规范建立信息安全管理体系时也有大量的数据需要处理，一系列的报告需要生成。而且，这些数据处理与报告生成过程随着 PDCA 循环的运行将不断重复，手工处理数据与生成报告工作量巨大。因此，需要为数字图书馆信息安全管理标准规范设计与开发相应的软件支撑系统。

7.1　数字图书馆信息安全管理软件的需求分析与概要设计

数字图书馆信息安全管理软件的设计目标是根据数字图书馆信息安全管理标准规范的要求辅助数字图书馆建立、运行、保持信息安全管理体系。数字图书馆信息安全管理采用 PDCA 的过程方法建立信息安全管理体系，其中涉及风险分析、风险评价及风险处理、剩余风险评估等大量工作，数字图书馆信息安全管理软件要对数字图书馆信息安全管理体系建立的全部过程提供软件支持。本节将对数字图书馆信息安全管理软件做需求分析与概要设计，并给出软件设计与实现时采用的方法。

7.1.1　数字图书馆信息安全管理软件需求分析

数字图书馆信息安全管理软件的需求主要包括以下 5 个方面：

（1）数字图书馆信息安全系统体系文件管理。建立信息安全管理体系将产生大量文档，软件需要对这些文档进行统一的标准化管理。主要内容有：提供合适的模板，确定文档的格式，规范用户的输入，提高文档的标准化程度；对于各文档要提供查询功能，要能从不同角度对文档进行查询；将各种文档输出为常见的 Word 或者 PDF 格式文件。

（2）数字图书馆信息安全管理知识库建立与管理。数字图书馆信息安全管理知识库涵盖了数字图书馆信息安全风险评估模板与管理控制模板的所有知识体系。风险评估的模板主要包括业务—资产关联表、资产—威胁—脆弱性关联表，风险控制的模板有资产—控制要素关联表。数字图书馆信息安全管理软件须提供这些数据模板的导入导出及数据管理功能。

（3）数字图书馆信息安全风险评估。根据数字图书馆基础知识库中的模板识别数字图书馆的资产、威胁、脆弱性，计算资产价值、威胁等级、脆弱性等级、风险值，并最终转换为风险等级。

（4）数字图书馆风险控制。通过风险评估计算出风险等级以后，还需要对风险较高的风险项采取风险控制措施，降低风险等级，确保风险在可接受的范围内。控制措施可以由风险控制决策模型计算并推荐。

（5）参数管理。参数管理，是对软件使用到的各种参数提供管理功能。软件使用到的参数主要包括：风险评估相关的参数（资产价值等级、风险等级等），风险控制相关的参数（投资预算情况、风险控制目标等），使用者相关的参数（用户、权限等）。

7.1.2 数字图书馆信息安全管理软件概要设计

根据需求，数字图书馆信息安全管理软件拟设置以下主要功能模块：

（1）知识库模块。根据数字图书馆信息安全风险评估模板与风险管理模板，建立软件的基础知识库。功能主要是各种模板的导入导出、模板数据的管理（增加、删除、修改）。知识库的模板主要包括业务—资产模板、资产—威胁—脆弱性模板、资产—控制措施模板及评估模板。其中评估模板是指将一个图书馆风险评估与管理控制项目的内容保存为模板，类似于图书馆在进行评估的时候就可以通过模板创建，从而大大提高评估的效率。

（2）体系文件管理模块。对数字图书馆信息安全管理过程中涉及的各种体系文件进行统一管理，包括新建、修改和查询等操作。

（3）风险评估模块。通过基础知识库中的相关模板，识别数字图书馆的资产、威胁、脆弱性，采用数字图书馆信息安全风险评估模型计算资产等级、威胁等级、脆弱性等级和风险等级，生成风险等级报告，并对风险分布情况进行分析。

（4）风险控制模块。对不可接受风险推荐风险处置方法，并生成风险处置报告。

（5）参数设置模块。对评估模板、风险评估、风险控制中使用到的参数进行管理，包括资产等级参数、风险等级参数、风险控制相关参数等。

（6）用户管理模块。对系统的使用者进行管理，包括增加、删除、修改用户信息，配置用户权限等。

7.1.3　数字图书馆信息安全管理软件分析设计方法

上文的需求分析和概要设计对数字图书馆信息安全管理软件进行了较高层次的抽象，明确了软件的主要任务及功能结构。接下来需要进行软件的详细分析设计与代码实现，而软件分析设计及代码实现都需要采用一定的理论与方法进行指导。数字图书馆信息安全管理软件的分析与设计将采用 UML 标准化建模语言，在实现的时候将采用基于 ASP.NET 的 3 层体系结构。

1. 基于 UML 的分析与设计

UML 是一种标准的图形化建模语言，是面向对象分析与设计的一种标准表示。UML 作为一种可视化建模语言，主要的表现形式就是将模型进行图形化表示。最常用的 UML 图包括：用例图、类图、对象图、活动图、状态图、序列图、协作图、构件图、部署图。

数字图书馆信息安全管理软件采用标准化建模语言 UML 进行分析与设计，其主要过程如下：

（1）数字图书馆信息安全管理软件的需求建模。前文对数字图书馆信息安全管理软件的需求进行了分析与描述，在此基础上，可以对数字图书馆信息安全管理体系的建立与实施过程进行需求建模。围绕如何建立评估知识库、如何根据知识库进行数字图书馆的信息安全风险评估、如何进行风险管理等问题进行建模分析。通过识别系统参与者，活动用例，建立用例模型，描述系统需求。在开发过程中，随着对系统的认识不断加深，对用例模型自顶向下不断精化，演化出更为详细的用例模型。

（2）数字图书馆信息安全管理软件的设计模型。分析数字图书馆信息安全管理软件的实现环境和系统结构，建立设计模型。设计模型包含用例的实现及对象是如何相互通信和动作来实现用例的。如何建立数字图书馆信息安全管理知识库、如何利用知识库对数字图书馆的信息安全状况进行评估等问题最终要被逐步转化，通过类来建模，形成系统的对象类图。还需要分析建立数字图书馆信息安全管理知识库的步骤，明确对象之间的关系，形成建立知识库的序列图，分析风险评估的方法步骤，形成风险评估的序列图，分析风险评估、已有控制措施、风险接收、风险处置方法等形成风险评估与管理控制的状态图。

（3）系统实现和系统配置。系统的实现，是根据设计模型在具体的环境中实现系统，生成系统的源代码、可执行程序和相应的软件文档。数字图书馆信息安全管理软件在代码设计时将使用微软 VisualStudio 2010 的 ASP.NET。系统配置的任务就是在真实的环境中配置、调试系统、解决系统正式使用前可能存在的任何问题，最终设计完成实用的数字图书馆信息安全管理软件系统。

2. 基于 ASP.NET 的 3 层结构模型

根据微软的定义，ASP.NET 是一个统一的 Web 开发模型，它包括使用尽可能少的代码生成企业级 Web 应用程序所必需的各种服务[191]。ASP.NET 作为.NET Framework 的一部分，可以使用任何.NET 兼容的语言来编写应用程序。Visual Studio.NET 是一套完整的开发工具，可用于生成 ASP.NET Web 应用程序、XML Web Services 应用程序和移动应用程序。开发人员利用.NET 先进的跨语言开发平台和强大的公共平台类库，能够有效解决以前软件开发过程中难以解决的一些核心问题，开发出具有互操作性、高集成性、良好扩展性的应用程序。ASP.NET 提供了一个基于 B/S 结构的 3 层结构模型，一般而言可将软件分为 3 层：第一层表示层(UI)，第二层业务逻辑层(BLL)，第三层数据访问层(DAL)。

表示层负责与用户的交互，接收用户的输入，并将服务器端传来的数据呈现给用户。理想状态下这一层不包含任何业务逻辑，其中逻辑代码仅与界面元素相关。

业务逻辑层负责所有的业务逻辑的处理，接收表示层传来的参数，根据业务规则处理相应的业务，并将处理的结果返回给表示层。业务逻辑层在.NET 中是以类库或 Web Service 形式表现。

数据访问层主要是对原始数据（数据库或者文本文件等）的操作层，如数据表的创建、删除、修改等。在.NET 中可通过 ADO.NET 操作数据，为业务逻辑层或表示层提供数据服务。

应用 3 层式架构可以减少耦合和依赖性，增强内聚性，提高潜在的复用性，从而提高效率，数字图书馆信息安全管理软件将采用 ASP.NET 3 层结构模型进行开发。

7.2 数字图书馆信息安全管理软件的需求建模与分析类图

软件分析设计的任务就是把客观世界的对象和操作变换成计算机可接受的形式，即用程序设计语言表达。图形化建模语言 UML 采用了面向对象分析与设计的方法，是程序设计时的标准语言。采用 UML 对数字图书馆信息安全管理软件进行分析设计的主要任务是：对软件的需求采用用例图进行建模分析；以需求模型为输入,对分析类进一步细化,建立系统的实体类、边界类、控制类图;对各个用例进行实现设计,建立顺序图、活动图描绘系统的动态行为;采用 3 层结构设计软件的组件图,描述系统的组件结构。

7.2.1 需求建模分析

1. 定义 Actor

根据数字图书馆信息安全风险评估与风险控制的功能要求,分析得出风险管理软件系统的参与者有系统管理员、高层管理人员、评估专家及其他参与评估的人员,如图 7-1 所示。

图 7-1 系统参与者

系统管理员:负责导入相应的模板数据建立评估的基础数据库;对系统的使用者进行管理,并赋予相应的操作权限;对系统数据库进行维护,定期进行备份,出现故障时对系统进行修复。

评估人员:是指评估系统的使用者,通常为数字图书馆信息安全管理员,也可以是图书馆其他工作人员。可执行的操作主要包括新建、删除、保存评估模板,新建、删除、修改评估数据,生成评估报告,查询评估详细内容,参与管理体系文件的评审。

高层管理人员:发布数字图书馆信息安全管理系统的体系文件;确定信息安全风险评估的范围(涉及的业务部门、资产等);对于识别出来的高风险项目高层管理人员要确定采取的控制措施或者接受风险。

评估专家:指数字图书馆信息安全领域的专家,在进行风险评估时专家根据其经验对资产、威胁、脆弱性等风险要素进行赋值。

2. 定义 User Case

通过对数字图书馆信息安全管理体系的分析,从顶层抽象可以定义出 3 个用例:体系文件管理、基础知识库管理、详细评估管理。对这 3 个用例进行抽象与细分,可以得到系统的用例图,其中有些用例(如"权限验证")在 3 个顶层用例中都会用到。

(1) 体系文件管理用例图。体系文件建立用例图如图 7-2 所示。

编写评估体系文件:评估人员根据软件提供的模板编写数字图书馆信息安全管理的体系文件,文件可以直接存在数据库中,也可以导出为 Microsoft Word、PDF 格式的文档。

编写过程文件:数字图书馆信息安全管理采用的是过程化的方法,即要求在每一个过程中都留有文档。这些文档包括：参与评估的资产清单、威胁清单、脆弱性清单、已采用的控制措施清单等。

审核发布体系文件：数字图书馆信息安全管理体系文件建立以后，需要报高层管理人员审核后，再进行发布。

评审过程文件：过程文件需要定期地进行评审。

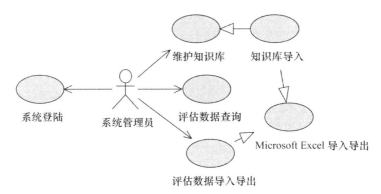

图 7-2　体系文件建立用例图

（2）基础知识库管理用例图。基础知识库管理用例图如图 7-3 所示。

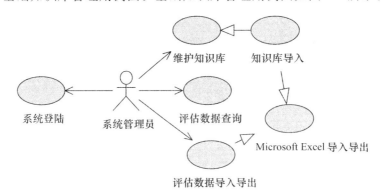

图 7-3　基础知识库管理用例图

系统登录：系统管理员或者其他人员输入用户名口令，通过验证后就可以使用系统软件。

Microsoft Excel 导入导出：它是知识库导入导出、评估数据导入导出用例的泛化，在这两个用例中都会使用到 Microsoft Excel 数据文件的导入导出功能。

维护知识库：对知识库中的数据进行增加、删除、修改操作。

知识库导入：将数字图书馆信息安全风险评估模板与风险控制模板导入到数据库，建立基础知识库。

评估数据的导入导出：以项目的形式，将具体数字图书馆信息安全风险评估与管理控制过程相关的数据进行导入导出。

评估数据查询：查询系统中已存在的评估数据。

(3) 风险评估与风险控制用例图。风险评估与风险控制用例图如图 7-4 所示。

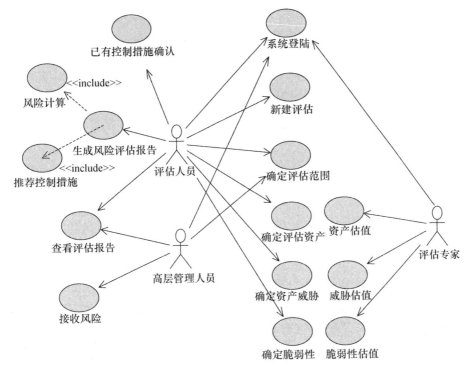

图 7-4　风险评估与风险控制用例图

新建评估：评估者根据需要建立评估项目。

确定评估范围：由高层管理人员确定需要评估的业务范围、涉及的部门等。

确定评估资产：从知识库中的资产清单中选择合适的资产，最终形成数字图书馆的资产清单。

确定资产威胁：列出资产面临的威胁列表，从中选择适用的威胁。

确定脆弱性：列出资产存在的可能被威胁利用的脆弱性列表，从中选择适用的脆弱性。

资产估值：通过评价资产的完整性、保密性和可用性 3 要素，根据模糊数学法计算资产价值，根据资产等级划分参数确定资产的等级。

威胁估值：根据威胁的强度及威胁发生的可能性计算威胁的等级。

脆弱性估值：选择适当的估值方法计算脆弱性等级。

已有控制措施确认：识别图书馆已采用的控制措施，并评价他们的有效性。

风险计算：根据基于价值矩阵的风险计算模型计算风险值及风险等级。

推荐控制措施：采用基于投资约束和风险防范策略的数字图书馆风险控制决策模型，计算得到数字图书馆的推荐控制措施。

接收风险：高层管理者根据评估结果，针对高风险进行决策，接受风险。

生成风险评估报告：系统在各项评估结束以后，做出一份完整的风险评估报告

7.2.2 分析类图

面向对象分析与设计的重要任务，就是要识别系统的分析类，分析类代表了系统设计中的一个或几个子系统的抽象，分析类具体包括边界类、实体类和控制类。

边界类：用于建立系统与活动者之间的交互模型，这种交互通常包括接收来自用户和外部系统的信息与请求以及将信息与请求提交到用户和外部系统，通常把用户界面和通信接口的变化隔离在一个或多个的边界类中。

实体类：用于对长效持久的信息建模，主要是对诸如个体、实际对象或实际事件的某些现象或概念及相关行为建模。

控制类：代表协调、排序、事务处理以及对其他对象的控制，经常用于封装与某个具体用例有关的控制。系统的动态特征通过控制类来建模，因为控制类处理和协调主要的动作和控制流，并将任务派给其他对象（即边界类和实体类）[192]。

分析数字图书馆信息安全管理体系建立的过程，建立数字图书馆信息安全管理软件的边界类图、控制类图、实体类图如下。

(1) 实体类图。数字图书馆类：数字图书馆是软件进行风险评估与管理的实体，数字图书馆可以包含多个业务部门。数字图书馆类包含编号、名称等属性，如图 7-5 所示。

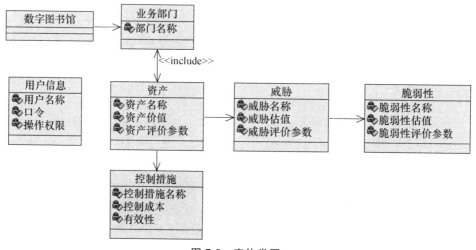

图 7-5 实体类图

业务类：数字图书馆由具体的业务部门开展业务，根据开展业务的不同，具有不同的资产。业务类包含业务名称、业务编号等属性。

资产类：根据前文的要求，数字图书馆的资产分为电子资源类、数据文档类、实物资产类、软件资产类、服务类、人员 6 大类。每个大类又可分为若干二级目录，在二级目录以下，就是具体的资产。资产类可细分为资产一级目录类、资产二级目录类及资产类。

威胁类：威胁类具有威胁名称、威胁编号等属性，威胁类与资产类、脆弱性类相关联。

脆弱性类：脆弱性类具有脆弱性名称、脆弱性编号等属性，脆弱性类与威胁类相关联。

控制措施类：包括数字图书馆信息安全管理标准规范规定的全部核心控制要素以及对应的安全类别、控制域。控制措施类可进一步细分为控制域类、安全类别类、控制措施类，包含编号与名称、有效性、成本等属性。控制措施类与资产类相关联。

用户信息类：包含用户编号、名称、权限等属性。

（2）控制类图。控制类体现了各个用例应具有的功能，控制类将边界与实体类联系起来，是软件业务逻辑的体现。数字图书馆信息安全管理软件的控制类图如图 7-6 所示：

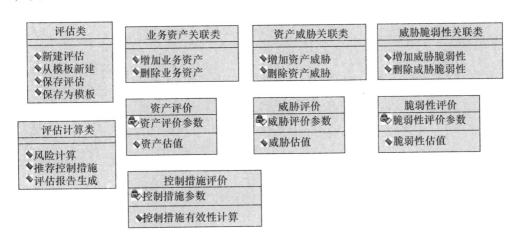

图 7-6　控制类图

评估类：评估类的主要功能是新建评估、从模板新建评估、保存评估、保存为模板。新建评估，实际就是增加一个要参与评估的数字图书馆的基本信息，如图书馆名称、类型、编号等信息，业务资产等评估要素通过评估编号与数字图书馆类相关联。模板是一种特殊的评估,是一个已经完成的评估项目,从模板创建评估时,新的评估自动具有模板的一切数据,评估者可以在此基础上进行修改,从而大大节省评估的时间,提高评估的效率。

业务资产关联类:资产是服务于业务的,相同的资产在不同的部门具有不同的作用,数字图书馆进行风险评估时很重要的一项工作就是通过业务来识别资产。识别出资产以后要建立业务与资产的关联关系,关联类就是用来建立或者删除这种关系的。

资产与威胁关联类:用来保存资产与威胁的关系。

威胁与脆弱性关联类:用来保存威胁与脆弱性的关系。

资产评估类:根据基于模糊数学的资产评价模型,对资产价值与等级进行计算。

威胁评估类:根据威胁的强度及威胁的可能性计算威胁等级。

脆弱性评估类:根据脆弱性计算公式计算脆弱性等级。

控制措施类:识别出数字图书馆已采取的控制措施,并对其有效性以及控制成本进行评价。

评估计算类:包括风险计算,控制措施计算,评估报告生成等功能。

(3)界面类图。界面类提供用户输入、输出、控制等操作,软件的界面类图如图 7-7 所示。

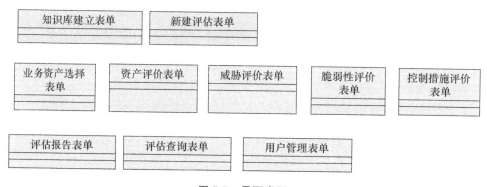

图 7-7 界面类图

(4)顺序图。顺序图是对象之间传送消息的时间顺序的可视化表示,从一定程度上更加详细地描述用例表达的需求,将其转化为进一步、更加正式层次的精细表达。顺序图将交互关系表示为一个二维图,其中纵向表示时间轴,横向表示协作中独立对象的角色。如图 7-8 所示,数字图书馆信息安全管理基础知识库建立的顺序图。

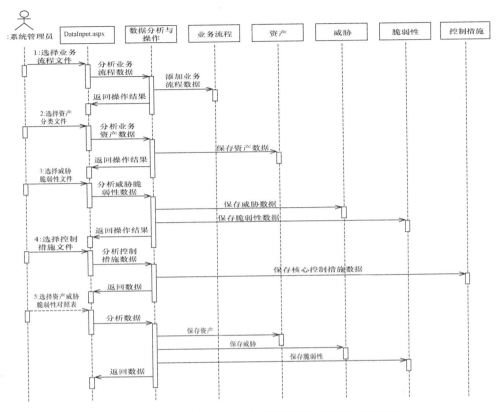

图 7-8 数字图书馆信息安全管理基础知识库建立顺序图

建立基础知识库的主要工作,就是要将数字图书馆信息安全风险评估模板与风险管理模板的数据文件导入数据库。可以分为 5 个步骤:导入数字图书馆业务流程表、导入资产分类表、导入威胁脆弱性表、导入核心控制措施表、导入资产威胁脆弱性关联表。

下面以导入"资产—威胁—脆弱性关联表"为例介绍数据导入的详细步骤。

首先,选择资产威胁脆弱性关联文件名称,通过 Microsoft Excel 操作类将其读入到 DataTable 中。

然后,依次获取资产数据,由资产名称获得资产编号,将资产编号、资产价值保存到模板库中。

再次,依次获取资产的威胁名称,根据威胁名称获取威胁编号,将资产编号、威胁编号、威胁等级保存到模板库中。

最后,依次获取威胁的脆弱性名称,根据脆弱性名称获取脆弱性编号,将威胁编号、脆弱性编号、脆弱性等级、风险值保存到数据库。

（5）状态图。在面向对象的软件系统中，一个对象无论简单或复杂，都必然经历一个从开始创建到最终消亡的完整过程，这个过程通常被称为对象的生命周期。对象在其生命周期内是不可能完全孤立的，它必然会接收消息来改变自身或者发送消息来影响其他对象。状态图就是对象在其生命周期中响应事件所经历的状态序列以及对这些事件的响应。状态图用于对系统的动态建模，适合描述跨越多个用例的对象在其生命周期中的各种状态及状态之间的转换[193]。数字图书馆信息安全风险评估与管理是个复杂的过程，涉及多个用例，因此用状态图来描述这个过程，如图7-9所示。

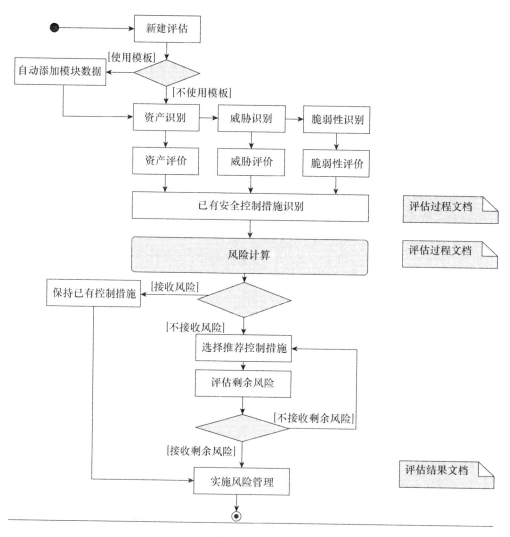

图7-9 风险评估与管理状态图

数字图书馆信息安全风险管理的详细过程如下：

① 新建评估。新建空白的评估，手动添加评估的所有资产。从模板新建评估，软件自动添加模板的所有评估数据，评估者只需对各评估要素进行修改。

② 根据数字图书馆常见的业务流程，选择每种业务对应的资产，采用基于模糊数学的资产价值评估模型计算资产价值。

③ 针对不同的资产，识别资产面临的威胁，选择威胁估值模型，根据威胁的强度与威胁发生的可能性进行威胁等级计算。

④ 对于每一个威胁，列出其可能存在的脆弱性，供评价者选择，根据估值模型计算脆弱性等级。

⑤ 任何数字图书馆都或多或少地已采取了一些控制措施，这些措施能够降低威胁的等级，减少脆弱性被威胁利用的可能性。软件提供常见数字图书馆控制措施清单供评估者选择，用户也可自行添加相应的控制措施，应用了这些控制措施以后，相关的风险应得到降低。

⑥ 风险计算。选择恰当的数字图书馆信息安全风险计算模型计算风险值及风险等级，同时能够提供相应的数据接口，以便将来采用其他计算方法进行风险值的计算。

⑦ 风险管理功能。软件一方面分析、判断资产面临威胁及威胁相关联的脆弱性，推荐在哪些方面实施哪种方式的控制措施；另一方面要列出每项控制措施的有效性及花费，以确保产生的费用低于信息安全预算。最后根据用户风险处置的方法生成完整的风险处置报告。

（6）组件图。组件图是用来表示系统中组件与组件之间、类或接口与组件之间的关系图。基于 ASP.NET 3 层体系结构是一种设计良好的组件模型，采用 3 层结构设计的软件组件图，如图 7-10 所示。

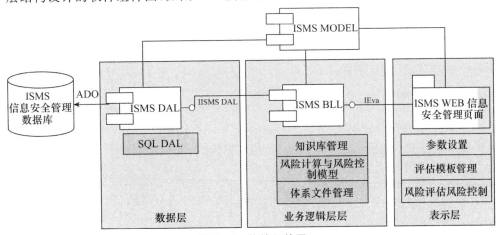

图 7-10 软件组件图

① ISMS 数据库。数据库主要包括了数字图书馆信息安全管理的基础知识库表与信息安全风险评估与管理控制表。为了提高系统运行的效率,数据库中还设计了部分存储过程作为业务逻辑的一部分。

② 数据实体(ISMS MODEL)。数据实体,对应数据库中相应的数据表,它们没有行为,仅用于表现对象的数据,作用是在各层之间起到了一个数据传输的桥梁作用。Model 在 3 层架构中不是必需品,简单的软件也可以不用 Model 而直接传递多个参数,但在数字图书馆信息安全管理软件中会用到大量的数据,数据的结构也比较复杂,因此软件引入了 Model 层,该层在其他各层中都会引用到。

③ 数据层(ISMS DAL)。ISMS DAL 作为软件的数据访问层,定义了统一的数据访问接口 IDAL,BLL 层可以通过这个接口来调用 ISMS DAL 对数据库中数据进行操作。该层对于数据库中用到的每一张表都要有相应的增加、删除、修改、读取等操作方法。

④ 业务逻辑层(ISMS BLL)。业务逻辑层是软件的核心,其定义了软件在进行知识库的建立、风险评估、风险管理时的方法与流程。业务逻辑层主要包含 3 部分功能:知识库建立、风险评估、风险管理。在风险评估与风险管理模块中会用到多种不同的计算方法,因此在这一层中定义了一个计算方法的统一接口 IEva,采用不同计算方法的时候只需要按照 IEva 定义的接口重新开发风险计算组件即可。

⑤ 表示层(ISMS WEB)。表示层即人机交互界面,软件所实现的功能,最终通过这一层提供给用户使用。

7.3 数字图书馆信息安全管理软件的实现

在分析设计阶段,通过对用例的分析设计了软件的分析类图、顺序图、状态图、组件结构图。在软件实现阶段,需要根据这些图对类进行进一步的抽象组合,形成软件的设计代码。下面详细介绍软件数据层、业务逻辑层和表示层的主要实现方法,并给出数据库的详细设计。

7.3.1 数据访问层设计与实现

为了实现对各种数据库如 SQL Server,Oracle 的支持,数据访问层采用抽象工厂模式来实现。抽象工厂模式是一种创建型模式,意图是"提供一个创建一系列相关或相互依赖对象的接口,而不需要指定它们具体的类"。任何抽象工厂都包含 4 部分[194]:

(1) 抽象工厂:为创建对象提供一般接口。
(2) 具体工厂:抽象工厂的实现。
(3) 抽象产品:定义了被创建对象的一般接口。

（4）具体产品：抽象产品的实现，即实际对象。

如图 7-11 所示，以数字图书馆业务资产类的数据读写为例，描述软件如何使用工厂模式来实现数据层。

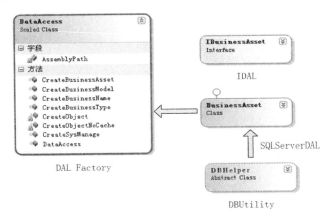

图 7-11　工厂模式 DAL 结构图

业务资产抽象工厂（IBusinessAsset Interface）：其中定义了一些业务资产表数据库访问方法的接口，包括增加、删除、修改、取得最新数据等。

```
public interface IBusinessAsset
{
  int Add(ISMS.Model.DataLib.BusinessAsset model);
    bool Update(ISMS.Model.DataLib.BusinessAsset model);
    bool Delete(int BAId);
    DataSet GetList(string strWhere);
…}
```

业务资产具体工厂（BusinessAsset Class）：实现了 IBusinessAsset 接口中的对数据表进行的各种操作。由于在实现的时候还会用到 SqlCommand，SqlParameter，SqlDataReader 等对象，还有大量的 SQL 语句需要处理，因此软件引入了 DBHelperSql 类，利用它不仅可以完成数据库基本操作的封装，也可以减少很多和数据库操作有关的代码，提高代码的复用性。

抽象产品（DataAssess）：通过反射，在运行时动态加载正确的数据访问对象。从配置文件中读入一个值，以确定应该使用反射加载哪一个程序集，通过.NET 的反射命名空间，可以加载某个特定程序集，并用该程序集创建对象的实例。创建业务资产类实例的方法如下：

```
public static ISMS.IDAL.DataLib.IBusinessAsset CreateBusinessAsset()
{
```

```
string ClassNamespace = AssemblyPath + ".DataLib.BusinessAsset";
object objType = CreateObject(AssemblyPath,ClassNamespace);
return (ISMS.IDAL.DataLib.IBusinessAsset)objType;
}
```

对于具体产品的对象,根据定义的接口,可以非常方便地使用创建对象的实例。业务资产实例的创建方法如下:

```
IBusinessAsset dal = DataAccess.CreateBusinessAsset();
```

7.3.2 业务逻辑层设计与实现

业务逻辑层是系统架构中体现核心价值的部分,主要用于实现系统的具体功能,它的关注点主要集中在业务规则的制定、业务流程的实现等与业务需求有关的系统设计。数字图书馆信息安全管理软件所采用的各种模型计算方法都在这一层体现。业务逻辑层在体系架构中的位置很关键,它处于数据访问层与表示层中间,起到了数据交换承上启下的作用。

由于项目设计初期对系统的认识可能存在不足,随着动态建模的深入,前面建立的类往往会发现存在缺陷或不够完整,需要对分析中得到的类图进行不断修正和调整,扩展形成业务逻辑包[195]。在这个阶段产生的类图更多、更详细,限于篇幅这里重点介绍知识库建立与风险评估管理控制这两个用例的详细类图。

1. 知识库建立详细类图

图 7-12 是对数字图书馆信息安全管理知识库建立用例进一步的分析细化最终形成的类结构图。

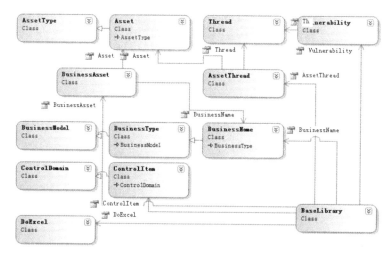

图 7-12 知识库建立详细类图

其中 AssetType 为资产类，Asset 为资产数据库操作类，Thread，Vulnerability 为威胁脆弱性数据库操作类，BusinessModel，BusinessType，BusinessName 分别为数字图书馆业务流程相关的数据库操作类，ControlDomain，ControlItem 为核心控制措施数据库操作类。BaseLibrary 为知识库操作类，是建立基础知识库的核心类库。

BaseLibrary 知识库操作类的主要方法就是通过各种模板建立知识库。为了方便操作将各种模板统一为 Excel 格式，这样又可以抽象出一个 Excel 文件读写操作的新类 DoExcel，该类的主要方法包括将 Microsoft Execl 文件中的数据读取到 DataTable 对象中，将 DataTable 对象中的数据写入到 Microsoft Excel 文件。BaseLibrary 建立知识库的具体流程由前面构建知识库的顺序图而来。

2. 风险评估与风险控制详细类图

通过对数字图书馆信息安全风险管理的流程及计算模型的分析，设计数字图书馆信息安全管理风险管理的详细类图如图 7-13 所示。

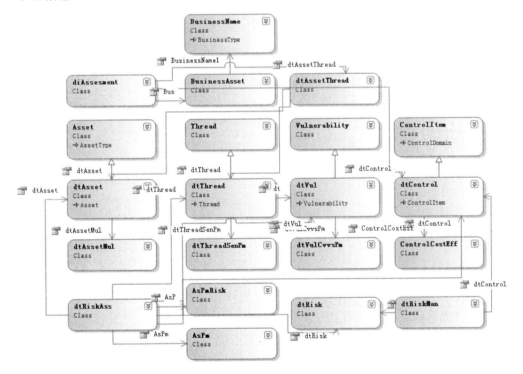

图 7-13　风险评估与风险控制详细类图

DiAssesment 评估类、DtRiskAss 风险评估类和 DtRiskMan 风险控制类是三个最核心的类，实现了数字图书馆信息安全管理风险评估与风险管理的基本方法。

DiAssesment 评估类完成对数字图书馆的信息安全风险评估操作,提供创建评估、保存评估、评估资产管理、设定评估方法等功能。

创建评估功能用于创建新评估。由于相同类型的图书馆其资产状况、资产面临的威胁及脆弱性等情况具有许多相同性,因此增加了一个模板的概念。在创建的时候提供 CreateAssesment 与 CreateAssesmentFromTmp 两种方法,从模板创建时需要提供数据库中已存在的模板的名称。

保存评估功能提供保存评估与保存为模板两种方法。

评估资产管理功能,用于添加数字图书馆的信息资产。根据 BusinessAsset 类获得业务的资产列表,提供增加资产的功能;增加了资产以后,还需要添加资产相关的评价参数与评价默认值;根据基础知识库资产与威胁的对应关系,自动添加与该资产相关的威胁及其评价默认值;根据基础知识库中威胁与脆弱性的对应关系,自动添加脆弱性评价的参数及评价默认值。

设定评估方法功能,用于针对资产设定所采用的评估方法。有简单评估和详细评估两种评估方法供选择。不同的资产的设定采用的评估方法不同,可以进行简单评估或详细评估。

dtRiskAss 详细评估与管理类,包括资产评估、威胁评估、脆弱性评估、风险值与风险等级计算功能,对资产、威胁、脆弱性及控制措施进行详细评价,根据资产、威胁、脆弱性及控制措施的评价结果,对数字图书馆进行风险评估,生成风险评估报告。

资产评估功能由类 dtAsset 进行资产价值计算与等级计算。dtAsset 通过 dtAssetMul 类获得资产三要素即保密性、完整性与可用性评价参数,计算得到资产价值及等级。

威胁评估功能由类 dtThread 进行威胁等级的计算。dtThread 通过 dtThreadSenPm 获得威胁产生的可能性及威胁的强度参数,再通过威胁计算模型计算威胁等级。

脆弱性评估功能由类 dtVul 实现脆弱性评价。dtVul 通过 dtVulCvvsPm 类获得基本评价、时间评价、环境评价参数,再根据计算模型计算脆弱性等级。

风险值与风险等级计算功能由类 dtAsset、dtThread、dtVul 获得资产、威胁、脆弱性评价参数,由类 AsPmRisk 获得风险等级参数,通过风险等级计算模型计算风险值与风险等级,通过 dtRisk 将风险值与等级保存到数据库中。

dtRiskMan 风险控制类对风险评估识别出来的风险提供风险处置方法,包括接受风险和推荐控制措施。

接受风险功能通过 dtRisk 获得高风险项目列表,根据用户的输入保存风险处置方法。

推荐控制措施功能通过 dtControl 类获得核心控制措施列表,由 Control-CostEff 类获得控制措施的成本及有效性,根据风险控制模型计算推荐控制措施。

7.3.3 表示层设计与实现

表示层提供用户使用软件的操作界面。数字图书馆信息安全管理软件表示层的主要功能就是依据数字图书馆信息安全管理标准规范建立基础知识库、维护知识库,并根据知识库进行数字图书馆的信息安全风险评估与风险管理,生成评估报告。软件的菜单结构如图 7-14 所示。

其中的资产、威胁、脆弱性等级及风险值的计算均可以提供多种计算模型供评估人员选择,并由评估人员根据适合评估对象的实际情况选择合适的计算模型。考虑到软件风险计算模型的扩展性,设计表示层时采用了动态加载菜单的方法,动态加载菜单法采用 MenuFunc 类和 MenuMan 类来实现。MenuFunc 是数据类,用来从数据库获取动态菜单的参数;MenuMan 类是操作类,用来根据 MenuFunc 的参数数据在界面上动态地加载菜单数据。

目前的系统已提供了数个评价模型,列举在默认菜单中。如果有新的计算模型或组件需要加入,只需设置页面链接与菜单等级参数即可。

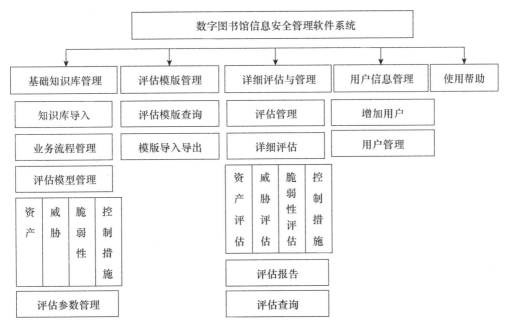

图 7-14 风险评估与风险控制菜单

7.3.4 数据库设计

数字图书馆信息安全管理软件的数据库采用 SQL Server，根据实现的具体功能可将数据表分为 3 类，即基础知识库表、风险评估与风险控制表和其他辅助参数表。

1. 基础知识库表

基础知识库表，用来存储通过调研获得的通用数字图书馆信息安全风险评估与风险控制措施，整个系统共用了 13 张表来存储这些基础数据，各表之间的关系如图 7-15 所示。业务模块、业务类型和业务表用来保存数字图书馆的各个部门及部门开展业务的情况，并对这些具体业务进行分类；资产类别表、资产表，用来保存资产的二级目录及具体资产数据；威胁表、脆弱性表用来保存资产可能存在的威胁及威胁对应的脆弱性数据；资产、威胁、脆弱性评价表分别表示资产、威胁、脆弱性的评价数据；控制类型表与控制项表，保存数字图书馆适用的常见的控制措施及分类；业务资产表用来表示数字图书馆业务类型与资产之间的多对多的关联关系；资产威胁表用来表示资产与威胁之间的多对多的关联关系。

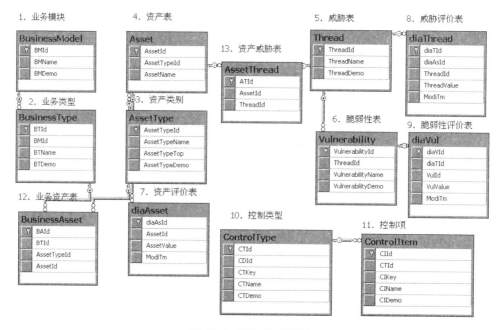

图 7-15 基础知识库表

2. 风险评估与风险控制表

风险评估与风险控制表，用来存储评估者采用不同的方法对数字图书馆进行风险评估与风险控制的数据。不同的评估方法用到的参数表不同,共用了9张表来描述这部分内容,如图7-16所示。评估表,用来保存用户的评估记录,其中IfTemplate字段用来标识具体评估是否为评估模板;评估方法表,用来保存资产、威胁、脆弱性、风险评估时采用的方法;资产评估表、威胁评估表、脆弱性评估表,用来保存采用不同的评估方法时得到的评估值与评估等级;模糊数字法参数表、场景威胁法参数表、CVVS法参数表,分别用来保存模糊数学法资产评估时的参数、场景威胁法威胁评估时的参数、CVVS脆弱性评价时的参数;控制措施成本有效性数据表,用来保存资产采用的各项控制措施的成本及有效性。

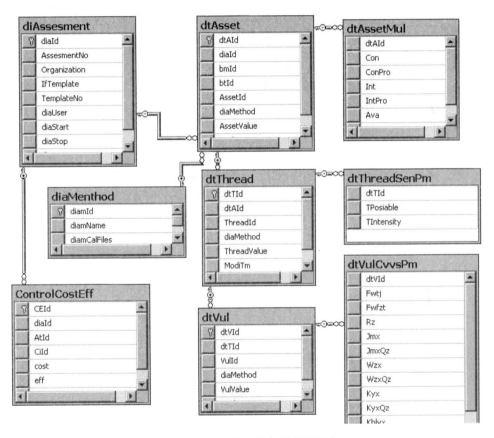

图 7-16　风险评估与风险控制表

3. 辅助数据表

系统还包括以下数据表:用户组表、用户表、用户权限表、资产等级参数表、风险等级参数表、动态菜单表等,如图7-17所示。

图 7-17　辅助表

7.4　数字图书馆信息安全管理软件的测试与运行

软件的功能与性能需要用实验与实际数据进行测评。本节将采用第 8 章的数字图书馆信息安全管理的实证数据,对数字图书馆信息安全管理软件进行全面测试,以检验软件系统的稳定性和可用性。

7.4.1　运行环境及测试准备

数字图书馆信息安全管理软件基于 B/S 结构开发。客户端浏览器没有特别要求,Internet Explorer 8.0 及以上版本或其他兼容浏览器均可正常运行。服务器端的操作系统为 Windows Server 2012,Web 服务器为 IIS 7.0+ASP.Net 4.0 和数据库管理系统为 Microsoft SQL Server 2012 企业版。

测试方案依据数字图书馆信息安全管理系统建立的过程模式展开,包括 6 个步骤:

(1) 建立风险管理的方案,包括实施目标、原则、组织构建及流程方法等。

(2) 采用数字图书馆风险评估过程得到的资产清单,在软件中根据业务流程添加资产,设置评价方法为详细评价。

(3) 资产、威胁、脆弱性的详细评价。

(4) 叠加已有控制措施,计算采取控制措施前后的风险值。

(5) 风险查询及风险分析。

(6) 对高风险项目,进行风险处置,包括接受风险与推荐控制措施。

7.4.2 数字图书馆信息安全管理软件功能测试

数字图书馆信息安全管理软件的功能测试,分别以第 8 章 3 个馆的数据为测试基础,具体的测试功能如下:

(1) 风险管理方案的制订。风险管理方案的制订是整个评估和控制过程实施的基础和行动指南,包括实施目的、原则、组织构建、流程方法等基础性、方向性的准备工作。软件提供了风险管理方案文档的模板,列出了一些常见的实施目的和原则,用户在制订方案的时候只需要在模板上进行修改就可以了。

(2) 资产、威胁、脆弱性的识别。数字图书馆资产识别的方法是根据数字图书馆业务的分类来添加业务默认资产的情况,通过资产二级分类来添加特有的资产,通过资产列表删除不存在的资产,具体步骤如下:

① 选择【业务模块】与【业务类型】,软件在文本框中列出业务明细、业务对应的默认资产。

② 选择【添加默认资产】,软件会自动添加资产,同时会自动添加资产在模板中对应的威胁及威胁对应的脆弱性。如果用户认为自动生成的数据与实际情况有差别,可以采用手动方式重新识别威胁及威胁对应的脆弱性。【删除默认资产】,系统会自动删除资产及其对应的威胁与脆弱性。

③ 选择【资产类别】与【资产名称】,单击【添加】,可以手动添加资产。各馆开展业务的时候采用的资产可能不尽相同,如发现模板中未出现本馆采用的资产可以采用这种方法添加新的资产。

④ 资产列表中会列出已识别出来的资产,并提供删除功能。用户可以将模板自动添加的本馆没有的资产删除。

(3) 资产、威胁、脆弱性的评价。软件在风险要素评价时采用了将简单评价与详细评价结合起来的联合评价法。简单评价,就是采用问卷调查或者根据评估者的经验,对资产、威胁、脆弱性的等级直接赋值;详细评价,则需要对资产、威胁、脆弱性的评估要素进行详细的赋值,通过相关的计算模型自动计算等级值。由于简单评价的方式比较简单,这里重点说明详细评价的使用方法。

① 资产值评价。资产值的评价可以有多种方式，根据需要自主选择。录入通过调查获得的资产完整性、可用性、保密等级值及相对应的权值，软件会自动根据选择的评价方式计算出资产的价值，并根据资产等级分类参数转换为资产的等级。

② 威胁等级评价。根据业务模块、业务类型、资产名称选择特定资产的威胁，自主选定威胁计算模型，输入威胁评价所需的各项参数，软件将自动计算出威胁的等级。

③ 脆弱性评价。脆弱性评价的计算模型也可以有多种。确定了计算模型后，输入相关的参数，软件会自动计算出脆弱性等级。

（4）风险计算。标准规范草案同样没有规定风险计算的具体模型，但推荐采用相乘法。软件系统本身可支持多种风险值计算模型，并可以根据需要随时添加新模型。进行实际风险评估时，软件系统可依据选定的模型计算风险值，并根据风险等级分类转换成计算风险等级。计算完成以后，还可根据风险等级查询风险的详细情况。

（5）风险分析。风险分析功能是对全部风险项的风险分布情况进行统计与分析，展现了评估后得到各等级风险项数占全部风险项数的比例。为了直观，软件系统可分别以表格与柱状图两种形态输出结果。如图 7-18 和图 7-19 所示。

风险等级	风险值	风险项数	风险相数	占全部风险项的比例
1	3	2	55	1.73%
	4	5		
	6	48		
2	8	71	995	31.36%
	9	23		
	10	66		
	12	366		
	15	71		
	16	398		
3	18	354	1668	52.57%
	20	194		
	24	598		
	27	24		
	28	1		
	30	497		
4	32	42	422	13.30%
	36	89		
	40	46		
	45	224		
	48	9		
	50	12		
5	60	27	33	1.04%
	75	6		

图 7-18　风险分布表格图

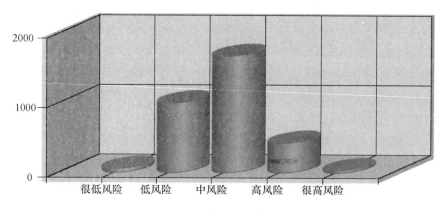

图 7-19　风险分布柱状图

（6）已有控制措施识别。数字图书馆或多或少地采取了部分控制措施,这些措施会在一定程度上降低风险的等级。软件系统可以针对风险项识别出数字图书馆已采取的控制措施,并对其抑制风险的有效性进行评价。

选择相关的风险项目,点击编辑,输入核心控制措施的编号及其对应的有效性数值,所有风险控制措施都识别完成以后,点击风险计算,系统会自动加入控制措施有效性因素重新计算风险。

（7）风险控制。经过加入控制措施重新计算风险值后得到的风险等级才是数字图书馆当前实际风险状况。针对这些风险,软件系统提供了两种处理方法：接受风险与推荐控制措施。

当风险等级不高,在用户可接受范围内时,即可接受风险。当风险等级超出了用户心理预期,则须施加控制措施。这时,软件系统可为用户计算并推荐控制措施。对全部不可接受风险项（"高风险"与"很高风险"）,根据数字图书馆信息安全管理标准规范中推荐的风险控制模型,可以对每一项核心控制措施进行计算,最终得到推荐的控制措施集合。

对 3 馆数据的测试结果表明,软件系统的各项功能均可正常运行,具备了辅助用户根据数字图书馆信息安全管理标准规范建立信息安全管理体系的基本功能。系统界面友好、易操作,功能方便、实用,可用于数字图书馆的信息安全风险评估与管理控制。

第8章　数字图书馆信息安全管理标准规范实证

为了验证数字图书馆信息安全管理标准规范草案的合理性和有效性，本章选择了国内某知名图书馆作为实证研究对象，严格按照标准规范中涉及的流程、方法、要求等进行实证研究，对该馆信息安全管理的目标、范围、方法、团队、计划等前期准备工作，资产、威胁、脆弱性等识别、估值、计算等风险评估工作，控制措施的影响要素识别、有效性计算、措施推荐等风险控制工作，并最终根据实施结果和实地访谈调研，对该数字图书馆已建立的信息安全管理体系进行审查。

8.1　实证研究对象简介

S图书馆是S市地方政府建设的一座专为入驻本市大学城的高校、研究院、科技型企业及本地市民服务的图书馆，由地方政府出资建设，大学城管委会管理，既面向教师、研究生及其他科技工作者，也面向普通市民，是一家兼具高校图书馆、科技图书馆及公共图书馆多重属性的图书馆。S图书馆以"一切为人的发展，为一切人的发展"为服务宗旨，以大学城师生、企业和科研人员以及市民为服务对象，是一所专业性、研究型、数字化、全开放的新型图书馆，是当地重要的科技文献资源保障基地、科技文献和科技信息服务中心、科学教育基地，为市场、产业、研发提供社会化公共信息资源的交流服务。

S图书馆设有综合办公室、系统部、信息情报部、用户服务部和资源建设部等5个业务部门，以实体馆藏和虚拟馆藏并重、纸本馆藏和数字化馆藏兼顾为原则进行文献资源建设。S图书馆改变了传统图书馆单一的服务模式，为更多的学生和市民营造全方位、多层次的学习空间和提供全方位的优质服务。

本章的实证分析，以数字图书馆信息安全管理标准规范草案为依据，以S图书馆中的数字图书馆部分为对象（以下简称S馆或该馆），依照标准规范中规定的流程框架，渐次进行。

8.2 S 馆安全管理方案的制订

制订数字图书馆信息安全管理方案是数字图书馆信息安全管理的前提条件,能够直接决定数字图书馆信息安全管理体系的建立过程是否顺畅有效。通过目标、范围、方法、团队和计划等内容的明确和梳理,可以使目标馆从组织管理到全体员工都能够充分认识到 ISMS 对于数字图书馆的重要性,普及信息安全管理的基本知识、术语和工作流程,并做好随时参与的心理准备。

8.2.1 管理目标

据调研情况反映,S 馆虽然已经意识到信息安全的重要性,也有部分规章制度中涉及机房安全、物理安全、网络安全等问题,但现实中 S 馆从未系统地梳理过面临的信息安全问题,也未设置专门的组织架构负责相关工作。因此,整体而言,该馆信息安全管理目标是要根据成熟的方法流程规范信息安全管理工作,尝试建立并实施自己的信息安全管理体系,有益于今后防范和规避信息安全风险问题,更好地保护本馆的信息资产。S 馆信息安全风险管理的具体目标包括以下几点:

(1) 分析和评价该馆数字图书馆面临的信息安全现状。

(2) 具体识别该馆的资产、威胁、脆弱性以及现有的控制措施等情况,并分别对其大小进行分析和计算。

(3) 评估并计算该馆的信息安全风险值和风险等级。

(4) 对该馆存在的风险项进行分析,并筛选出不可接受的风险项。

(5) 对该馆控制措施的成本和有效性进行调研和计算,制订符合该馆成本效益要求的风险控制方案,为 S 馆日后的信息安全管理提供合理建议。

8.2.2 管理原则

S 馆在实施信息安全管理的过程中要确保满足以下几个原则:

(1) 标准性原则。整个风险管理的方案设计与实施依从《数字图书馆信息安全管理标准规范(草案)》进行。

(2) 整体性原则。评估的范围和内容着眼整体,涉及与该馆相关的整个业务流程中的所有资产及其可能面临的威胁和脆弱性,避免由于遗漏而造成的安全隐患。

（3）可控性原则。确保评估模型、方法和流程的可操作性，确保数据来源的可行性及数据内容的真实性，保证整个工作在可控中进行。

（4）最小业务影响原则。整个评估工作要尽量把对该馆的业务开展、系统网络运行等的影响降到最小，不能对现行业务和网络产生显著影响（包括系统性能明显下降、网络堵塞或服务中断等）。

（5）保密性原则。对评估过程及结果中用到或产生的数据要严格保密，未经授权不得泄露给任何单位和个人，不得利用此数据进行任何侵害该馆系统或业务的行为。

（6）风险可接受原则。为该馆建议的风险控制实施方案以将风险降低在可接受的范围为准，不保证风险值为零。

8.2.3　管理范围

S图书馆既是传统的实体图书馆又是先进的数字图书馆，从人员、信息、物理、系统等各层面实体图书馆和数字图书馆均是交叉与区别共存。本次的信息安全管理实证研究定义在S图书馆的数字图书馆范围内。与数字图书馆有关的所有业务流程、业务部门、人员均在调研范围之内，与数字图书馆有关的所有资产包括软件、硬件、信息、人员、服务等均在管理范围之内。纸质馆藏资源不在此范围之列。

8.2.4　系统性方法

此次实证研究严格遵循《数字图书馆信息安全管理标准规范（草案）》中的过程方法，详见第3章。其中，所采用的风险评估方法包括基于多因素模糊综合评判矩阵的资产价值和威胁大小的计算模型、基于多渠道加权平均的脆弱性大小计算模型以及基于GB/T 20984的数字图书馆信息安全风险评估模型，具体数学模型和操作方法见第4章。所采用的风险控制方法为基于线性规划的风险控制决策模型，具体数学模型和操作方法见第5章。本章所需数据的获取方法包括问卷调查、相关人员访谈、现场查看、文档分析和工具检测等。

8.2.5　实施团队

本次风险评估的实施团队由第三方顾问、S馆领导、各业务部门的负责人和系统部门的业务骨干组成。其中，参与风险评估的3名人员担任S馆信息安全管理的第三方顾问，主要负责信息安全管理方案的策划、实施和报告撰写；S馆领导负责协调和审核各项工作流程；业务部门主管主要负责配合和落实问卷调研、访谈、检测等具体的风险评估工作；系统部门的业务骨干负责协调、解释和落实具体软硬件和技术层面的问题。

8.2.6 实施计划

由于数字图书馆信息安全管理的实施涉及的人员较多，为了确保S馆信息安全管理过程中所需要的数据能够在最短的时间内、最高效地获取，特制订该项工作的实施计划，并在实施过程中严格按照时间进度安排实施。

1. 主要工作内容及程序

（1）了解基本情况。包括了解图书馆部门设置、职责分工、人员分布及物理区间分布等基本情况，获取并分析图书馆的网络拓扑图。

（2）资产调研。包括：信息资产识别，按照业务部门设置，识别每一个部门涉及的资产名称、类别。进行汇总、去重、归类，形成S馆资产列表；资产重要性识别，筛选出与S馆核心业务相关的重要资产，确定其中关键的、有代表性的资产作为此次风险评估的范围；资产保密性、完整性和可用性调研，对每项资产的保密性、完整性和可用性进行问卷调研。资产价值采用加权计算方法。

（3）威胁调研。按类别将资产与具体威胁相关联，设计威胁调研表格并进行调研。主要包括威胁发生的可能性和对资产的影响程度两部分，其中对资产的影响程度从保密性、完整性和可用性3个角度进行。考虑此部分设计问卷内容较多，重点选择管理层、技术人员和各部门负责人调研。

（4）脆弱性调研。脆弱性采用后关联方式，调研方法包括现场检查、问卷调研（含访谈）、工具检测3种方式。首先，现场查看并记录机房场地、机房防火、机房供配电、机房防静电、机房接地与防雷、电磁防护、通信线路保护、机房区域防护、机房设备管理、网络设备安全配置情况、口令密码（屏保）设置、电脑桌面操作规范、规章制度完善情况、技术操作规范等的实际情况；其次，问卷调研主要与管理脆弱性方面的问题有关，针对管理人员、技术人员和其他人员分别采用不同的问卷进行调研；最后，利用工具联网检测用于漏洞扫描、渗透测试和安全漏洞扫描，360检测服务器和抽检办公电脑，用于木马、补丁扫描等，由于S馆直接购买了第三方漏洞扫描服务，S馆的工具检测环节直接调用分析报告中的有关结果。

（5）控制措施调研。由于在实证研究的数据调研时，2013版ISO 27001和ISO 27002尚未发布，因此，控制措施的调研仍旧基于ISO 27002:2005展开，涉及基于ISO 27002:2005获取的87项数字图书馆核心控制措施，后续的风险控制计算与实施也基于此进行，其中，控制措施调研包括控制措施的成本和有效性两部分，成本又包括人力、时间、费用、难度4个方面。考虑到理解控制措施对技术性要求较高,因此该部分调研对象控制在技术人员范围内。

2. 时间及相关部门(人员)安排

结合着 S 馆的工作安排和信息安全管理要求,制订了具体的实施计划日程安排,如表 8-1 所示。

表 8-1　S 馆信息安全管理实施计划日程安排

时间	工作内容	工作方式	需配合部门(人员)
第 1 天	了解基本情况(含网络、系统情况)	记录	办公室、技术部门
第 2~3 天	图书馆资产识别	走访、问卷	各部门负责人
	资产重要性识别	走访、问卷	图书馆管理层以及部门负责人
第 4~5 天	资产保密性、完整性和可用性调研	问卷填写	管理层、技术人员、各部门、各业务负责人
第 6~7 天	威胁调研	问卷填写	管理层、技术人员和各部门负责人
第 8 天	现场查看脆弱性	记录	各部门
第 9 天	脆弱性问卷调研	问卷填写	全部人员
第 10 天	工具检测结果分析	记录	第三方漏洞检测报告
第 11~12 天	控制措施调研	走访、问卷	技术人员

8.3　S 馆的信息安全风险评估

S 馆的信息安全风险评估重点是对该数字图书馆的资产、威胁、脆弱性进行识别、估值和计算,并以此进行风险值的计算,确定风险等级。最终,对识别出的相关风险项进行分析判断,明确不可接受风险项,为风险控制提供依据。

8.3.1　资产价值的计算

按照《数字图书馆信息安全管理标准规范(草案)》中的 3.1 对 S 馆的资产进行识别、估值和价值计算。

1. 资产类型识别

从 S 馆的业务和功能入手,分析各项业务可能涉及的资产,对其进行分类和列举,得到资产类别清单。然后,以问卷填写和现场采访相结合的方式对 S 馆进行调研,本轮调研对象为图书馆各个部门负责人,由被调研人员按照业务部门实际情况对资产列表进行选择和补充,从而统计得到 S 馆资产的分类列表,如表 8-2 所示,共得有 6 个大类资产,51 个小类资产。

表 8-2　S 馆资产分类列表

大类资产		资产名称
电子资源类		外购资源、自建资源、其他类资源
数据文档类		书目数据、用户信息数据、系统源代码与文档等、查新报告、各类合同、用户资料、培训资料、规章制度、档案与函件
实物资产类	基础设施	供电设施、空调系统、消防设施、防雷设施、防静电设施
	网络设备	交换机、路由器、光电转换器(调制解调器)、无线设备
	计算机设备	台式计算机、移动笔记本、服务器
	存储设备	磁盘阵列(含系统备份、数据备份)、U 盘、光盘、移动硬盘
	安全保障设备	硬件防火墙(含入侵检测系统)、门禁系统、监控设备
	其他电子设备	日常办公设备、影音设备
软件资产类	应用软件	业务管理系统(含一卡通系统)、门户网站系统、信息服务系统
	系统服务平台	操作系统平台、数据库系统平台
	安全防护软件	身份验证系统、防病毒软件
服务类	办公服务	电力支持、物业管理
	网络服务	提供的网络连接服务
	第三方服务	外购产品享受的服务、软硬件维护和保修、漏洞扫描风险评估服务
人员类	管理人员	
	技术人员	
	业务人员	
	服务人员	
	第三方服务人员(保安、保洁等)	

2. 资产要素赋值

根据识别得到的资产列表，由被调研人员对资产属性进行赋值。调研对象的选择综合考虑了对业务的熟悉程度、对 S 馆的了解程度和被调研对象本身计算机和网络知识的掌握程度 3 个方面，最终每个部门选择了一名最符合条件的工作人员作为本轮调研对象。被调研人员要综合考虑资产的使命、资产本身的价值、资产对于应用系统的重要程度、业务系统对于资产的依赖程度、部署位置以及其影响范围等因素，正确客观评估资产价值，并对各项资产的保密性、完整性和可用性分别进行五级赋值。属性及赋值的含义须第三方评估人员提前向被调研对象解释说明。将所有人的赋值结果平均取整后如表 8-3 所示。

表 8-3　S 馆资产重要性及安全属性调查值列表

资产大类	资产名称		保密性	完整性	可用性
电子资源类	外购资源		2	4	4
	自建资源		2	4	4
	其他类资源（深圳文献港、Metalib 资源门户等）		2	4	4
数据文档类	书目数据		2	4	4
	用户信息数据		4	4	4
	系统源代码、文档等		4	4	3
	查新报告		3	4	4
	各类合同		4	4	3
	用户资料		4	4	4
	培训资料		2	3	4
	规章制度		2	3	3
	档案与函件		4	4	3
实物资产类	基础设施	供电设施	3	4	5
		空调系统	2	4	4
		消防设施	2	4	4
		防雷设施	2	4	4
		防静电设施	2	4	4
	网络设备	交换机	3	4	5
		路由器	4	4	5
		无线设备	3	4	4
		光电转换器（调制解调器）	3	4	4
	计算机设备	台式计算机	3	4	4
		移动笔记本	3	3	3
		服务器	4	5	5
	存储设备	磁盘阵列（含系统备份、数据备份）	5	5	5
		U 盘	3	3	3
		光盘	3	3	3
		移动硬盘	3	3	3
	安全保障设备	硬件防火墙（含入侵检测系统）	4	4	5
		门禁系统	4	4	4
		监控设备	4	4	4
	其他电子设备	日常办公设备	2	3	4
		影音设备	2	3	3

续表

资产大类		资产名称	保密性	完整性	可用性
软件资产类	应用软件	业务管理系统(含一卡通系统)	4	4	4
		门户网站系统	3	4	5
		信息服务系统	4	4	4
	系统服务平台	操作系统平台	4	4	5
		数据库系统平台	4	4	5
	安全防护软件	身份验证系统	4	4	4
		防病毒软件	3	4	4
服务类	办公服务	电力支持	3	4	5
		物业管理	2	4	4
	网络服务	提供的网络连接服务	3	4	5
	第三方服务	外购产品享受的服务	2	3	4
		软硬件维保	2	3	4
		漏洞扫描风险评估服务	3	4	4
人员类	管理人员		3	4	4
	技术人员		3	4	4
	业务人员		3	3	4
	服务人员		2	3	3
	第三方服务人员(保安、保洁等)		2	3	3

3. 资产价值计算

根据资产值的计算模型,对 S 馆各项资产的价值进行计算。首先将 5 个不同部门的 15 个被调研对象根据岗位性质分为管理类、技术类和服务类,设定各类岗位的权重分别为:管理类 0.45,技术类 0.35,服务类 0.2。各类资产的权重集是根据之前全国 30 家数字图书馆的专家给出的赋值情况计算得出,结果如附录 B-4 所示。资产价值的取值范围是[1,5],将其平均转化为五级的划分依据是:$A\in[1,1.8]$时,$A=1$;$A\in[1.8,2.6]$时,$A=2$;$A\in[2.6,3.4]$时,$A=3$;$A\in[3.4,4.2]$时,$A=4$;$A\in[4.2,5)$时,$A=5$。

由于 S 馆的资产较多,下面以实物资产类中服务器为例介绍计算过程。

(1) 建立因素集(U)。保密性、完整性和可用性是数字图书馆各项资产的 3 个安全属性。信息安全风险评估中的资产价值可由资产在这 3 个属性上的达成程度或者其安全属性未达成时所造成的影响程度来决定。因此,选择这 3 个属性作为数字图书馆资产价值评估的综合评价集,于是:

$$U=\{保密性,完整性,可用性\}$$

(2) 建立评判集(V)。根据问卷调查的设计,采用风险 5 级赋值来确定评判集,即:

$$V=\{1,2,3,4,5\}$$

(3) 计算单因素评判矩阵(R_i)。单因素评判矩阵中的 r_{ij} 指的是因素 u_i 对于 v_j 的隶属度。首先对 15 名被调研对象分发问卷进行调研,然后根据 r_{ij} 的计算公式分别计算出保密性、完整性以及可用性的单因素评判矩阵为:

$$R_{保密性} = (0.0 \quad 0.05 \quad 0.15 \quad 0.1 \quad 0.7)$$
$$R_{完整性} = (0.0 \quad 0.0 \quad 0.1 \quad 0.21 \quad 0.69)$$
$$R_{可用性} = (0.0 \quad 0.0 \quad 0.0 \quad 0.32 \quad 0.69)$$

(4) 建立综合评判矩阵(R)。根据上面 3 个评判向量,得出 S 馆中服务器资产的综合评判集 R 为:

$$R=\begin{bmatrix} 0 & 0.05 & 0.15 & 0.1 & 0.7 \\ 0 & 0 & 0.1 & 0.21 & 0.69 \\ 0 & 0 & 0 & 0.31 & 0.69 \end{bmatrix}$$

(5) 建立权重集(w)。根据保密性、完整性和可用性三者对服务器资产价值的贡献大小,计算得出它们之间的权重:

$$w=(0.3 \quad 0.34 \quad 0.36)$$

(6) 多因素综合评判结果(资产价值 A)。最后,根据模型得到 S 馆服务器资产价值计算结果:

$$A=\text{int}(0.3 \quad 0.34 \quad 0.36)\begin{bmatrix} 0.0 & 0.05 & 0.15 & 0.1 & 0.7 \\ 0.0 & 0.0 & 0.1 & 0.21 & 0.69 \\ 0.0 & 0.0 & 0.0 & 0.23 & 0.77 \end{bmatrix}\begin{Bmatrix} 1 \\ 2 \\ 3 \\ 4 \\ 5 \end{Bmatrix}=\text{int}(4.6128)=5.0$$

S 馆资产价值的计算结果如附录 C-1 所示。

8.3.2 威胁大小的计算

按照《数字图书馆信息安全管理标准规范(草案)》中的 3.2 对 S 馆的威胁进行识别、估值和威胁值计算。

1. 威胁类型识别

威胁的识别在已识别的资产清单基础上进行。首先根据 S 馆的资产清单,从"资产—威胁—脆弱性"列表中[4]查找与之对应的威胁,再在 S 馆内部对威胁展开调查,筛选并确定各项威胁。

S 馆筛选出来的威胁主要包括环境威胁和人员威胁两大类。其中,环境威胁包括自然灾害、不利环境、设备故障和软件故障 4 小类，人员威胁包括外部人员（物理攻击、系统威胁、数据威胁）和内部人员（员工故意行为、员工无意行为、管理问题）两小类、6 个方面。具体如表 8-4 所示：

表 8-4 S 馆威胁列表

环境威胁	自然灾害	地震、火灾、洪灾、暴风雨、雷电、火山爆发
	不利环境	温度异常、湿度异常、灰尘、静电、电磁干扰
	设备故障	电力故障、空调故障、通信故障、存储介质故障、计算机设备故障
	软件故障	系统软件故障、应用软件故障、数据库故障
人员威胁	外部人员 物理攻击	偷窃、恶意破坏、办公地点被非授权的控制、窃取信息
	外部人员 系统威胁	密码口令攻击、远程维护端口被非授权的使用、拒绝服务攻击、破坏性攻击、未授权访问、恶意代码、漏洞探测利用、恶意渗透、入侵和篡改等、权限提升
	外部人员 数据威胁	远程文件访问、数据传输或电话被监听、伪装、侦察、分析信息流、资源滥用、社会工程学攻击
	内部人员 员工故意行为	内部员工蓄意破坏、未授权人员引用或带出数据、泄露重要信息、滥用权限、不遵守安全策略、未授权对外开放网络或设备、员工离开时未采取保护措施
	内部人员 员工无意行为	误操作、不恰当的配置和操作、移动设备丢失、不恰当的使用设备、系统与软件、内部人员个人信息丢失、硬件维护、保养不当、软件维护不当
	内部人员 管理问题	法律纠纷、不能或错误地响应和恢复、流量过载、供应故障、管理运营失误、人员匮乏、关键员工离职

根据上述资产清单和威胁来源表，通过进一步调研筛选得到每一项资产对应的威胁，从而建立了资产—威胁对应表，如表 8-5 所示。

表 8-5 S 馆资产—威胁对照表

资产大类	资源说明	威胁
电子资源类	外购资源（电子图书、电子期刊、学位论文等）；自建资源（学位论文文库等）；其他类资源（文献港、metalib 资源门户等）	通信故障、存储介质故障、计算机设备故障、系统软件故障、应用软件故障、数据库故障、拒绝服务攻击、破坏性攻击、未授权访问、恶意代码、资源滥用、内部员工蓄意破坏、未授权人员引用或带出数据、未授权对外开放网络或设备、不恰当的配置和操作、内部人员个人信息丢失、硬件维护、保养不当、软件维护不当、不能或错误地响应和恢复、流量过载、供应故障、管理运营失误
数据文档类	书目数据、用户信息数据、系统源代码、文档、编辑文稿、出版物、各类合同、用户资料、培训资料、规章制度、人事档案	地震、火灾、洪灾、暴风雨、雷电、存储介质故障、计算机设备故障、偷窃、恶意破坏、办公地点被非授权的控制、窃取信息、远程文件访问、数据传输或电话被监听、侦察、社会工程学攻击、内部员工蓄意破坏、未授权人员引用或带出数据、泄露重要信息、员工离开时未采取保护措施、误操作、移动设备丢失、内部人员个人信息丢失、硬件维护、保养不当、不能或错误地响应和恢复、分析信息流

续表

资产大类		资源说明	威胁
实物资产类	基础设施	供电设施、空调系统、消防设施、防雷设施、防静电设施	地震、火灾、洪灾、暴风雨、雷电、温度异常、湿度异常、灰尘、静电、电磁干扰、偷窃、恶意破坏、内部员工蓄意破坏、不遵守安全策略、未授权对外开放网络或设备、员工离开时未采取保护措施、误操作、不恰当使用设备、系统与软件、硬件维护、保养不当、不能或错误地响应和恢复、供应故障、管理运营失误、关键员工离职
	网络设备	交换机、路由器、调制解调器、无线设备	地震、火灾、洪灾、暴风雨、雷电、温度异常、湿度异常、灰尘、静电、电磁干扰、电力故障、空调故障、偷窃、恶意破坏、密码口令攻击、远程维护端口被非授权的使用、数据传输或电话被监听、内部员工蓄意破坏、滥用权限、不遵守安全策略、未授权对外开放网络或设备、员工离开时未采取保护措施、误操作、不恰当使用设备、系统与软件、硬件维护、保养不当、供应故障、管理运营失误、人员匮乏、关键员工离职
	计算机设备	台式计算机、移动笔记本	地震、火灾、洪灾、暴风雨、雷电、温度异常、湿度异常、灰尘、静电、电磁干扰、电力故障、空调故障、偷窃、恶意破坏、破坏性攻击、恶意代码、漏洞探测利用、恶意渗透、入侵、和篡改等、权限提升、分析信息流、内部员工蓄意破坏、不遵守安全策略、未授权对外开放网络或设备、员工离开时未采取保护措施、误操作、不恰当的配置和操作、不恰当使用设备、系统与软件、硬件维护、保养不当、管理运营失误
		服务器	地震、火灾、洪灾、暴风雨、雷电、温度异常、湿度异常、灰尘、静电、电磁干扰、电力故障、空调故障、通信故障、系统软件故障、应用软件故障、数据库故障、偷窃、恶意破坏、办公地点被非授权的控制、窃取信息、密码口令攻击、远程维护端口被非授权的使用、拒绝服务攻击、破坏性攻击、未授权访问、恶意代码、漏洞探测利用、恶意渗透、入侵、和篡改等、权限提升、内部员工蓄意破坏、滥用权限、不遵守安全策略、未授权对外开放网络或设备、员工离开时未采取保护措施、误操作、不恰当的配置和操作、不恰当使用设备、系统与软件、内部人员个人信息丢失、硬件维护、保养不当、软件维护不当、不能或错误地响应和恢复、管理运营失误、人员匮乏、关键员工离职
	存储设备	磁盘阵列（含系统备份、数据备份）	地震、火灾、洪灾、暴风雨、雷电、温度异常、湿度异常、灰尘、静电、电磁干扰、电力故障、空调故障、通信故障、计算机设备故障、系统软件故障、应用软件故障、偷窃、恶意破坏、远程维护端口被非授权的使用、拒绝服务攻击、破坏性攻击、未授权访问、恶意代码、漏洞探测利用、恶意渗透、入侵、和篡改等、权限提升、内部员工蓄意破坏、不遵守安全策略、未授权对外开放网络或设备、员工离开时未采取保护措施、误操作、不恰当的配置和操作、不恰当使用设备、系统与软件、内部人员个人信息丢失、硬件维护、保养不当、软件维护不当、供应故障、管理运营失误、人员匮乏、关键员工离职、不能或错误地响应和恢复
		U盘、光盘、移动硬盘	偷窃、恶意破坏、未授权对外开放网络或设备、移动设备丢失
	安全防护（含软件）	硬件防火墙（含入侵检测系统）、身份验证系统、防病毒软件	地震、火灾、洪灾、暴风雨、雷电、温度异常、湿度异常、灰尘、静电、电磁干扰、电力故障、空调故障、通信故障、计算机设备故障、偷窃、恶意破坏、密码口令攻击、远程维护端口被非授权的使用、拒绝服务攻击、破坏性攻击、未授权访问、恶意代码、漏洞探测利用、恶意渗透、入侵、和篡改等、权限提升、社会工程学攻击、内部员工蓄意破坏、泄露重要信息、滥用权限、不遵守安全策略、未授权对外开放网络或设备、员工离开时未采取保护措施、误操作、不恰当的配置和操作、不恰当使用设备、系统与软件、内部人员个人信息丢失、硬件维护、保养不当、软件维护不当、管理运营失误、人员匮乏、关键员工离职
		门禁系统、监控设备	电磁干扰、电力故障、通信故障、存储介质故障、计算机设备故障、系统软件故障、应用软件故障、数据库故障、偷窃、恶意破坏、内部员工蓄意破坏、硬件维护、保养不当、软件维护不当、管理运营失误
	其他电子设备	日常办公设备、影音设备	偷窃、恶意破坏、内部员工蓄意破坏、未授权对外开放网络或设备、员工离开时未采取保护措施、误操作、不恰当使用设备、系统与软件、硬件维护、保养不当

续表

资产大类	资源说明		威　胁
软件资产类	应用软件	业务管理系统（含一卡通系统）、门户网站系统、信息服务系统	电力故障、空调故障、通信故障、存储介质故障、计算机设备故障、系统软件故障、应用软件故障、数据库故障、密码口令攻击、远程维护端口被非授权的使用、拒绝服务攻击、破坏性攻击、未授权访问、恶意代码、漏洞探测利用、恶意渗透、入侵、和篡改等、权限提升、数据传输或电话被监听、伪装、侦察、分析信息流、资源滥用、内部员工蓄意破坏、未授权人员引用或带出数据、泄露重要信息、滥用权限、不遵守安全策略、未授权对外开放网络或设备、员工离开时未采取保护措施误操作、不恰当的配置和操作、内部人员个人信息丢失、硬件维护、保养不当、软件维护不当、流量过载、管理运营失误、人员匮乏、关键员工离职
	系统服务平台	操作系统平台、数据库平台	电力故障、空调故障、通信故障、存储介质故障、计算机设备故障、系统软件故障、应用软件故障、密码口令攻击、远程维护端口被非授权的使用、拒绝服务攻击、破坏性攻击、未授权访问、恶意代码、漏洞探测利用、恶意渗透、入侵、和篡改等、权限提升侦察、社会工程学攻击、内部员工蓄意破坏、泄露重要信息、滥用权限、不遵守安全策略、未授权对外开放网络或设备、员工离开时未采取保护措施、误操作、不恰当的配置和操作、内部人员个人信息丢失、硬件维护、保养不当、软件维护不当、管理运营失误、人员匮乏、关键员工离职
服务类	办公服务、网络服务（提供的网络连接服务）、第三方服务（外购产品享受的服务、软硬件维护）		管理运营失误、人员匮乏、关键员工离职、法律纠纷、不能或错误地响应和恢复、地震、火灾、洪灾、暴风雨、雷电
人员类	管理人员、技术人员、业务人员、服务人员、其他人员		地震、火灾、洪灾、暴风雨、雷电、法律纠纷、管理运营失误

2. 威胁要素赋值

威胁要素的赋值调研对象由 S 馆的技术部门人员（9 名）和其他部门熟悉技术的人员（4 名）分别完成。在资产和威胁相关联的基础上，请被调研人员对每一项资产的威胁从威胁发生的可能性和威胁发生后对该项资产 3 大安全属性的损失程度进行赋值。其中，4 项属性中，每种都被划分为 5 级赋值。具体赋值结果如附录 C-1 所示。

3. 威胁大小计算

根据威胁值的计算模型和方法，对 S 馆各项资产面临的威胁值进行计算。以"服务器"资产对应的"密码口令攻击"威胁为例，对威胁大小的计算进行演示。

（1）对"密码口令攻击"威胁发生的可能性 T_m 进行计算。

① 建立评判集（V）。威胁发生的可能性采用五级赋值，因此有：

$$V = \{1, 2, 3, 4, 5\}$$

② 计算单因素评判矩阵（R）。计算过程同资产价值的单因素评判矩阵，计算结果如下：

$$R = (0.0 \quad 0.38 \quad 0.13 \quad 0.5 \quad 0.0)$$

③ 单因素评判结果(T_m)。

$$T_m = (0.0 \quad 0.38 \quad 0.13 \quad 0.5 \quad 0.0) \begin{bmatrix} 1 \\ 2 \\ 3 \\ 4 \\ 5 \end{bmatrix} = 3.15$$

(2) 威胁发生对资产造成的损失程度 T_A 计算。

① 建立因素集(U)。威胁发生对资产造成的损失从 3 个方面进行评估,即从威胁发生对保密性、完整性以及可用性 3 个方面造成的影响进行评估,因此,因素集合 U 为:

$$U = \begin{Bmatrix} 威胁发生对保密性造成的损失 \\ 威胁发生对完整性造成的损失 \\ 威胁发生对可用性造成的损失 \end{Bmatrix}$$

② 建立评判集(V)。威胁发生后对保密性、完整性和可用性的影响均采用五级赋值,因此有,$V = \{1,2,3,4,5\}$

③ 计算单因素评判矩阵(R_i)。计算过程同资产价值评估中单因素评判矩阵的计算过程。分别计算出当威胁发生时对资产的保密性、完整性以及可用性的造成的损失单因素评判矩阵为:

$$R_{保密性损失} = (0.0 \quad 0.5 \quad 0.25 \quad 0.25 \quad 0.0)$$
$$R_{完整性损失} = (0.0 \quad 0.63 \quad 0.38 \quad 0.0 \quad 0.0)$$
$$R_{可用性损失} = (0.0 \quad 0.63 \quad 0.38 \quad 0.0 \quad 0.0)$$

④ 建立综合评判矩阵(R)。将分别计算得到威胁对保密性、完整性和可用性的影响的 3 个单因素评判矩阵组合,得到威胁发生对资产造成的损失程度因素集到评判集的综合评判矩阵,即:

$$R = \begin{bmatrix} 0 & 0.5 & 0.25 & 0.25 & 0 \\ 0 & 0.63 & 0.38 & 0 & 0 \\ 0 & 0.63 & 0 & 0 & 0 \end{bmatrix}$$

⑤ 建立权重集(w)。权重集 W 即保密性、完整性和可用性对资产的重要程度,其取值同资产价值计算中的权重集。则有:

$$w = (0.3 \quad 0.34 \quad 0.36)$$

⑥ 多因素综合评判结果(威胁发生对资产造成的损失程度 T_A)。经计算,得到"密码口令攻击"发生对"服务器"造成的损失程度为:

$$T_A = (0.3 \quad 0.34 \quad 0.36) \begin{pmatrix} 0.0 & 0.5 & 0.25 & 0.25 & 0.0 \\ 0.0 & 0.63 & 0.38 & 0.0 & 0.0 \\ 0.0 & 0.63 & 0.38 & 0.0 & 0.0 \end{pmatrix} \begin{pmatrix} 1 \\ 2 \\ 3 \\ 4 \\ 5 \end{pmatrix} = 2.505$$

（3）计算"服务器"资产对应的"密码口令攻击"威胁大小为：

$$T = \mathrm{int}(\sqrt{3.15 \times 2.505}) = \mathrm{int}(2.809) = 3$$

S馆各项资产所对应的威胁值计算结果如附录C-1所示。

8.3.3 脆弱性大小的计算

按照《数字图书馆信息安全管理标准规范（草案）》中的3.3对S馆的脆弱性进行识别、估值和脆弱性的大小计算。

1. 脆弱性类型识别

脆弱性类型的识别以《数字图书馆信息安全管理标准规范（草案）》中推荐的控制措施为依据，根据该数字图书馆的实际情况进行识别，其中该数字图书馆的脆弱性包括技术脆弱性和管理脆弱性两大类，如表8-6所示。将识别的脆弱性与威胁关联，则可得到资产、威胁和脆弱性三者的关联集合。

表8-6　S馆脆弱性列表

脆弱性类别		脆弱性子项
技术脆弱性	物理环境	机房防火、机房供配电、机房防静电、机房接地与防雷、机房抗震、机房防潮、除湿、机房抗洪、机房防暴风雨、机房防灰尘、机房应对火山爆发、电磁防护、通信线路保护、机房区域防护、机房设备管理
	网络结构	网络结构设计、边界保护、外部访问控制策略、内部访问控制策略、网络设备安全配置情况
	系统软件（含操作系统及系统服务）	补丁安装、物理保护、用户账号、口令策略、资源共享、事件审计、访问控制、新系统配置（初始化）、注册表加固、网络安全、系统管理
	数据库软件	补丁安装、鉴别机制、口令机制、访问控制、网络和服务设置、备份恢复机制、审计机制
	应用中间件	协议安全、交易完整性、数据完整性
	应用系统	审计机制、审计存储、访问控制策略、数据完整性、通信、鉴别机制、密码保护
管理脆弱性	技术管理	物理和环境安全、通信与操作管理、访问控制、系统开发与维护、业务连续性
	组织管理	安全策略、组织安全解决能力、资产分类与控制、人员安全、符合性

2. 脆弱性的赋值

S馆的脆弱性赋值包括Guttman量表、现场查看和漏洞扫描3种方式。其中Guttman量表采取了分层抽样的方法,分别针对管理人员、技术人员和普通馆员设计了不同的调研问卷。现场查看围绕控制域和控制措施展开,针对具体问题分别走访相关部门,就环境场地、实施现状、数据文档、操作习惯等问题进行观察、查看、检测、询问等。漏洞扫描部分该馆购买了第三方漏洞扫描风险评估服务,本次调研直接调用该馆评估报告的有关结果。根据现场检查、问卷调研、工具扫描等3种方式对该数字图书馆脆弱性进行测试的结果,由评估人员经分析判断转化为5级赋值。

Guttman量表中,鉴于每个人对自己所属部门的职责和业务情况最为熟悉,因此采取了便利抽样的方法,分别针对管理人员(6人)、技术人员(12人)和普通馆员(27人)设计了不同的问卷进行调研。其中管理人员包括馆领导和各部门负责人,主要对安全方针政策、岗位职责、安全管理、教育培训等方面展开调研;技术人员包括技术部门的成员和各业务部门中负责技术工作的人员,主要对信息安全管理和信息安全运行维护等方面做全方位调查;普通馆员包括全馆正式工作人员,主要对岗位职责和操作规范等进行调查。

附录B-1、附录B-2和附录B-3分别为针对数字图书馆的管理人员、技术人员和普通馆员制定的数字图书馆信息安全脆弱性Guttman量表形式的调查问卷。数字图书馆脆弱性评估时采用Guttman量表形式的评分标准,如表8-7所示。

表8-7 数字图书馆脆弱性评估评分标准

分值	各分值代表的含义
1	基本没有实施
2	有相关规定,但仅仅实施过一部分
3	执行了但没有检查过
4	在一定的标准上执行并且对此进行检查
5	完全执行,甚至可以作为其他图书馆的榜样或者仿照的样例

现场查看主要针对安全方针、组织信息安全、资产管理、人力资源安全、物理和环境安全、通信和操作管理、访问控制、信息系统的获取、开发和保持、信息安全事故管理、业务连续性管理、符合性等12个控制域展开,以此检查该馆信息安全实施的具体情况,从而发现脆弱性所在。

结合Guttman量表和现场查看的结果,进行分析如下:

(1)安全方针与制度规范。S馆通过办公管理系统公布该馆的规章制度,有关的文件包括《计算机机房管理办法(试行)》《岗位聘任管理办法(试行)》《应急制度与预案》《信息检索区网络安全制度》等。通过分析该馆的规章制度,发现涉及信息安全方面的制度较少,同时通过与馆员沟通,发现馆员并不经常浏览规章制度,对规章制度了解较浅。规章制度的归属部门分散,内容相互独立。整体看来,S馆目前尚未制定独立的信息安全方针文件,也没有制订根据图书馆的组织、物理、技术、设备、人员等环境的变化、业务流程的优化改进以及相关法律法规的变化而进行的安全方针评审和修订计划。

(2) 部门设置及岗位职责。S馆实行馆长负责制,馆长聘任各部门主任,各部门主任向馆长负责。部门设置有综合办公室、用户服务部、网络系统部、资源建设部和信息情报部。部门分工较细,权责分明,能满足图书馆的工作需求。但对于信息安全工作,未做具体分工,主要由网络系统部兼任,未建立涵盖全馆业务流程在内的内部信息安全组织。

(3) 资产管理。S馆有关信息资产管理工作主要由系统部负责,但并未形成文件操作。在具体的查看中,发现该馆信息资产实行专人专责制度,所有权及责任分配明确,并且定期进行检查。

(4) 人力资源安全。在人力资源管理方面,S馆实行全员聘任制,对聘任制度有具体的实施办法,但没有涉及安全方面的条款;人员录用、离岗等有相应的权限变更和离岗流程指导,但没有明确要求对敏感岗位的雇员签署保密协议。对承包方和第三方人员的规定不够明确。S馆各个业务部门均有具体的职责规范,部门之间职责分工明确,同一部门之间员工权责相对清晰。对于具体员工的权限分布情况未见明确说明,访问权限、操作权限等未见详细规定。

(5) 物理和环境安全。S馆的安全边界是图书馆建筑物的大门或者阅览室、办公室等区域,设置门禁系统并有人工职守,其中关键和敏感的信息处理设施放置区域(服务器机房、电源控制机房等)均设置了安全锁,并配有监控设施,只有授权人员才能自由出入,外来人员要进入需有工作人员陪同,未见机房访问记录。该馆的防火、防水、防雷击、防尘、防漏电、防盗窃和抗静电等物理安全控制措施均有涉及,尤其是服务器机房相对完善。S馆的防火门管理非常规范,均有报警信号,并设置有监控摄像头。S馆的设备维护计划很周详,防火、监控、供配电等重要设施每周巡视一遍,并有登记记录。核心设施设备的选址也经过慎重考虑,核心设备均放置在限制观测的位置,电线电缆等均采取了保护措施。

(6) 通信和操作管理。S馆制定了一些通信和操作管理规范,其中对计算机启动和关闭程序、数据备份、设备维护、媒介处理以及邮件处理等的管理未做相关规定。据问询,操作系统和应用软件等变更管理有审批程序和记录,但未见到具体文档。在职责分离方面,该馆未做要求,允许单个人员访问、修改、非经授权或检测使用资产。有关于第三方服务交付管理的规章制度。

据问询,服务器的病毒防护软件每天定时更新,并且每天查看病毒扫描情况,个人办公电脑的病毒防护软件由网络部统一安装,但未见相关登记信息。S馆的信息备份工作,数据每天备份一次,系统变更时备份,备份形式本机每天一次,异机每月一次,无异地备份,无加密备份。未见固定的管理员对数字图书馆各业务系统、服务器及公用电脑操作系统、管理系统等进行监控并记录信息安全事件。该馆有一套完整的日志审核监控体系,但日志保存时间不长,在管理员和操作员的日志管理、故障日志记录并管理等方面未见具体文件。

(7) 访问控制。S馆未制定详细的访问控制方针,阐明每个用户和用户组的访问控制规则和权限等。用户访问管理工作由用户服务部负责审批,网络系统部门负责管理维护,有正式的管理过程来控制用户口令的分配和更换。除部分资源库不设访问权限外,其他外网用户只有注册访问,资源内网用户通过IP识别访问。网络系统部负责本部人员的安全培训工作,用户服务部负责读者的入馆教育工作。该馆所有重要资源和服务的访问利用都是授权的和受控制的。远程访问端口平时要求处于关闭状态,有需求时经审批方能暂时开放。存在弱口令(密码)、空口令(密码)、密码一成不变、用户名密码多人共用、用户名密码多机共用等现象,未对桌面屏保设置做相关规定。

(8) 信息系统获取、开发和维护。S馆信息系统主要体现为数字资源数据库,分为自建数据库和引进数据库。自建数据库是根据大学城文化要求建立的学术论文数据库或专题资料数据资源。引进数据库是根据馆藏特点和读者需求通过购买等方式引进的数字资源。引进数据库采购原则主要有本地需求原则、先试用后确定的原则、符合该大学城地区范围使用的优先原则。

对于自行开发的系统,实现了开发环境与实际运行环境的物理分离,相关系统开发文档由专人负责保管,使用也受到控制。对于系统集成和采购,会对厂商交付的主机操作系统、数据库系统等进行配置安全加固审核、操作系统安全补丁安装等情况审核,并要求厂家针对其提供的系统或设备提供信息安全方面的技术服务。对于新系统、新设备接入网络运行,都会对其进行审核和审批。

(9) 信息安全事件管理。S馆对信息安全事件管理未进行文件规定,但具体实行时要求及时上报信息安全事件,记录事情发生的情况,及时对信息安全事件进行处理和改进。在改进后,会进行总结和经验学习。

(10) 应急恢复和业务连续性管理。S馆对信息安全事件发生后的应急恢复没有相应的文件规定,实际操作也没有应急恢复预演。

(11) 符合性。S 馆的安全方针是依据相关法律、法规和合同要求制定的,符合法律要求。制定了规章制度保护信息安全、用户隐私,对违反者也有相应的处罚条例。但其对知识产权没有明确的规定,对自建资源缺乏良好的保护规章,对采购资源的知识产权也没有明确的申明。该馆系统部负责信息系统的安全,定期评审信息系统的安全,同时有信息系统设计工具和第三方漏洞扫描风险评估工具辅助保护,符合安全策略和标准以及技术符合性。

在工具扫描方面,由于 S 馆已经购买了第三方漏洞扫描风险评估服务,因此本次调研直接调用该馆的从第三方公司获得的漏洞扫描评估报告,对 S 馆的技术脆弱性进行评估。

最后,综合 Guttman 量表、问卷调研、工具扫描等 3 种方式的结果,可以对 S 馆信息安全的脆弱性由评估人员依次分析判断,得到 S 馆脆弱性相应的具体分值,然后求平均值得到每项脆弱性的最终赋值,如表 8-8 所示。

表 8-8 S 馆脆弱性赋值表

脆弱性类别		脆弱性子项	问卷调查	现场查看	漏洞扫描
技术脆弱性	物理环境	机房防火	2	2	
		机房供配电	2	2	
		机房防静电	2	2	
		机房接地与防雷	1	2	
		机房抗震	2	2	
		机房防潮、除湿	2	3	
		机房抗洪	2	2	
		机房防暴风雨	2	2	
		机房防灰尘	2	3	
		机房应对火山爆发	1	2	
		电磁防护	2	2	
		通信线路保护	2	2	
		机房区域防护	2	2	
		机房设备管理	2	2	

续表

脆弱性类别		脆弱性子项	问卷调查	现场查看	漏洞扫描
技术脆弱性	网络结构	网络结构设计		2	3
		边界保护	2	2	3
		外部访问控制策略	3	2	3
		内部访问控制策略	3	2	3
		网络设备安全配置情况	2	2	4
	系统软件（含操作系统及系统服务）	补丁安装	2	3	3
		物理保护	3	2	3
		用户账号	2	2	3
		口令策略	3	3	4
		资源共享	3	2	2
		事件审计	1	3	2
		访问控制	3	2	3
		新系统配置（初始化）	2	1	1
		注册表加固	3	3	2
		网络安全	2	3	3
		系统管理	2	1	2
	数据库软件	补丁安装	2	2	4
		鉴别机制	1	2	3
		口令机制	2	4	4
		访问控制	2	3	3
		网络和服务设置	2	2	3
		备份恢复机制	3	3	2
		审计机制	1	2	2
	应用中间件	协议安全	1	2	3
		交易完整性	2	2	3
		数据完整性	1	2	3
	应用系统	审计机制	1	1	2
		审计存储	1	2	2
		访问控制策略	2	3	2
		数据完整性	2	3	3
		通信	1	2	2
		鉴别机制	2	3	3
		密码保护	4	4	4

续表

脆弱性类别		脆弱性子项	问卷调查	现场查看	漏洞扫描
管理脆弱性	技术管理	物理和环境安全	3	3	2
		通信与操作管理	3	4	2
		访问控制	2	4	3
		系统开发与维护	2	3	1
		业务连续性	3	3	2
	组织管理	安全策略	2	4	
		组织安全解决能力	3	3	
		资产分类与控制	2	3	
		人员安全	3	3	
		符合性	3	3	

3. 脆弱性等级值的计算

以 S 馆"服务器—密码口令攻击"的资产威胁关联为例,对其进行脆弱性识别和赋值后,根据脆弱性的计算模型,假设 3 种方式赋值结果的权重一致,得到脆弱性等级结果如表 8-9 所示。

表 8-9　S 馆"服务器—密码口令攻击"对应的脆弱性等级结果

脆弱性子项	现场检查	问卷调研	工具扫描	脆弱性等级
软件鉴别机制	2	3	3	3
系统访问控制	3	2	3	3
软件密码保护	4	4	4	4
系统口令策略	3	3	4	3
软件访问控制策略	2	3	2	2
系统用户账号	2	2	3	2

S 馆各项脆弱性的计算结果如表 8-10 所示:

表 8-10 S 馆脆弱性计算结果表

脆弱性类别		脆弱性子项	问卷调查	现场查看	漏洞扫描	脆弱性计算值	脆弱性等级
技术脆弱性	物理环境	机房防火	2	2		2.00	2
		机房供配电	2	2		2.00	2
		机房防静电	2	2		2.00	2
		机房接地与防雷	1	2		1.50	1
		机房抗震	2	2		2.00	2
		机房防潮、除湿	2	3		2.50	2
		机房抗洪	2	2		2.00	2
		机房防暴风雨	2	2		2.00	2
		机房防灰尘	2	3		2.50	2
		机房应对火山爆发	1	2		1.50	1
		电磁防护	2	2		2.00	2
		通信线路保护	2	2		2.00	2
		机房区域防护	2	2		2.00	2
		机房设备管理	2	2		2.00	2
	网络结构	网络结构设计		2	3	2.50	2
		边界保护	2	2	3	2.33	2
		外部访问控制策略	3	2	3	2.67	3
		内部访问控制策略	3	2	3	2.67	3
		网络设备安全配置情况	2	2	4	2.67	3
	系统软件(含操作系统及系统服务)	补丁安装	2	3	3	2.67	3
		物理保护	3	2	3	2.67	3
		用户账号	2	2	3	2.33	2
		口令策略	3	3	4	3.33	3
		资源共享	3	2	2	2.33	2
		事件审计	1	3	2	2.00	2
		访问控制	3	2	3	2.67	3
		新系统配置(初始化)	2	1	1	1.33	1
		注册表加固	3	3	2	2.67	3
		网络安全	2	3	3	2.67	3
		系统管理	2	1	2	1.67	1
	数据库软件	补丁安装	2	2	4	2.67	3
		鉴别机制	1	2	3	2.00	2
		口令机制	2	4	4	3.33	3
		访问控制	2	3	3	2.67	3
		网络和服务设置	2	2	3	2.33	2
		备份恢复机制	3	3	2	2.67	3
		审计机制	1	2	2	1.67	1
	应用中间件	协议安全	1	2	3	2.00	2
		交易完整性	2	2	3	2.33	2
		数据完整性	1	2	3	2.00	2
	应用系统	审计机制	1	1	2	1.33	1
		审计存储	1	2	2	1.67	1
		访问控制策略	2	3	2	2.33	2
		数据完整性	2	3	3	2.67	3
		通信	1	2	2	1.67	1
		鉴别机制	2	3	3	2.67	3
		密码保护	4	4	4	4.00	4

续表

脆弱性类别		脆弱性子项	问卷调查	现场查看	漏洞扫描	脆弱性计算值	脆弱性等级
管理脆弱性	技术管理	物理和环境安全	3	3	2	2.67	3
		通信与操作管理	3	4	2	3.00	3
		访问控制	2	4	3	3.00	3
		系统开发与维护	2	3	1	2.00	2
		业务连续性	3	3	2	2.67	3
	组织管理	安全策略	2	4		3.00	3
		组织安全解决能力	3	3		3.00	3
		资产分类与控制	2	3		2.50	2
		人员安全	3	3		3.00	3
		符合性	3	3		3.00	3

8.3.4 风险等级的计算

根据第 4 章中的定义，采用 GB/T 20984 中的相乘法计算风险值，则计算函数为：

$$R = R(A, T, V) = \text{int}(\sqrt{A \times T \times V})$$

式中的资产值价值、威胁等级、脆弱性等级均采用 5 级评分制。相乘法计算结果的取值在 1~25 之间。将风险值的取值范围等比例划分，可以将其划分为 5 个区间：$R \in [1, 5.8)$ 时，$R=1$；$R \in [5.8, 10.6)$ 时，$R=2$；$R \in [10.6, 15.4)$ 时，$R=3$；$R \in [15.4, 20.2)$ 时，$R=4$；$R \in [20.2, 25]$ 时，$R=5$。

同样以"服务器—密码口令攻击"的资产威胁关联所面临的风险值为例，风险值计算结果如表 8-11 所示。

表 8-11　S 馆"服务器—密码口令攻击"对应的风险值计算结果

资产	资产价值	威胁	威胁等级	脆弱性子项	脆弱性等级	风险值	风险等级
服务器	5	密码口令攻击	3	软件鉴别机制	3	11.62	3
				系统访问控制	3	7.75	3
				软件密码保护	4	15.49	4
				系统口令策略	3	11.62	3
				软件访问控制策略	2	7.75	2
				系统用户账号	2	7.75	2

S 馆的所有风险项识别和风险值计算结果如附录 C-1 所示。

8.3.5 风险评估结果分析

如附录 C-1 所示,S 馆风险评估的最终结果得到 2 736 项风险值,风险值分布情况如表 8-12 所示。

表 8-12 S 馆的风险值分布

风险等级	风险值 R	风险项数	风险项数	占全部风险的比例
很低	$1 \leqslant R < 2$	0	858	31.36%
	$2 \leqslant R < 3$	106		
	$3 \leqslant R < 4$	53		
	$4 \leqslant R < 5$	110		
	$5 \leqslant R < 5.8$	589		
低	$5.8 \leqslant R < 7$	273	1 790	65.42%
	$7 \leqslant R < 8$	184		
	$8 \leqslant R < 9$	945		
	$9 \leqslant R < 10$	114		
	$10 \leqslant R < 10.6$	274		
中	$10.6 \leqslant R < 12$	77	86	3.14%
	$12 \leqslant R < 13$	0		
	$13 \leqslant R < 14$	9		
	$14 \leqslant R < 15$	0		
	$15 \leqslant R < 15.4$	0		
高	$15.4 \leqslant R < 16$	2	2	0.07%
	$16 \leqslant R < 17$	0		
	$17 \leqslant R < 18$	0		
	$18 \leqslant R < 19$	0		
	$19 \leqslant R < 20.2$	0		
很高	$20.2 \leqslant R \leqslant 25$	0	0	0

由表 8-12 可知,S 馆不存在风险值为"很高"的风险项,高风险只有 2 项,中风险项有 86 项,中风险以上的风险项总计 88 项,占比 3.21%。以上数据也再次验证了第 4 章提出的风险评估模型的有效性。

经调研咨询,S 馆希望对中风险及以上的风险项采取适当的措施予以降低,提升信息安全保障。因此,针对此次风险评估的结果,判断中风险及以上的风险为 S 馆的不可接受风险、低风险和很低风险为可接受风险。

对 S 馆的 88 项不可接受风险做进一步的分析发现,这些风险项主要集中在 16 种资产、11 种威胁和 14 种脆弱性。

资产分布如表 8-13 所示,实物资产类资产面临的高风险项最多,占据所有高风险项的 82.95%,主要是硬件防火墙、服务器和磁盘阵列;软件资产类资产面临的风险项数次之,占据所有高风险项数的 13.64%。

表 8-13 S 馆的不可接受风险的资产分布情况

资产类别		资产名称	风险项		百分比	
电子资源类		外购资源	1	3	1.14%	3.40%
		自建资源	1		1.14%	
		其他类资源	1		1.14%	
软件资产类	系统服务平台	操作系统平台	2	12	2.27%	13.64%
		数据库系统平台	2		2.27%	
		身份验证系统	1		1.14%	
		防病毒软件	1		1.14%	
	应用软件	业务管理系统	2		2.27%	
		门户网站系统	2		2.27%	
		信息服务系统	2		2.27%	
实物资产类	安全保障设备	硬件防火墙(含入侵检测系统)	31	73	35.23%	82.95%
		门禁系统	1		1.14%	
		监控设备	1		1.14%	
	存储设备	磁盘阵列	17		19.32%	
	计算机设备	服务器	22		25.00%	
	网络设备	交换机	1		1.14%	

威胁分布如表 8-14 所示,恶意渗透、入侵和篡改等,密码口令攻击,应用软件故障 3 项威胁对应的不可接受风险项均在 10 项以上,占所有不可接受风险项的 50% 以上。

表 8-14 S 馆的不可接受风险的威胁分布情况

威胁名称	风险项	百分比	威胁名称	风险项	百分比
恶意渗透、入侵和篡改等	21	23.86%	恶意代码	6	6.82%
密码口令攻击	16	18.18%	拒绝服务器攻击	4	4.55%
应用软件故障	10	11.36%	漏洞探测利用	3	3.41%
远程维护端口被非授权的使用	9	10.23%	权限提升	2	2.27%
未授权访问	8	9.09%	计算机设备故障	1	1.14%
破坏性攻击	8	9.09%			

脆弱性分布如表 8-15 所示,软件密码保护、系统网络安全、网络设备安全配置

情况 3 项脆弱性对应的不可接受风险项均在 10 项以上。

表 8-15　S 馆的不可接受风险的脆弱性分布情况

脆弱性	风险项	百分比	脆弱性	风险项	百分比
软件密码保护	20	22.73%	系统口令策略	4	4.55%
系统网络安全	11	12.50%	系统注册表加固	4	4.55%
网络设备安全配置情况	10	11.36%	通信与操作管理	4	4.55%
系统访问控制	8	9.09%	物理和环境安全	3	3.41%
访问控制	8	9.09%	软件鉴别机制	2	2.27%
业务连续性	6	6.82%	内部访问控制策略	2	2.27%
外部访问控制策略	5	5.68%	安全策略	1	1.14%

8.4　S 馆的信息安全风险控制

S 馆的信息安全风险控制重点是针对该数字图书馆不可接受的风险项，选择风险控制措施，并对可选择控制措施的成本效益进行评估，推荐最优化的风险控制方案，为 S 馆的风险管理提供参考。

8.4.1　控制措施的识别

按照《数字图书馆信息安全管理标准规范（草案）》中的 4.2 为 S 馆的不可接受风险选择可实施的风险控制措施。S 馆的 88 项不可接受风险项所对应的控制措施列表如附录 C-2 所示。

8.4.2　控制措施的实施成本计算

按照《数字图书馆信息安全管理标准规范（草案）》中的 4.2 为 S 馆的不可接受风险选择可实施的风险控制措施。

1. 基于模糊数学的控制措施成本赋值

根据控制措施的选取方法，对 S 馆的控制措施成本的 4 个属性分别进行五级赋值。此次调研对象的选择综合考虑了对业务的熟悉程度、对 S 馆的了解程度和被调研对象本身计算机和网络知识的掌握程度 3 个方面，最终每个部门选择了一名最符合条件的工作人员作为本轮调研对象。由评估人员根据控制措施列表，对控制措施成本的 4 个属性分别进行 5 级赋值。被调研人员要综合考虑控制措施实施的人力、时间、费用以及难度 4 个方面，正确客观评估控制措施实施的成本，并对其赋值。赋值结果如附录 C-3 所示。

2. 基于模糊数学的控制措施成本计算

根据控制措施成本的计算模型和方法，对 S 馆各项控制措施的成本进行计算。由于控制措施数量较多，在此仅以安全方针类中的信息安全方针文件为例，计算得到信息安全方针文件的实施成本（C）如下：

$$C = \text{int}(0.32 \quad 0.3 \quad 0.19 \quad 0.19) \begin{pmatrix} 0.0625 & 0.25 & 0.375 & 0.3125 & 0 \\ 0.0625 & 0.3125 & 0.375 & 0.1875 & 0.0625 \\ 0.1875 & 0.5 & 0.25 & 0.0625 & 0 \\ 0 & 0.3125 & 0.5 & 0.125 & 0.0625 \end{pmatrix} \begin{pmatrix} 1 \\ 2 \\ 3 \\ 4 \\ 5 \end{pmatrix}$$

$= \text{int}(2.78) = 3$

8.4.3 控制措施的有效性计算

根据控制措施有效性的计算模型和方法，对 S 馆各项控制措施的有效性进行计算。

1. 基于单因素风险矩阵的控制措施有效性计算

同样以安全方针类中的信息安全方针文件为例，根据单因素风险控制有效性的计算模型，得到信息安全方针文件的有效性等级（E_{CM}）为：

$$E_{CM} = \text{int}(0.0 \quad 0.0 \quad 0.375 \quad 0.3125 \quad 0.3125) \begin{pmatrix} 1 \\ 2 \\ 3 \\ 4 \\ 5 \end{pmatrix} = \text{int}(3.9375) = 4$$

2. 控制措施有效性的归一化处理

在计算出所有的控制措施有效性等级的基础上，对于每一个中、高风险项，归一化其对应的控制措施有效性数值集合。以实物资产类大类中计算机设备小类里的服务器资产面临的恶意代码威胁针对网络设备安全配置情况薄弱点所造成的风险为例，根据之前的分析，其对应的建议控制措施列表为：

$$\{1.1.1, \quad 2.1.3, \quad 2.1.4, \quad 5.2.2, \quad 6.7.1, \quad 7.3.1\}$$

根据其各自的有效性等级进行归一化处理，可以得出该风险归一化后的有效性向量为：

$$(0.17 \quad 0.16 \quad 0.17 \quad 0.16 \quad 0.18 \quad 0.16)$$

8.4.4 控制措施的实施方案决策

根据控制措施决策模型，对 S 馆各项控制措施的实施方案进行决策计算。

1. 根据影响所要达到目的的因素找到决策变量集合 X

在控制措施的决策过程中，由于只针对中、高风险项进行控制措施的推荐，所以对中、高风险项对应的控制措施列表进行遍历，最终筛选出 51 个控制措施进行决策过程，如表 8-16 所示：

表 8-16 S 馆不可接受风险项涉及的控制措施列表

序号	控制措施编号	控制要素	对控制要素的解释
1	1.1.1	信息安全方针文件	信息安全方针文件应由管理者批准、发布并传递给所有员工和外部相关方
2	2.1.2	信息安全协调	信息安全活动应由来自不同部门并具备相关任务和职责的代表进行协调
3	6.3.2	系统验收	应当建立新信息系统、系统升级和新版本的接收标准，并在开发过程中和接收之前做适当的系统测试
4	6.6.1	网络控制	应充分管理和控制网络，以防范威胁，维持系统和使用网络的应用程序的安全，包括传输中的信息
5	6.6.2	网络服务安全	应该识别所有网络服务的安全特性、服务等级以及管理要求，并将其包括在网络服务协议中，无论这些服务是内部提供还是外包
6	6.4.1	控制恶意代码	应实施恶意代码的监测、预防和恢复控制，以及适当的用户意识培训的程序
7	6.4.2	控制移动代码	授权使用移动代码时，配置应该确保已授权移动代码的运行符合明确定义的安全方针，未经授权的移动代码应该被阻止执行
8	2.1.3	信息安全职责的分配	所有信息安全职责都应被清楚的规定
9	2.1.4	信息处理设施的授权过程	应该对图书馆新增的资产规定并实施管理授权过程
10	6.5.1	信息备份	应按照已设定的备份方针，定期备份和测试信息和软件
11	10.1.1	在业务连续性管理过程中包含信息安全	应该在整个组织内为业务连续性建立并保持管理过程，处理组织业务连续性所需的信息安全要求
12	10.1.2	业务连续性和风险评估	识别那些能够引起业务过程中断的信息安全事情，包括中断发生的可能性和影响，以及对信息安全造成的后果
13	10.1.3	制订和实施包含信息安全的连续性计划	应当制订并实施计划，以便在关键业务过程中断或出现故障后，能够在要求程度和要求的时间范围内维持或者恢复运转，确保信息的可用性
14	6.1.1	文件化的操作规程	操作程序应该被文件化、保持，并且在所有用户需要时可用

续表

序号	控制措施编号	控制要素	对控制要素的解释
15	6.7.2	系统文件安全	应该保护系统文件,防止未经授权的访问
16	8.3.2	对程序源代码的访问控制	访问程序源代码应当受到限制
17	7.1.1	访问控制策略	应基于业务和访问的安全要求,制定访问控制方针,文件化,并进行评审
18	7.3.1	口令使用	应要求用户按照良好的安全操作规程来选择和使用口令
19	7.4.1	使用网络服务的策略	只应当允许用户访问已特别授权他们使用的服务
20	7.4.3	远程诊断和配置端口的保护	应考虑将自动设备鉴别作为一种证明从特定位置和设备进行连接的手段
21	7.5.1	安全登录规程	对操作系统的访问应有安全登录程序进行控制
22	6.9.1	审计记录	应生成记录用户活动、例外和信息安全事件的审计日志,并按规定的期限保存,以支持将来的调查和访问控制监视活动
23	6.9.2	监视系统的使用	应当建立程序对信息处理设备的使用进行检测,并定期对监控结果进行评审
24	6.9.3	日志信息的保护	日志记录设施以及日志信息应该被保护,防止被篡改和未经授权的访问
25	6.9.5	故障日志	故障应该被记录、分析并采取适当的措施
26	5.1.2	物理入口控制	应当通过适当的进入控制措施保护安全区域,确保只有得到授权的用户才能访问
27	5.1.3	外部和环境威胁的安全防护	应设计并应用物理安全控制,防范火灾、水灾、地震、爆炸、社会动荡,及其他形式自然或人为灾害
28	5.2.1	设备安置和保护	设备应该被定置或保护,以降低来自环境威胁和危害的风险,以及未经授权的访问机会
29	5.1.1	物理安全周边	应该使用安全周界(类似墙的屏障、刷卡出入的大门或者人工接待前台)保护包含信息及资产的区域
30	7.4.5	网络连接控制	共享网络,特别是那些跨越组织界线的网络,需要根据访问控制方针和业务应用的要求来限制用户对网络连接的能力
31	3.1.1	资产清单	应该明确识别所有资产,并建立和保持一份所有重要资产清单
32	3.1.2	资产责任人	信息和资产应由组织指定所有者
33	7.4.2	外部连接的用户鉴别	应该对远程用户的控制访问进行适当的验证

续表

序号	控制措施编号	控制要素	对控制要素的解释
34	7.4.4	网络隔离	应在网络中将信息服务、用户及信息系统群组进行隔离
35	7.5.2	用户标识和鉴别	所有的用户应有仅供其个人使用的唯一标识（用户ID），采用适当的认证技术来证实用户声明的身份
36	5.2.2	支持性设施	应当对设备加以保护使其免于电力中断或者其他支持设施故障而导致的中断的影响
37	7.6.2	敏感系统隔离	敏感系统应该有专用（隔离的）计算环境
38	5.2.3	布缆安全	应当保护传输数据和辅助信息服务的电缆和通信线路，使其免于拦截或者破坏
39	5.2.4	设备维护	设备应当得到正确的维护，以确保其持续的可用性和完整性
40	6.9.4	管理员和操作员日志	系统管理员和系统操作员的活动应该被记录
41	7.6.1	信息访问限制	用户以及支持人员对信息和应用系统的访问应该按照规定的访问控制方针进行限制
42	8.3.1	操作软件的控制	应有程序控制在操作系统中安装软件
43	6.7.1	介质处理规程	当不再需要时，介质应该按照正式的程序可靠、安全的处置
44	7.5.3	口令管理系统	口令管理系统应当是交互式的，并能确保高质量的口令
45	7.5.4	系统实用工具的使用	应该对可能超越系统和应用程序控制的实用程序的使用进行限制和严格控制
46	7.2.2	特殊权限管理	应当严格限制并控制特权的分配和使用
47	7.2.4	用户访问权的复查	管理层应通过正式的过程定期评审用户的访问权限
48	6.1.2	变更管理	应当控制对信息处理设备和系统的变更
49	7.2.3	用户口令管理	应当通过正式的管理过程来控制口令的分配
50	7.2.1	用户注册	应当有一个正式的用户注册和注销程序，适当地批准和撤回对所有信息系统和服务的访问
51	7.3.2	无人值守的用户设备	应当确保无人值守设备得到足够的保护

这 51 个控制措施也就是线性规划模型中的 51 个参数变量，记为向量：

$$X = \begin{pmatrix} x_1 \\ x_2 \\ \vdots \\ x_n \end{pmatrix}$$

其中 x_i 表示序号为 i 的控制要素。

2. 由决策变量和所要达到目的之间的函数关系确定目标函数 f

在控制措施决策过程中,目标函数为实施控制措施的成本最小值,则该模型的目标函数为:$\min f = CX$,其中 $C = (c_1, c_2, \cdots, c_n)$,$c_i$ 为序号为 i 的控制要素的成本。

3. 由决策变量所受的限制条件确定决策变量所要满足的约束条件

控制措施决策的选择过程中,要满足每一个中、高风险项的风险值都降低到低风险的范围内,因此,要满足对于每一个风险项,在实施了有效的控制措施后,该风险项降低的风险值要大于或等于该风险项的值与低风险项值的差异。则约束条件为:

$$\begin{cases} AX \geqslant B, \\ 1 \geqslant X \geqslant 0, \end{cases}$$

其中:

$$A = \begin{pmatrix} a_{11} & a_{12} & \cdots & a_{1n} \\ a_{21} & a_{22} & \cdots & a_{2n} \\ & \cdots & \cdots & \\ a_{m1} & a_{m2} & \cdots & a_{mn} \end{pmatrix}$$

式中,a_{mn} 表示序号为 n 的控制措施能够降低第 m 个风险项的有效性。

$$B = \begin{pmatrix} b_1 \\ b_2 \\ \vdots \\ b_m \end{pmatrix}$$

其中,b_m 表示第 m 个风险项降低到低风险的风险值降低的比率。

4. 线性回归的求解

使用 Java 程序设计语言实现线性回归的算法来求解该问题,得出最后的结果如表 8-17 所示:

表 8-17 S 馆的控制措施决策计算结果

x1=0.9999124388300026	x16=0	x31=0	x46=0
x2=0	x17=0	x32=0	x47=0
x3=0	x18=0	x33=0	x48=0
x4=0	x19=0	x34=0	x49=0
x5=0	x20=0	x35=0	x50=0
x6=0	x21=0	x36=0	x51=0

续表

$x7=0$	$x22=0$	$x37=0.42853473231227396$
$x8=1.0000000000000007$	$x23=0$	$x38=0$
$x9=0$	$x24=0$	$x39=0$
$x10=0$	$x25=0$	$x40=0$
$x11=0$	$x26=0.5003475115483724$	$x41=0$
$x12=0$	$x27=0$	$x42=0$
$x13=0$	$x28=0$	$x43=0$
$x14=0$	$x29=0$	$x44=0$
$x15=0$	$x30=0$	$x45=0$

推荐出来的控制措施分别为序号为 1,8,26,37 的控制要素。根据计算结果，如果 S 馆在实施风险控制的成本方面存在困难，可以采用将所有风险控制在可接受范围内的同时、投入成本最低的方式进行控制实施，即：制定并强化信息安全方针文件，经过图书馆最高管理者批准，并发布传递给所有的员工和外部相关方；明确信息安全职责内容，并责任到人，进行具体的分配；强化物理入口控制，加强对图书馆的物理环境的安全保护和进入控制，确保只有得到授权的用户才能进入；对敏感的系统进行隔离，对图书馆重要的业务、数据、网络等系统进行物理或者逻辑上的隔离，并加强安全管理。

综合控制措施的决策计算结果以及 S 馆的风险评估结果分析，综合建议从以下方面进行风险控制的实施。

第一，编制符合 S 馆的信息安全策略文件，建立信息安全小组。信息安全文件是数字图书馆进行信息安全管理的基础，应该从 S 馆的信息安全目标出发，围绕信息安全资产、信息安全人员、信息安全事件管理等方面编制文件，并建立信息安全小组，提升信息安全管理效率。

第二，保障 S 馆物理实体的安全。其对象主要包括各类电子资源和数据文档、各类服务器、网络设备、办公设备和基础设施。以通过技术和管理等手段防止该数字图书馆的实体遭受诸如火灾、人为破坏、操作失误等威胁，防止因物理资产破坏而影响数字图书馆整体业务的正常运行。

第三，保障 S 馆的系统软件安全。其主要对象是门户网站、信息服务系统、操作系统、门禁系统和业务管理系统等，应加强各类系统的密码管理、邮件管理、下载安装软件管理和可移动介质管理等，强化其的防病毒、防攻击管理，强化工作人员安全意识和操作熟练度，以全面保障该数字图书馆各类系统软件运行过程和运行状态的安全。

第四,保障 S 馆数据的安全。其对象主要有各类用户信息、管理员信息、安全相关数据等,通过改善弱密码管理,加强工作人员的安全意识、操作技能和维护常识等方面的培训,加强用户使用和访问业务管理系统的培训等方式,保障系统中资源数据、系统数据和个人信息等方面的安全。

8.5　审查与评价

通过上述实证研究的过程初步建立了 S 馆的信息安全管理体系。具体实践中,信息安全管理体系的审查应该建立在信息安全管理体系真实地实施运行一段时间之后,而在实证研究中,信息安全管理体系的初步方案涉及的信息安全方针文件、信息安全组织架构、物理安全、系统安全、数据安全等各项控制措施均不可能真实地实施,因此审查过程也只能建立在假设已经实施的基础之上。

S 馆的信息安全管理体系审查的过程应该包括体系相关文件发布、控制措施部署、监督和纠正、再评估、管理评审等过程。信息安全管理体系的审查过程既是对已实施的 S 馆信息安全风险评估和风险控制效果的检查,也是对启动下一轮 S 馆信息安全风险评估和风险控制的前期准备。

在信息安全管理体系相关文件的发布过程中,需要 S 馆管理者以正式的形式对内外宣布 ISMS 开始运行;同时应该传达并详细讲解 ISMS 文件体系的构成,使全体员工能够理解并认识相关工作职责;另外还需对信息安全体系中涉及的安全意识、安全制度、控制措施、控制要求等内容进行教育培训,确保全体员工能够接受并做到相关要求。

在控制措施的部署、监督和纠正过程中,要根据风险评估的结果、风险控制的要求以及风险控制的推荐方案等进行风险控制措施实施的部署工作;在控制措施落实的过程中应该定期或不定期地实施效果监督,对于未做到或者不恰当的控制实施进行纠正,确保控制措施的实施内容、力度、效果等达到相关要求。

经过一段时间的管理体系运行后,需要对该馆的信息安全进行再评估。再评估的过程可以按照之前的风险评估进行全面的实施,也可以根据之前的实施情况简化再评估程序。再评估的过程重点要考虑不可接受风险项的控制效果检查,同时也要兼顾资产、威胁或脆弱性变化的风险项的具体情况。

管理评审过程既根据信息安全管理体系运行过程及再评估的情况进行综合分析评判,可以采取内部审核加外部审核相结合的方式。在管理评审过程中,要对 S 馆 ISMS 的文件、方法、过程、效果、成本、符合性等进行综合的评审,并提出进一步的修改完善意见。

如上所述，S馆的ISMS审查过程是建立在假设已经实施的基础之上进行的，在对推荐的风险控制实施方案中涉及的控制措施实施后，S馆所有的风险项均可以控制在低风险或者很低风险的程度，即所有的风险项均为可接受风险。针对此结果，就具体的方法、过程、效果、成本等问题向S馆的管理层进行咨询和调研，结果说明《数字图书馆信息安全管理标准规范（草案）》的方法流程通用性强、容易操作、时间可控；不可接受风险项的内容与实际情况相符，数量在可控范围内；风险控制措施重点是管理类措施，成本较低、可操作性较高。

总体而言，《数字图书馆信息安全管理标准规范（草案）》既是对ISO 27000国际标准在数字图书馆行业的转化，也是对其在数字图书馆行业的简化。该《草案》可以指导我国数字图书馆信息安全管理的工作实践，使其规范化、标准化，使我国的数字图书馆信息安全标准制定和实施与国际标准接轨，为我国数字图书馆事业的可持续发展保驾护航；还兼顾了数字图书馆行业的需求和特点，降低数字图书馆信息安全管理体系建立与实施的难度，减少实际的工作量，在保证信息安全管理效果的前提下，实现了数字图书馆风险评估和风险控制全过程的可操作性。

参 考 文 献

[1] 刘兹恒. 图书馆未来发展的十大趋势[EB/OL]. [2016-04-08]. http://www.cnepaper.com/zgtssb/html/2016-04/08/content_13_2.htm.

[2] 王京. 加强网络安全维护国家安全[J]. 中国传媒科技, 2014, (15): 66-69.

[3] 冯登国, 连一峰. 信息安全测评服务发展动态分析[EB/OL]. [2014-02-05]. http://www.cas.cn/zt/jzt/cxzt/xxhgzdt/2008nd4qzssq/qydt/200807/t20080703_2664490.shtml.

[4] 黄水清. 数字图书馆信息安全管理[M]. 南京: 南京大学出版社, 2011: 10-11.

[5] Pricewaterhouse Coopers. The Global State of Information Security Survey 2015[EB/OL]. [2014-12-20]. http://www.pwc.com/gsiss2015.

[6] 中国互联网络信息中心. 中国域名服务安全状况与态势分析报告(2014)[EB/OL]. [2015-09-30]. http://www.cnnic.net.cn/gjymaqzx/aqzxtjbg/201405/P020140513534557957956.pdf.

[7] 中国互联网络信息中心. 各行业域名安全分析[EB/OL]. [2015-09-15]. http://www.cnnic.net.cn/gjymaqzx/aqzxtjbg/201207/t20120703_30565.htm.

[8] Anderson W L. Digital libraries: a brief introduction [J]. ACM SIGGROUP Bulletin, 1997, 18(2): 4-5.

[9] Lesk M. Practical digital libraries: books, bytes, and bucks [M]. San Francisco: Morgan Kaufmann Publishers, 1997: 1-3.

[10] James Y L, Thong H W. Understanding user acceptance of digital libraries: what are the roles of interface characteristics, organizational context, and individual differences? [J]. International Journal of Human-Computer Studies, 2002, 57(3): 215-242.

[11] Bello M A. Library security, material theft and mutilation in technological university libraries inNigeria [J]. Library Management, 1998, 19(6): 379-383.

[12] Ajegbomogun F O. Users' assessment of library security: a Nigerian university casestudy[J]. Library Management, 2004, 25(8/9): 386-390.

[13] Holt G E. Theft by library staff [J]. The bottom line: managing library fi-

nances,2007,20(2):85-92.

[14] Balas J L. Close the gates, lock the windows, bolt the doors: securing librarycomputers[J]. Computers in Libraries,2005,25(3):28-30.

[15] Ismail R, Zainab A N. Assessing the status of library information systemssecurity[J]. Journal of Librarianship and Information Science,2013,45(3):232-247.

[16] ISO/IEC 27001:2005,Information technology — Security techniques — Information security management systems — Requirements[S]. Geneva: International Organization for Standardization,2005:11-12.

[17] 科飞管理咨询公司.信息安全管理概论——安全管理概论理解与实施[M].北京:机械工业出版社,2002:165.

[18] 李习彬.规范化管理:管理系统运行设计方法[M].北京:中国经济出版社,2005.12:5-17.

[19] 李习彬.社会系统三元运行理论与规范化管理[J].管理现代化,1995,(02):8-11.

[20] 李习彬.深化体制改革与社会系统三元运行理论、规范化管理[J].科学决策,1995,(04):37-40.

[21] 黄俊.中山市物流行业规范化管理研究[D].武汉:华中师范大学,2014:4.

[22] CEAC国家信息化计算机教育认证项目电子政务与信息安全认证专项组,北京大学电子政务研究院电子政务与信息安全技术实验室.信息安全管理基础[M].北京:人民邮电出版社,2008:185-186.

[23] 张晓林,肖珑,孙一刚,等.我国数字图书馆标准与规范的建设框架[J].图书情报工作,2003,47(4):7-11.

[24] 郭德华.国外数字图书馆标准应用实践与启示[J].图书馆理论与实践,2005,(3):108-110.

[25] 上海图书馆数字化课题组.美国数字图书馆首倡计划.[EB/OL].[2015-06-03]. http://www.libnet.sh.cn/sztsg/Fulltext/reports/ 1999/DLI.html.

[26] Beagrie H.,Franklin T,Grout C,et al. Working with the dributed national electronic resource (DNER): Standards and Guidelines to Build a National Resource[EB/OL].[2015-06-03]. http://www.jisc.ac.uk/uploaded_documents/ACF127.pdf.

[27] Kelly B.,Dempsey L.,Mumford A., et al. Chris Rusbirdge. eLib Standards Guidelines[EB/OL].[2015-06-04]. http://www.ukoln.ac.uk/services/elib/papers/other/standards/version1/.

[28] 刘春燕.我国信息与文献标准化发展对策[J].情报学报,2006,(A1):348-350.

[29] 郝晓蔚,沈玉兰.国内外数字图书馆标准规范建设情况概述[J].情报探索,2007,(8):91-92.

[30] Patricia J R. Administrative metadata for digital images: a real world application of the NISO draft standard [J]. Library Collections, Acquisitions & Technical Services,2002,26(2):173-179.

[31] NISO Z39.87—2002/AIIM 20-2002. Data Dictionary—Technical Metadata for Digitial StillImages[EB/OL].[2015-08-10]. http://www.niso.org.

[32] Patel A. Access control mechanisms in digital library services [J]. Computer Standards & Interfaces,2001,23(1):19-28.

[33] 郝晓蔚,沈玉兰.国内外数字图书馆标准规范建设情况概述[J].情报探索,2007,(8):91-92.

[34] ISO/IEC 9594-1:2001. Information technology—Open Systerms Interconnection—The Directory: Overview of concepts, models and services[S]. Switzerland.ISO,2001.

[35] ISO/IEC 9594-8:2001. Information technology—Open Systerms Interconnection—The Directory: Public-key and attribute certificate rameworks[S]. Switzerland.ISO,2001.

[36] 张晓林,曾蕾,李广健,等.数字图书馆建设的标准与规范[J].中国图书馆学报.2002,28(6):7-16.

[37] Institute of Museum and Library Services. A framework of guidance for building good digital collections [EB/OL]. [2016-02-18]. http://www.imls.gov/pubs/forumframework.htm.

[38] RLG cultural materials initiative recommendations for digitizing for RLG culturalmaterials[EB/OL].[2016-02-21]. http://www.rlg.org/cultural-res/prospective.html.

[39] LC digital formats for contentreproductions[EB/OL].[2016-02-21].http://memory.loc.gov/ammem/formats.html.

[40] NOF-digitise Technical Standard and Guidelines[EB/OL].[2016-03-02].http://www.peoplesnetwork.gov.uk/nof/technical standards/index.html.

[41] Working with the Distributed National Electronic Resources[EB/OL].[2016-03-04]. http://www.jisc.ac.uk/dner/programmes/ guidance/DNERStandards.html.

[42] Standards and Guidelines for Digital Projects for Canadian Culture Online Program[EB/OL].[2016-03-05].http://www.pch.gc.ca/ccop-pcce/pubs/ccop-pcceguide.pdf.

[43] LC access aids and interoperability[EB/OL].[1997-08-18].http://memory.loc.gov/ammem/award/docs/interop.html.

[44] NSDL Metadata Primer[EB/OL].[2016-03-09].http://metamanagement.comm.nsdlib.org/outline.html.

[45] RLG Cultural materials alliance description guideline.V1.2.0[EB/OL].[2016-03-10].http://www.rlg.org/culturalres/descguide.html.

[46] OhioLINK multimedia centerstandards[EB/OL].[2016-03-10].http://www.ohiolink.edu/media/dmcinfo/metadata.html.

[47] California digital library digital image format standards[EB/OL].[2016-03-11].http://www.cdlib.org/about/publications/CDLImageStd-2001.pdf.

[48] Metadata Framework for Resouce Discovery of Agricultural Information.FAO/UN.2001[EB/OL].[2016-04-08].http://www.fao.org/agris/MagazineArchive/MetaData/OAIConfRevised.doc.

[49] CEN/ISSS(Information society Standardization System/European Committtee for Standardization) Metadata Framework[EB/OL].[2016-04-07].http://www.cenorm.be/isss/Workshop/delivered-ws/mmi/metadata/web/main.htm.

[50] The INDECS Metadata Framework[EB/OL].[2014-04-08].http://www.indecs.org/pdf/schema.pdf.

[51] UK Cabinet Office,Office of the e-Envoy.E-Government Metadata Framework[EB/OL].[2016-04-07].http://www.govtalk.gov.uk/documents/UK%20Metadata%20Framework20v1%202001-05.pdf.

[52] TBITS 39:Treasury Board Information Management Standard,Part1:Government On-Line Metadata Standard[EB/OL].[2016-04-07].http://www.cio-dpi.gc.ca/its-nit/standards/tbits39/crit391e.asp.

[53] 刘静一,曹兵,王景侠.试论军队院校数字图书馆标准规范核心体系的建设[J].图书情报论坛,2009,(1):49-52.

[54] 郝晓蔚,沈玉兰.我国数字图书馆标准规范建设现状综述[J].科技情报开发与经济,2007,17(18):56-57.

[55] 李月婷.我国三大体系数字图书馆标准规范建设比较研究——以中国国家数字图书馆、CSDL、CADLIS为例[J].图书馆学研究,2004,(12):23-26.

[56] 黄江娓,杨欲麟.国内数字化信息组织研究综述[J].科技广场,2011,(1):242-244.

[57] 林忠娜,葛丹阳.我国数字图书馆标准规范的构建[J].图书馆界,2014,(5):49-52.

[58] 吴迪.由资源和服务的整合浅谈数字图书馆的标准规范建设[J].图书馆杂志,2007(8):51-54.

[59] 潘薇,喻浩.数字图书馆相关技术领域标准规范综述[J].标准科学,2008,(6):40-43.

[60] 赵亮,刘炜,徐强.《数字图书馆安全管理指南》解读.中国图书馆学报,2011,37(1):47-57.

[61] 张晓林,肖珑,孙一刚,等.我国数字图书馆标准与规范的建设框架[J].图书情报工作,2003,47(4):7-11.

[62] 上官晓丽,许玉娜.国内外信息安全管理标准研究[J].信息技术与标准化,2008,(5):12-16.

[63] 白云广,谢宗晓.ISO/IEC 27001:2013 概述与改版分析[J].中国标准导报,2014,(12):45-48.

[64] ISO 27000 系列[EB/OL].[2015-01-28]. http://zh.wikipedia.org/wiki/ISO/IEC_27000 系列.

[65] IT Governance Online. 2015. About ISO 27012[EB/OL].[2015-01-30]. http://www.itgovernanceonline.com/information-security/iso-27000-series/about-iso-27012/.

[66] 孟昊晨.以 TCSEC 标准为基础对我国政府机关内部网络安全问题的探讨[J].国土资源信息化,2007,(2):39-44.

[67] 李天目.信息安全管理标准及综合应用[J].现代管理科学,2006,(6):51-52.

[68] 茆意宏,朱晓欢,黄水清.信息安全管理标准 BS7799 与信息安全风险评估方法 OCTAVE 的比较研究[J].新世纪图书馆,2005,(2):53-55.

[69] 苗连琦.COBIT:加强会计信息系统的内部控制与审计的一个不可或缺的工具[J].中国管理信息化,2008,11(2):90-93.

[70] 丁劲松.以 ISO 27001 为基础整合实现 SAS70 审计需求[D].上海:上海交通大学,2007:3-9.

[71] 王娟.ISO 27000 系列标准与 SSE-CMM 标准的对比研究[D].西安:陕西师范大学,2012:18-19.

[72] 严霄凤,高炽扬.美国联邦信息安全风险管理框架及其相关标准研究[J].信息安全与通信保密,2009,(2):40-44.

[73] 上官晓丽,许玉娜.国内外信息安全管理标准研究[J].信息技术与标准化,2008,(5):12-16.

[74] 高林.大力推进信息安全标准化工作,有力支撑和保障国家网络安全[EB/OL].[2015-01-30]. http://news.xinhuanet.com/politics/2014-11/17/c_1113273174.htm.

[75] 国家标准文献共享服务平台[EB/OL]. http://www.cssn.net.cn/pages-new/search/search_base_result.jsp,[2015-01-30].

[76] 马燕曹,周湛.信息安全法规与标准[M].北京:机械工业出版社,2014:53.

[77] 科飞管理咨询公司.信息安全风险评估[M].北京:中国标准出版社,2005:222.

[78] 陆琨,周非.基于GB/T22239-2008的网络风险评估模型[J].数字通信,2012,39(1):45-47.

[79] GB/Z 24364-2009,信息安全技术—信息安全风险管理指南[S].北京:中华人民共和国国家质量监督检验检疫总局,中国国家标准化管理委员会,2009:18-23.

[80] GB/T 20984-2007,信息安全技术—信息安全风险评估规范[S].北京:中华人民共和国国家质量监督检验检疫总局,中国国家标准化管理委员会,2007:4.

[81] GB/T 20986-2007,信息安全技术 信息安全事件分类分级指南[S].北京:中华人民共和国国家质量监督检验检疫总局,中国国家标准化管理委员会,2007:1-2.

[82] Kuzma J. European digital libraries:web securityvulnerabilities[J]. Library Hi Tech,2010,28(3):402-413.

[83] Brown-SyedC. Editorial[J]. Library & Archival Security,2001,(2):3-5.

[84] Bettini C,Jajodia S,Wang X,et al. Reasoning with advanced policy rules and its application to access control[J]. International Journal on Digital Libraries,2004,4(3):156-170.

[85] Kumar S L. Providing Perpetual Access to GovernmentInformation[J]. Reference Librarian,2006,45(94):225-232.

[86] National Research Council(U.S.). Committee on Science,Security,and Prosperity. Beyond 'Fortress America':National Security Controls on Science and Technology in a Globalized World[M]. National Academies Press,2009.

[87] Fischer A. The Year inReview[J]. Library of Congress Information Bulletin,

2004,(1):3-19.

[88] Fox R. Vandals at thegates[J]. OCLC Systems & Services. 2006,22(4):249-256.

[89] Freeman R R. Secure Access to On-lineResources[J]. SCONUL Focus. 2007,(40):37-37.

[90] D'Arcy J, Hovav A, Galletta D. User Awareness of Security Countermeasures and Its Impact on Information Systems Misuse: A Deterrence Approach [J]. Information Systems Research,2009,20(1):79-98.

[91] Kuzma J. European digital libraries: web securityvulnerabilities[J]. Library Hi Tech, 2010,28(3):402-413.

[92] Yi M. Balanced Security Controls for 21st CenturyLibraries[J]. Library & Archival Security,2011,24(1):39-45.

[93] 李媛.近五年来数字图书馆信息安全问题研究综述[J].图书馆学研究,2005,(12):10-15.

[94] 黄晨.信息安全:图书馆不容忽视的问题[J].图书馆工作与研究,2001,(1):35-37.

[95] 刘敏榕.高校图书馆网络信息安全现状及对策[J].情报探索,2005,(4):15-16.

[96] 熊文龙,张彧,潘秋蓉.图书馆云计算信息安全风险与对策研究[J].图书馆研究,2013,43(6):45-48.

[97] 鲍劼,邓志文.云环境下数字图书馆信息安全分析与安全策略研究[J].科技情报开发与经济,2013,23(19):16-19.

[98] 李朝锋.云计算环境下构建数字图书馆信息安全保障体系的研究[J].河南科技,2012,(11):54-55.

[99] 蒋冬英.云计算视域下数字图书馆信息安全策略探讨[J].兰台世界,2011,(18):64-65.

[100] 马晓亭,陈臣.云计算环境下数字图书馆信息资源安全威胁与对策研究[J].情报资料工作,2011,(2):55-59.

[101] 王长全,艾雰,姚建文.云计算环境下数字图书馆信息资源安全策略研究[J].情报杂志,2010,29(3):184-186.

[102] 丁树芹.移动图书馆信息安全问题的探讨[J].农业图书情报学刊,2013,25(2):9-10.

[103] Guy R. Downsizing the Binder: Effective Security Planning for Libraries [J]. Feliciter,2003,(5):263.

[104] Lopez K E. Making the Library of Congress Secure[J]. Journal of Library Administration,2003,38(3/4):3-4.

[105] Yi M. Balanced Security Controls for 21st CenturyLibraries[J]. Library & Archival Security,2011,24(1):39-45.

[106] Ismail R, Zainab A N. Assessing the status of library information systemssecurity[J]. Journal of Librarianship and Information Science,2013,45(3):232-247.

[107] Ismail R, Zainab A N. Information systems security in special and public libraries: an assessment ofstatus[J]. Malaysian Journal of Library & Information Science,2011,16(2):45-62.

[108] 黄水清,任妮.数字图书馆信息安全风险控制[J].现代图书情报技术,2010,(7/8):39-44.

[109] 任妮.基于ISO27002的数字图书馆信息安全风险控制研究[D].南京:南京农业大学,2009.

[110] 陈双喜.基于ISO 27000系列标准的数字图书馆信息安全风险管理数学模型研究[D].南京:南京农业大学,2009.

[111] 黄水清,陈双喜,任妮.基于ISO/IEC 27001的数字图书馆信息安全风险评估模型研究[J].现代图书情报技术,2009,(6):44-49.

[112] 曾思慧.基于ITBPM的图书馆信息安全风险评估研究[D].西安:陕西师范大学,2012.

[113] 李伟丽.基于故障树的图书馆信息安全风险评估研究[D].天津:天津财经大学,2011.

[114] 上海图书馆.数字图书馆安全管理指南[EB/OL].[2015-05-08]. http://www.lsc.org.cn/Attachment/Doc/1300959839.doc.

[115] 黄水清,任妮.对《数字图书馆安全管理指南》及其"解读"的辨析[J].中国图书馆学报,2012,38(1):25-33.

[116] 郑德俊,任妮,熊健,等.我国数字图书馆信息安全管理现状[J].现代图书情报技术,2010,(7/8):27-32.

[117] 黄水清,程旭.BS7799在图书馆中的应用[J].大学图书馆学报,2004,22(1):60-64.

[118] 茆意宏,黄水清.数字图书馆信息安全管理依从标准的选择[J].中国图书馆学报,2010,36(4):54-60.

[119] 黄水清,朱晓欢.基于ISO27001的数字图书馆信息资产风险评估[J].图书情报工作,2006,50(11):79-82.

[120] 黄水清,茆意宏,熊健.数字图书馆信息安全风险评估[J].现代图书情报技术,2010,(7/8):33-38.

[121] 熊健.基于ISO27001的数字图书馆信息安全风险评估研究[D].南京:南京农业大学,2009

[122] 朱晓欢.基于ISO27000的复合图书馆信息安全风险评估理论与实证研究[D].南京:南京农业大学,2007.

[123] 黄水清,陈双喜,任妮.基于ISO27001的数字图书馆信息安全风险评估模型研究[J].现代图书情报技术,2009,(6):44-49.

[124] 任妮,黄水清,熊健.数字图书馆业务流程研究[J].大学图书馆学报,2010,(2):64-69.

[125] ISO/TC 176/SC 2/N 544R3:2008, ISO 9000 introduction and support package: Guidance on the concept and use of the process approach for management systems[S]. Geneva:International Organization for Standardization,2008.

[126] ISO 9001:2008, Quality management systems — Requirements[S]. Geneva:International Organization for Standardization,2008.

[127] 刘书红.过程方法与供应商质量控制[J].中国质量,2005,(1):46-48.

[128] 王婕.ISO 9001质量标准2000版与1994版比较[J].海洋技术,2002,21(1):77-78.

[129] ISO 9001:1994, Quality systems — Model for quality assurance in design, development, production, installation and servicing[S]. Geneva:International Organization for Standardization,1994.

[130] ISO 9001:2000, Quality management systems requirement[S]. Geneva:International Organization for Standardization,2000.

[131] 何从友,李向旭.ISO 9001-2000版与ISO 9001-1994版[J].印刷杂志,2002,(11):22-24.

[132] 刘妍,李耘涛.过程与过程方法在质量管理体系中的应用[J].科技管理研究,2007,(7):86-87,75.

[133] 张志宏.过程方法综述[J].中国集成电路,2011,(2):19-21.

[134] 郭同生."过程方法"在质量管理体系中的应用[J].世界标准化与质量管理,2005,(5):15-19.

[135] 万会龙.扣紧企业管理薄弱环节——戴明环环环相扣的管理模式解读[J].施工企业管理,2009,(6):70.

[136] ISO 9000:2005, Quality management systems — Fundamentals and vocab-

ulary[S]. Geneva：International Organization for Standardization，2005.

[137] 刘金芳.现代管理学[M].成都：电子科技大学出版社.2010：1.

[138] Alberts C，Dorofee A. 信息安全管理[M]. 吴晞，译. 北京：清华大学出版社，2003：28-32.

[139] 余勇.基于AS/NZS 4360：1999的信息安全风险管理[J]. 信息安全与通信保密，2003，9(7)：71-73.

[140] BS 7799-2：1999，Information security management — Part 2：Specification for information security management systems[S]. London：British Standards Institution，1999.

[141] BS 7799-2：2002，Information security management systems — Specification with guidance for use[S]. London：British Standards Institution，2002.

[142] ISO/IEC 27001：2013，Information Technology — Security Techniques — Information Security Management Systems — Requirements[S]. Geneva：International Organization for Standardization，2013.

[143] 老李飞刀. ISO/IEC 27001：2013新版解读精要[EB/OL]. [2016-01-28]. http：//www.doc88.com/p-2436833368277.html.

[144] ISO/IEC 27005：2011，Information technology — Securitytechniques-Information security risk management[S]. Geneva：International Organization for Standardization，2011.

[145] ISO/IEC 27002：2013，Information technology — Security techniques — Code of practice for information security controls[S]. Geneva：International Organization for Standardization，2013.

[146] 张泽虹，赵冬梅.信息安全管理与风险评估[M]. 北京：电子工业出版社，2010，4：50.

[147] NIST SP800-30，Risk Management Guide for Information Technology Systems[S]，2002，1.

[148] The Security Risk ManagementGuide[EB/OL]. [2004-10-15]. https：//technet.microsoft.com/en-us/library/cc163143.aspx.

[149] 安言咨询.2015.ISO/IEC 27001：2013新版信息安全管理体系标准变化精解.[EB/OL].[2015-08-18]. http：//wenku.baidu.com/view/ 73d382e826fff705cd170a2f.html.

[150] 老李飞刀. ISO/IEC 27001：2013新版解读精要[EB/OL]. [2016-01-28]. http：//www.doc88.com/p-2436833368277.html.

[151] 冯登国，张阳，张玉清.信息安全风险评估综述[J]. 通信学报，2004，25(7)：

10-18.

[152] 昊天.国际标准化组织有关信息安全标准的活动[J].信息网络安全,2005,(3):35-36.

[153] 王伟,李春平,李建彬.信息系统风险评估方法的研究[J].计算机工程与设计,2007,28(14):3473-3475.

[154] 赵冬梅,刘海峰,刘晨光.基于BP神经网络的信息安全风险评估[J].计算机工程与科学,2007,43(1):139-141.

[155] 付钰,吴晓平,严承华.基于贝叶斯网络的信息安全风险评估方法[J].武汉大学学报(理学版),2000,52(5):631-634.

[156] 吴叶科,宋如顺,陈波.基于博弈论的综合赋权法的信息安全风险评估[J].计算机工程与科学,2011,33(5):9-13.

[157] 高阳,罗军舟.基于灰色关联决策算法的信息安全风险评估方法[J].东南大学学报(自然科学版),2009,39(2):225-229.

[158] 李绍中.支持向量机的智能信息安全风险评估模型[J].计算机应用与软件,2013,30(8):330-333.

[159] 孙强.定量的信息安全风险评估计算模型的研究[J].计算机研究与发展,2006,43(z2):285-288.

[160] 张弢,慕德俊,任帅,等.一种基于风险矩阵法的信息安全风险评估模型[J].计算机工程与科学,2010,46(5):93-95.

[161] ISO/IEC 27002:2005. Information technology — Security techniques — Code of practice for information security management[S]. Geneva:International Organization for Standardization,2005:1,3.

[162] 中华人民共和国计算机信息系统安全保护条例(国务院令第147号)[S].中华人民共和国国务院,1994.

[163] GB/T 22239-2008.信息系统安全等级保护基本要求[S].北京:中华人民共和国国家质量监督检验检疫总局,2008.

[164] 穆成坡,黄厚宽,田盛丰,等.基于模糊综合评判的入侵检测报警信息处理[J].计算机研究与发展,2005,42(10):1679.

[165] 赵战生,谢宗晓.信息安全风险评估—概念、方法和实践[M].北京:中国标准出版社,2007:46-60.

[166] 张红旗,王新昌,杨英杰,等.信息安全管理[M].北京:人民邮电出版社,2007:64-68.

[167] 张春明,燕辉.银行信息系统安全风险分析与控制对策[J].信息安全与技术,2012,3(1):43-44.

[168] 朱益旻.烟草行业信息安全风险分析与控制策略研究[J].中国管理信息化,2015,18(24):182.

[169] 薛忠胜.A保险公司信息技术外包中的信息安全风险控制研究[D].上海:华东理工大学,2014.

[170] 李琪.配网信息安全风险评价及控制研究[D].石家庄:华北电力大学,2015.

[171] 程建华.信息安全风险管理、评估与控制研究[D].吉林:吉林大学,2008.

[172] 贾斌.企业信息安全风险分析与控制[D].西安:西北工业大学,2006.

[173] 张乐鑫.B公司基于ISO 27000信息安全管理体系的风险评估和控制[D].上海:华东理工大学,2014.

[174] 刘经学.基于SCP2DR2的信息安全风险控制排序模型研究[D].大连:东北财经大学,2011.

[175] 吕俊杰,董红.信息安全风险控制的PROMETHEE决策方法研究[J].计算机工程与应用,2010,(22):103-106.

[176] Gordon L, Loeb M. The economics of information security investment[J]. ACM Transactions on Information and System Security, 2002, 5 (4): 438-457.

[177] McLean G. Determining the ROI in ITsecurity[J]. CA Magazine, 2003, 136 (3): 14.

[178] Gheirghe M. Investment Decision Analysis In InformationSecurity[J]. Revista Economica, 2012, (5): 85-93.

[179] 吕俊杰,董红.信息安全风险控制的PROMETHEE决策方法研究[J].计算机工程与应用,2010,(22):103-106.

[180] Xie N, Mead N R. SQUARE project: Cost/benefit analysis frame-work for information security improvement projects in smallcompanies, Technical Report TCMU/SEI-2004-TN-045[R]. Depart-ment of Computer Science, University of California at Davis, 2004.

[181] Ou Yang Y P, Shieh H M, Leu J D, et al. A VIKOR-based multiple criteria decision method for improving information security risk [J]. International Journal of Information Technology & Decision Making, 2009, 8(2): 267-287.

[182] 张香云.线性规划[M].杭州:浙江大学出版社,2009.

[183] 张干宗.线性规划[M].武汉:武汉大学出版社,2004.

[184] 刘辉.信息安全标准化介绍[J].中国标准导报,2012,(8):9-11.

[185] ISO/IEC 27011. Information technology — Security techniques — Information security management guidelines for telecommunications organizations based on ISO/IEC 27002 [S]. Geneva：International Organization for Standardization,2008.

[186] ISO/IEC 27015. Information technology — Security techniques — Information security management guidelines for financial services [S]. Geneva：International Organization for Standardization,2012.

[187] ISO/IEC 27799：2008. Health informatics — Information security management in health using ISO/IEC 27002 [S]. Geneva：International Organization for Standardization,2008.

[188] 陈晓桦,李斌,郭涛,等. 我国信息安全标准制订和实施工作的几点思考[J]. 信息安全与通信保密,2005,(5)：23-25.

[189] 陈晓玲. 推进标准战略,减少实施障碍[J]. 中国质量技术监督,2013,(12)：54-56.

[190] 陈深龙,张玉清,毛侧. 综合风险评估工具的设计与实现[J]. 计算机工程,2007,33(17)：149.

[191] Asp. net 概述. 2015[EB/OL]. [2015-04-05]. http://msdn.microsoft.com/library/4w3ex9c2(VS.80,zh-cn,d=ide).aspx.

[192] 吴树德. 基于 ASP.NET 的在线考试系统设计与实现[D]. 长春：吉林大学,2008：17-18.

[193] 谢星星. UML 基础与 Rose 建模实用教程[M]. 北京：清华大学出版社,2010：190-191.

[194] Matthew Cochran. The GOF Abstract Factory Design Pattern In C#[EB/OL]. [2015-06-27]. http://blog.myspace.cn/e/401544597.htm.

[195] 胡颖辉,宁赛飞. 基于 UML 和 ASP.NET 实现三层 B/S 结构系统开发[J]. 计算机与信息技术,2007,(1)：3.

附　　录

附录 A　数字图书馆信息安全管理标准规范(草案)

1　总则

1.1　适用范围

本标准适用于各种类型、不同规模的数字图书馆,其目的是充分保护数字图书馆信息资产的保密性、完整性和可用性。本标准中的数字图书馆指的是建立在高校图书馆、公共图书馆、科学图书馆等传统的实体图书馆之上的数字业务部分,即传统的实体图书馆中的数字化部分。

本标准为数字图书馆业务的信息安全管理体系(Information Security Management System, ISMS)的建立、实施、运行、监视、评审、保持和改进提供模型与方法,并规定要求。

本标准的基本理念、原则与规范完全遵循 ISO 27000 系列标准的要求,是在 ISO 27001 和 ISO 27002 的基础上对数字图书馆进行信息安全管理的解释、细化及具体实施。

本标准规定了一套详细的数字图书馆信息安全风险评估和风险控制准则,并提供了数字图书馆信息安全管理实践的最佳指南。

1.2　管理目标

数字图书馆信息安全管理目标是建立并实施自己的信息安全管理体系。即,以 ISO 27000 系列标准为依据,设定数字图书馆信息安全方针与目标,通过计划、控制、检查、改进等环节来协调人力、物力、财力等资源,建立与实施数字图书馆信息安全管理体系,以期达到数字图书馆的信息安全目标。

1.3　过程模式

ISO 27001 明确指出,信息安全管理体系采用"策划—实施—检查—改进"(PDCA)模式,PDCA 适用于信息安全管理体系的所有过程,如图 1 所示。

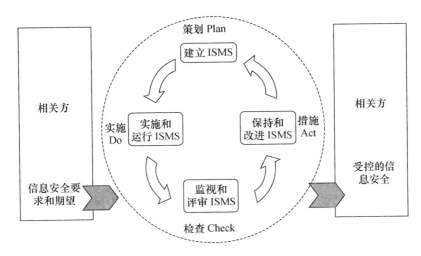

图 1　适用于 ISMS 过程的 PDCA 模式

依照 ISO 27001 的要求,数字图书馆信息安全管理体系建立与实施可以也应该采用 PDCA 过程模式。其风险评估与风险控制过程贯穿于 PDCA 模式的始终。数字图书馆信息安全管理的 PDCA 详细解释如表 1 所示。

表 1　数字图书馆信息安全管理的 PDCA 理解

Plan(策划) 建立信息安全管理体系环境,进行风险评估	确保正确建立数字图书馆信息安全管理体系的范围和详略程度,识别并评估所有的信息安全风险,为这些风险制订适当的处理计划 策划阶段的所有重要活动都要被文档化,以备将来追溯和控制更改情况
Do(实施) 实施并运行信息安全管理体系	以适当的优先权进行管理运作,执行所选择的控制,以管理策划阶段所识别的信息安全风险 对于那些被评估认为是可接受的风险,不需要采取进一步的措施;对于不可接受风险,需要实施所选择的控制 实施阶段涉及人员、时间和资金的分配,将资源有效合理地配置,以运行信息安全管理体系
Check(检查) 监视并评审信息安全管理体系	分析信息安全管理体系运行效果,寻求改进机会 如果发现一个控制措施不合理、不充分,就要采取纠正措施,以防止数字图书馆处于不可接受风险状态
Act(措施) 改进信息安全管理体系	对所策划的方案给予结论,是应该继续执行,还是应该放弃重新进行新的策划

1.4　管理流程

数字图书馆信息安全管理是一个从风险评估到风险控制再到风险评估的周而复始的循环过程。

数字图书馆信息安全的管理流程也是实施数字图书馆信息安全管理过程模式（PDCA）并建立信息安管理体系的过程。具体做法如下：

(1) 确定数字图书馆信息安全管理的范围和方针。明确数字图书馆信息安全管理体系的范围，完善信息安全方针的文档，描述信息安全在数字图书馆内的重要性，获得最高管理者的承诺，提出信息安全管理的方法，为数字图书馆的信息安全管理提供方向和支持。

(2) 定义数字图书馆风险评估的系统性方法。确定数字图书馆信息安全风险评估方法，并确定风险等级准则，建立数字图书馆的风险评估文件，解释所选择的风险评估方法及选择的理由，介绍所采用的技术和工具，以及使用这些技术和工具的原因。

(3) 识别并评估数字图书馆的风险。

① 识别数字图书馆信息安全管理体系控制范围内的资产。

② 识别对这些资产的威胁。

③ 识别可能被威胁利用的脆弱性。

④ 识别保密性、完整性和可用性丢失对这些资产的潜在影响。

⑤ 根据资产保密性、完整性或可用性丢失的潜在影响，评估安全防护失败对数字图书馆业务可能造成的危害。

⑥ 根据与资产相关的主要威胁、脆弱性及其影响，以及目前实施的控制，评估此类失败发生的现实可能性。

⑦ 根据既定的风险等级准则，确定风险等级。

(4) 数字图书馆的风险处理。

① 对于识别出的数字图书馆信息安全风险项，依次进行分析。

② 对于在数字图书馆的风险接受方针和准则范围内的风险，则接受风险。

③ 对于不可接受的风险数字图书馆应考虑避免风险或者转移风险。

④ 对于不可避免也不可转移的风险则应采取适当的安全控制，将其降低到可接受的水平。

(5) 为数字图书馆风险的处理选择控制目标与控制方式。

① 对于数字图书馆须进行安全控制的风险项，选择并文档化控制目标和控制方式，以便将风险降低到可接受范围内。

② 风险处理计划描述了数字图书馆针对所识别的每一项不可接受风险建立的详细处理方案和实施时间表，可以从中选择相应的控制目标和控制措施来满足信息安全管理的要求。

③ 风险处理计划不仅可以指导后续的信息安全管理活动，还可以作为与数字图书馆的管理者、上级领导机构、合作伙伴或者员工进行信息安全事宜沟通的

桥梁。

④ 剩余风险的建议应该获得批准,开始实施和运作信息安全管理体系需要获得最高管理者的授权。

(6) 审查已建立的数字图书馆信息安全管理体系。数字图书馆的最高管理者应通过多种方式检查信息安全管理体系是否运行良好,并对其业绩进行监视,具体包括下列管理过程:

① 快速识别并检测风险控制措施的有效性,若发现失败之处,应确认安全活动达到的预期结果,确定所要采取的补救性控制措施,总结他人和自身的安全经验。

② 定期对信息安全管理体系有效性进行评审,收集各方反应。

③ 评审剩余风险和可接受风险的等级。

④ 审核执行管理程序,以确定规定的安全程序是否适当、是否符合标准以及是否按照预期的目的进行工作。

⑤ 对数字图书馆信息安全管理体系进行定期的正式的评审(最少一年评审一次)。

⑥ 记录并报告能影响信息安全管理体系有效性或业绩的所有活动、事件。

(7) 改进信息安全管理体系,开始下一轮循环。根据上述操作的结论以及当前数字图书馆信息安全管理的范围和方针要求,确定是否改进信息安全管理体系,然后按照最新的信息安全管理体系开始下一轮风险评估和控制的循环。

1.5 相关参考标准

本标准编写过程中参考了下列标准中的条款。发布之时,其指向的相关标准是有效的。标准将受其修正稿的影响。鼓励使用本标准的数字图书馆参照以下标准的最新版本。ISO 和 IEC 成员组织及中国国家标准化管理委员会对应地保有以下各标准的注册权。

ISO 27000:2009, Information technology —— Security techniques —— Information security management systems —— Overview and vocabulary

ISO 27001:2013, Information technology —— Security techniques —— Information security management systems —— Requirements

ISO 27002:2013, Information technology —— Security techniques —— Code of practice for information security management

ISO 27005:2008, Information technology —— Security techniques —— Information security risk management

GB/T 20984-2007,信息安全技术 信息安全风险评估规范

2 术语与定义

2.1 与信息安全有关的术语与定义

2.1.1 保密性

避免未获得数字图书馆授权者伪装为授权用户获得数字图书馆的信息资源，或保证攻击者不能够获得管理员的权限。

2.1.2 完整性

在数字化信息存储和传输过程中，防止被未经授权的用户篡改，保证数字图书馆数据和信息的绝对真实和可靠。

2.1.3 可用性

保证数据的获取途径始终畅通，保证数字图书馆的信息内容与相应功能可随时提供给授权用户。

2.1.4 信息安全管理

保持数字图书馆各项信息的保密性、完整性和可用性，使得数字图书馆传递给用户的信息的具有真实性、可核查性、抗抵赖和可靠性。

其中，保密性、完整性和可用性是数字图书馆信息安全的完整体系和内核，真实性、可核查性、抗抵赖和可靠性是数字图书馆提供给用户的信息服务的质量标准。

2.1.5 信息安全管理体系

数字图书馆整体管理体系的组成部分，基于业务风险方法以建立、实施、运行、监视、评审、保持和改进信息安全，包括组织机构、策略、策划、活动、职责、惯例、程序、过程和资源。

2.2 与风险评估有关的术语与定义

2.2.1 资产

数字图书馆所拥有或者能控制的一切能为数字图书馆带来社会与经济利益（即对数字图书馆有价值）的事物或资源。

2.2.2 威胁

可能对数字图书馆或其部分系统造成损害的非预期事件的潜在原因，这些威胁与资产之间存在多对多的关系。

2.2.3 脆弱性

数字图书馆的资产或资产组中能被威胁利用的弱点。脆弱性与威胁之间存在多对多的关系。

2.2.4 风险

特定的威胁利用某项或某组资产的一个或一组脆弱性，造成数字图书馆信息安全事件发生的可能性，及该事件造成的后果的大小。

2.2.5 风险评估

数字图书馆依据 ISO 27001 标准,对数字图书馆整个系统或系统的某个组成部分,及由这些系统进行处理、传输和存储的相关信息的安全属性(包括保密性、完整性和可用性)进行评价的过程。

2.3 与风险控制有关的术语与定义

2.3.1 安全要求

保证数字图书馆各项业务正常开展,数字图书馆可能发生的信息安全事件不影响数字图书馆业务流程的运行,事件造成的信息保密性、完整性、可用性方面的损失能及时挽回。

2.3.2 控制目标

对数字图书馆或某一部分施加管理控制行为后应达到的风险目标。控制目标设定了风险不得超越的上限,所有的控制措施应围绕控制目标选定并实施。

2.3.3 控制措施

控制措施包括策略、过程、程序、组织结构和软硬件功能,需经历建立、实施、监视、评审四个阶段,并在数字图书馆信息安全管理体系的建立与实施过程中适时改进这些控制措施,从而确保达成数字图书馆的安全和业务目标。

2.3.4 风险处置

选择并且执行措施来更改数字图书馆面临的风险的过程,主要有处理、接受、终止、转移 4 类。

2.3.5 剩余风险

也称残余风险,即实施风险处置后仍旧残留、却能确保不会影响数字图书馆的业务开展的风险。

2.3.6 风险管理

识别、控制、降低或消除数字图书馆的信息安全风险的活动。

3 数字图书馆信息安全风险评估

3.1 资产评价

3.1.1 资产识别

数字图书馆的资产分为电子资源、数据文档、实物资产、软件资产、服务、人员等 6 个大类,每个大类下分别设置了二级类目,每个二级类目下又分别包含了多项具体资产,详见表 2。

数字图书馆的资产与业务流程存在关联关系。作为参考样本,本标准的 5.1 节提供了一个实用型数字图书馆业务流程与资产关联表。在实际的数字图书馆信息安全管理工作中,通过查阅 5.1 节的业务流程与资产关联表,就可以循着业务流程找出数字图书馆的各类别资产。

表2 数字图书馆常见资产列表

资产大类	二级类目	详细资产列表
电子资源类	电子书刊论文	电子图书、电子期刊、学位论文
	电子资源数据库	多媒体资源库、书目数据库、文献数据库等数据库资源
数据文档类	用户信息数据	用户的相关信息、数据
	软件相关数据	源代码、系统文档等各种与软件相关的数据
	电子/纸质报告和合同	查新报告、查新合同及其他合同(电子/纸质)
	管理培训资料	用户手册、培训资料、规章制度等
实物资产类	基础设施	供电设施(包括外部电源、内部电源和UPS)、空调系统(包括空气过滤系统)、消防设施、防雷设施等
	网络设备	交换机、路由器、集线器、调制解调器、无线设备等
	PC计算机	台式计算机、移动笔记本
	服务器	PC服务器、小型机、大型机、工作站等
	存储设备	光盘塔、磁盘阵列、U盘、光盘、移动硬盘等
	安全保障设备	数据备份设备、系统备份(镜像,克隆,容灾)、硬件防火墙、监控设备等
	其他电子设备	扫描仪、复印机、打印机、传真机、投影仪、录音设备、影像设备、条形码阅读器(CCD)等
软件资产类	应用软件	图书管理系统(业务管理系统)、一卡通系统、学科导航系统、门户网站系统、门禁系统、电子资源服务平台、馆内自行开发的应用系统等
	系统服务平台	操作系统平台、数据库平台
	安全防护软件	入侵检测系统、身份验证系统、防病毒软件、漏洞扫描系统
服务类	办公服务	电力支持、物业管理(卫生,安全)
	网络服务	提供的网络连接服务(校园网、电信)
	第三方服务	外购产品享受的服务、软硬件维保
人员类	管理人员	馆长、书记等
	维护人员	硬件维护人员、网络维护人员、系统维护人员
	研发人员	软件研发人员、数据库研发人员

3.1.2 资产估值

资产具有保密性、完整性和可用性。为确保估值的一致性和准确性,资产估值首先对资产的保密性、完整性和可用性进行估值。

资产估值多采用定性的方式,要综合考虑资产的使命、资产本身的价值、资产对于数字图书馆的重要程度、数字图书馆各项业务对于资产的依赖程度、部署位置及影响范围等因素,可以采用5等级划分方式。

资产保密性、完整性、可用性的等级及各等级的含义如表3、表4、表5所示。

表3 资产保密性等级含义描述

等级	赋值	定义
很高	5	对数字图书馆业务发展有着很大影响,如被攻击或破坏会造成灾难性的损害
高	4	如被攻击或破坏会使数字图书馆的业务运行遭受严重损害
中	3	如被攻击或破坏会使数字图书馆的业务运行受到损害
低	2	向外扩散有可能对数字图书馆的业务运行造成轻微损害
很低	1	可对社会公开的信息,公用的信息处理设备和系统资源等

表4 资产完整性等级含义描述

等级	赋值	定义
很高	5	未经授权的修改或破坏会对数字图书馆的业务运行造成重大的或无法接受的影响,对业务冲击重大,并可能造成严重的业务中断,难以弥补
高	4	完整性价值较高,未经授权的修改或破坏会对数字图书馆的业务运行造成重大影响,对业务冲击严重,比较难以弥补
中	3	完整性价值中等,未经授权的修改或破坏会对数字图书馆的业务运行造成影响,对业务冲击明显,但可以弥补
低	2	完整性价值较低,未经授权的修改或破坏会对数字图书馆的业务运行造成轻微影响,可以忍受,对业务冲击轻微,容易弥补
很低	1	完整性价值非常低,未经授权的修改或破坏对数字图书馆的业务运行造成的影响可以忽略,对业务冲击可以忽略

表5 资产可用性等级含义描述

等级	赋值	定义
很高	5	授权用户对信息资源及信息系统的可用度要求达到年度99.9%以上,或系统不允许中断
高	4	授权用户对信息资源及信息系统的可用度要求达到每天90%以上,或系统允许中断时间小于10分钟
中	3	授权用户对信息资源及信息系统的可用度要求在正常工作时间达到70%以上,或系统允许中断时间小于30分钟
低	2	授权用户对信息资源及信息系统的可用度要求在正常工作时间达到25%以上,或系统允许中断时间小于60分钟
很低	1	授权用户对信息资源及信息系统的可用度要求在正常工作时间低于25%

资产保密性、完整性、可用性的估值方式可参见本标准第5.2节。

3.1.3 资产价值计算模型及方法

资产的价值由资产的各项安全属性估值计算得出,计算模型和方法可以参见本标准 5.2 节。

3.2 威胁评价

3.2.1 威胁识别

数字图书馆作为一个服务性机构,其资产面临的威胁多种多样,为了便于风险分析,应对其进行适当的分类。

数字图书馆面临的威胁主要包括系统威胁、环境威胁、自然威胁和人员威胁 4 大类。每一类威胁可以进一步细分。详见表 6。

表 6 数字图书馆的常见威胁列表

类别	威胁
系统(10 项)	软件的非法输入输出、外包操作失败、软件运行错误、软件设计错误、提供给操作人员错误的指南信息、存储介质的故障、网络部件的技术故障、通信服务故障、流量过载、供应故障
环境(8 项)	电子干扰、电磁辐射、温度过低或高、湿度过低或高、电力供应故障、空调设备故障、电力波动、静电
自然(4 项)	地震、暴风雨、火灾、水灾
人员(30 项)	偷盗、抵赖、窃听、窃取信息、破坏性攻击、拒绝服务攻击、恶意代码、通信渗透、系统入侵、系统渗透、系统篡改、资源滥用、对软件的非法更改、未授权的数据访问、未授权的拨号访问、未授权使用存储介质、Web 站点入侵、内部员工蓄意破坏、未授权人员引用或带出数据、内部人员身份假冒、内部人员出卖个人信息、软件的操作失误、错误信息输入、内部人员信息丢失、管理运营员工失误、人员匮乏、用户失误、软件维护失误、硬件维护失误、保养不当

威胁的存在依附于资产,威胁与资产的关联是进行威胁识别和估值的前提。数字图书馆应根据自身的资产情况有关联性地进行威胁识别。

3.2.2 威胁估值

每项威胁对资产保密性、完整性、可用性的伤害程度各不相同。同时,威胁发生的概率也是综合衡量威胁值的一个重要因素。因此,威胁的估值包括两个部分:威胁发生的可能性;威胁一旦发生对资产的保密性、完整性、可用性产生的损失。威胁对保密性、完整性、可用性的损害采用 5 等级划分方式,具体度量方式及其各等级的含义详见表 7、表 8、表 9。

表 7 威胁发生对保密性的损失程度等级含义描述

等级	赋值	定义
很高	5	如威胁发生将严重破坏资产保密性,使资产几乎不受任何权限限制
高	4	如威胁发生将比较严重破坏资产保密性,使资产权限保护不能完全发挥作用
中	3	如威胁发生将一定程度影响资产的保密性,使资产的权限保护受到影响
低	2	如威胁发生对资产的保密性影响较小,使资产的权限保护受到较小的影响
很低	1	如威胁发生,基本不会影响资产的保密性

表8 威胁发生对完整性的损失程度等级含义描述

等级	赋值	定义
很高	5	如威胁发生将严重破坏资产完整性,对业务冲击重大,难以弥补
高	4	如威胁发生将比较严重的影响资产完整性,对业务冲击严重,较难以弥补
中	3	如威胁发生将对资产完整性产生一定的影响,对业务冲击明显,但可以弥补
低	2	如威胁发生将对资产完整性影响较小,可忍受,对业务冲击轻微,容易弥补
很低	1	如威胁发生对资产完整性基本没有影响,对业务冲击可以忽略

表9 威胁发生对可用性的损失程度等级含义描述

等级	赋值	定义
很高	5	如果威胁发生将会使资产的可用性严重中断,或长时间中断
高	4	如果威胁发生将会对资产的可用性造成较严重的影响,中断时间较长
中	3	如果威胁发生将会对资产的可用性造成一定的影响,中断时间较短
低	2	如果威胁发生对资产的可用性影响较小,如果产生中断很快可以修复
很低	1	如果威胁发生对资产的可用性基本没有影响,不会产生中断

威胁的估值一般也以分级估值的方法确定,可以采用5级划分方式。各等级值含义见表10。

表10 威胁发生的可能性等级含义描述

等级	赋值	定义
很高	5	出现的频率很高(≥1次/周);大多数情况下几乎不可避免;证实经常发生
高	4	出现的频率较高(≥1次/月);大多数情况下很有可能发生;证实多次发生
中	3	出现的频率中等(>1次/半年);某种情况下可能会发生;被证实曾发生
低	2	出现的频率较小;一般不太可能发生;没有被证实发生过
很低	1	威胁几乎不可能发生;仅可能在非常罕见和例外的情况下发生

3.2.3 威胁值计算模型及方法

威胁值的计算由威胁发生的可能性以及威胁发生对资产造成的影响两个要素计算得出,计算模型和方法可以参见本标准5.2节。

3.3 脆弱性评价

3.3.1 脆弱性识别

脆弱性可能来自数字图书馆的结构、人员、管理、程序和资产本身的缺陷等等诸多因素。

数字图书馆存在的脆弱性一般包括技术类脆弱性和管理类脆弱性两大类。每一类脆弱性可以进一步细分,详见表11。

表 11　数字图书馆脆弱性分类表

脆弱性类别		脆弱性子项
技术脆弱性	物理环境	机房防火、机房供配电、机房防静电、机房接地与防雷、机房抗震、机房防潮与除湿、机房抗洪、机房防暴风雨、机房防灰尘、机房应对火山爆发、电磁防护、通信线路保护、机房区域保护、机房设备管理
	网络结构	网络结构设计、边界保护、外部访问控制策略、内部访问控制策略、网络设备安全配置情况
	系统软件	补丁安装、物理保护、用户账号、口令策略、资源共享、事件审计、访问控制、新系统配置(初始化)、注册表加固、网络安全、系统管理
	数据库软件	补丁安装、鉴别机制、口令机制、访问控制、网络和服务设置、备份恢复机制、审计机制
	应用中间件	协议安全、交易完整性、数据完整性
	应用系统	审计机制、审计存储、访问控制策略、数据完整性、通信、鉴别机制、密码保护
管理脆弱性	技术管理	物理和环境安全、通信与操作管理、访问控制、系统开发与维护、业务连续性
	组织管理	安全策略、组织安全解决能力、资产分类与控制、人员安全、符合性

数字图书馆的脆弱性通过威胁与资产相关联,因此,应针对每一项需要保护的资产识别出每一种威胁能利用的脆弱性。

3.3.2　脆弱性估值

脆弱性估值即判断脆弱性一旦被威胁利用对数字图书馆会造成多大的损害,即脆弱性的严重性。

脆弱性估值应当考虑到已有控制措施的实施情况,即,已有控制措施实施得越好,相应的脆弱性估值应当越低。

脆弱性估值通常有漏洞扫描工具检测、现场查看、问卷调研和直接分级估值等4种方式。实际操作中可以选择其中一种,也可以组合使用。具体操作方式可借鉴本标准5.2节中的方法。

3.3.3　脆弱性计算模型及方法

脆弱性的计算需根据选择的脆弱性估值方式来进行,通常根据每一类的结果进行整合,转化为5等级划分的等级值。

3.4　风险值计算

3.4.1　风险值计算模型及方法

安全风险是由于资产所面临的威胁被脆弱性利用而产生的,因此,数字图书馆信息安全风险值的大小与资产、威胁、脆弱性3个要素的取值直接相关。

信息安全的风险评估方法,即信息安全风险评估过程中所采用的分析手段与分析方法。风险评估方法对评估过程的每个环节都会产生影响,对最后的评估结果也可能会产生影响。

风险评估方法的类型有定性分析法、定量分析法、定性与定量分析相结合的半定量法 3 种。常见的信息安全风险评估模型可参见本标准第 5.2 节,数字图书馆进行信息安全风险评估时可以选择其中的任何一种,也可自行设计评估模型与计算方法。

3.4.2 风险等级划分

数字图书馆风险等级划分是数字图书馆今后进行风险控制以及安全策略的制定的基础。根据风险值的计算结果,可以将风险按照其值的大小划分为不同的等级,等级越高,风险就越高。

风险值可划分为 5 级,各等级取值及具体含义详见表 12。

表 12 数字图书馆安全风险等级表

等级	标识	描述
5	很高	一旦发生将产生非常严重的经济或社会影响,如数字图书馆信誉严重破坏、严重影响正常业务,经济损失重大、社会影响恶劣
4	高	一旦发生将产生较大的经济或社会影响,在一定范围内给数字图书馆的业务和信誉造成损害
3	中	一旦发生会造成一定的经济、社会影响,但影响面和影响程度不大
2	低	一旦发生,造成的影响程度较低,一般仅限于数字图书馆内部,通过一定手段很快能解决
1	很低	一旦发生造成的影响几乎不存在,通过简单的措施就能弥补

3.5 风险评估结果分析

数字图书馆风险分析是根据风险评估结果对风险项需要处理与否及处理方式进行决策判断的过程。该过程需要确定风险处理的优先级,使数字图书馆面临的最大风险能够在最短的时间内得到解决。

风险处理的决策判断可以参照本标准 1.4 节第(4)条中的有关条款。

4 数字图书馆信息安全风险控制

4.1 风险控制的目标

根据风险评估的等级划分和结果分析,结合数字图书馆资产的运行现状和安全要求,确定每个风险项要达到的风险控制目标。

4.2 风险控制措施

针对每个风险项的风险控制目标,选择并实施对应的控制措施,直到风险降低至可接受范围内为止。

风险控制目标与对应的风险控制措施合称风险控制要素。

本标准第 5.3 节以表格方式列出了数字图书馆信息安全风险控制的所有核心控制要素与参考控制要素。

5.3 节中各项控制措施的具体实施指南可参见 ISO 27002:2013。

4.3 风险控制的实施

为降低风险值,可为风险项的多个控制目标选择对应控制措施。组合应用各项控制措施,达到控制安全风险的目的。

考虑到风险控制的成本收益要求,应该为数字图书馆制订风险控制的实施方案,对可选的控制措施进行成本收益评估,筛选出成本收益率高且能够将风险值控制在可接受范围内的控制措施组合。

数字图书馆的风险控制措施成本收益计算方法和模型可参见本标准第5.4节。

5 资料性附录

5.1 业务流程与资产关联表

业务流程与资产关联表,如表13所示。

表13 业务流程与资产关联表

业务模块	业务类型	业务名称	资产名称
资源建设	印本资源处理	印本资源采购	纸质资源(图书、期刊、报纸等)、书目数据、计算机设备(台式计算机、移动笔记本)、移动存储设备(U盘、光盘、移动硬盘)、其他电子设备(复印机、打印机、扫描仪、条形码阅读器等)、其他人员
		图书分类与编目	
		报刊收登与分编	
		纸质文献流通	
		纸质文献阅览	
		文献著录	
		典藏工作	
	数字资源建设	传统资源数字化:文本数据录入	电子资源(电子图书、电子期刊、学位论文、多媒体资源库、文摘数据库、其他类数据库)、计算机设备(台式计算机、移动笔记本)、移动存储设备、其他电子设备(复印机、打印机、扫描仪等)、应用软件(学科导航系统、门户网站系统、电子资源服务平台)、系统服务平台(操作系统平台、数据库平台)、安全防护软件(身份验证系统、防病毒软件)、数据库研发人员、其他人员
		传统资源数字化:字符识别	
		传统资源数字化:图像扫描	
		传统资源数字化:音频/视频捕捉	
		网络资源加工:网络电子资源采集	
		网络资源加工:网络电子资源转换	
		网络资源加工:网络电子资源编辑	
		网络资源加工:网络电子资源分类整理	
		网络资源加工:保存网络电子资源副本	
		元数据标引	
		特色数据资源建设	
	数字资源管理	建设馆藏数字资源库	电子资源(学位论文、多媒体资源库、文摘数据库、其他类数据库)、计算机设备(台式计算机、移动笔记本)、存储设备(光盘塔、磁盘阵列)、移动存储设备、安全保障设备(数据备份设备)、应用软件(学科导航系统、电子资源服务平台、馆内自行开发的应用系统)、系统服务平台(操作系统平台、数据库平台)、安全防护软件(入侵检测系统、身份验证系统、防病毒软件)、数据库研发人员、其他人员
		建立各种资源的统一检索平台	
		光盘资源管理	
		协作馆信息管理	
		数字资源长期保存	
		数字版权管理	

续表

业务模块	业务类型	业务名称	资产名称
技术支持	硬件设备	设备采购	实物资产类（基础设施、网络设备、计算机设备、存储设备、移动存储设备、安全保障设备、其他电子设备）、管理人员、硬件维护人员、其他人员
		设备维护	
	系统和软件开发	资源框架与标准规范建设	数据文档类（源代码、系统文档、软件相关数据、安全相关数据）、系统服务平台（操作系统平台、数据库平台）、应用软件（图书管理系统、一卡通系统、学科导航系统、门户网站系统、门禁系统、电子资源服务平台、馆内自行开发的应用系统）、计算机设备、网络设备、存储设备、移动存储设备、其他电子设备、软件研发人员、系统维护人员
		数据库的构建	
		系统的设计和开发	
		网站建设和更新	
		应用软件开发	
	维护	数据库维护	实物资产类（基础设施、网络设备、计算机设备、存储设备、安全保障设备）、软件资产类（应用软件、系统服务平台、安全防护软件）、安全相关数据、管理人员、维护人员（硬件、网络、系统）、服务类（办公服务、网络服务、第三方服务）
		网络和通信系统维护	
		系统更新、维护和备份	
		电子阅览室维护	
		用户管理	
		信息安全管理	
用户服务		信息检索	电子资源类（电子图书、电子期刊、学位论文、多媒体资源库、文摘数据库、其他类数据库）、数据文档类（书目数据、用户信息数据、查新报告、各类合同、用户手册、培训资料、规章制度）、计算机设备（台式计算机、移动笔记本）、网络设备、移动存储设备、其他电子设备、应用软件（图书管理系统、学科导航系统、网站系统、电子资源服务平台、馆内自行开发的应用系统）、网络服务
		音频/视频点播	
		个性化信息服务	
		参考服务	
		馆际互借	
		定制服务	
		用户培训	
		在线服务	

注：本表来源于《数字图书馆信息安全管理》一书第 226 至 227 页。

5.2 风险评估的模型与计算方法

（内容略）

注：本节仿照 ISO 27005:2008 的附录 E 和 GB/T 20984-2007 的附录 A，以风险评估的实例介绍并推荐数字图书馆信息安全风险评估模型及风险值计算方法，包括资产、威胁、脆弱性的识别与等级值计算方法。

本节共介绍两个方法。第一种是本报告第 4.2、第 4.3 节中构建的基于多因素模糊综合评判矩阵的资产值和威胁等级计算模型、基于多渠道加权平均的脆弱性等级计算模型以及风险值相乘法计算模型。该方法可解决任意风险项的风险等级计算问题。第二种是日常评估中为简化评估过程，直接通过查检"资产—威胁—脆弱性对照表"完成风险评估的方法。该方法可快速完成绝大多数风险项的风险等级值计算，对于个别重要资产或明显不合理的风险项，可利用第一种方法重新计算风险等级。

第二种方法所需的"资产—威胁—脆弱性对照表"见本标准第5.5节。

为节省篇略，本节具体内容从略。

5.3 核心控制要素与参考控制要素表

（内容略）

注：具体内容见第5.3节的表5-2和表5-3。为节省篇幅，本节不再重复。

5.4 风险控制实施方案的成本收益计算

（内容略）

注：以实例介绍并推荐依据成本收益原则选取数字图书馆风险控制措施，形成有效的风险控制实施方案的计算方法。详细方法见本报告第5.3节的基于线性规划和模糊数学的风险控制决策模型。为节省篇幅，本节具体内容从略。

5.5 资产—威胁—脆弱性对照表

（内容略）

注：具体内容见第5.3节的表5-2和表5-3。为节省篇幅，本处从略。

由于数字图书馆业务流程类似，使得数字图书馆中某些资产的作用与功能及所处的信息安全地位都十分相似，这些资产的各种要素的赋值也基本相同，借此可综合多个馆的调查、计算与分析结果，编制成为数字图书馆"资产—威胁—脆弱性对照表"，成为日常的简化评估的模板。

"资产—威胁—脆弱性对照表"既包括了数字图书馆资产、威胁、脆弱性三者的对应关系，又规定了各个风险评估要素的取值，还有各项风险的风险值和风险等级。大多数情况下，查阅、参照该表便可以对数字图书馆进行风险评估，分析数字图书馆面临的安全风险，为数字图书馆的信息安全风险控制提供依据。

"资产—威胁—脆弱性对照表"包括了数字图书馆所有可能面临的信息安全风险。有了"资产—威胁—脆弱性对照表"以后，对于数字图书馆信息安全风险评估时的大多数风险项可以无需按正常流程计算风险等级，而是直接查表即可，这样可以大大简化风险计算过程。只有那些评估人员认为与其他馆的情况差异性较大、比较特殊的风险项，才需按正常流程分别计算资产等级、威胁等级、脆弱性等级和风险等级。

附录 B 数字图书馆信息安全调查

附录 B-1 针对管理人员的图书馆信息安全脆弱性调查问卷

调查大类	控制措施	执行程度				
一、组织管理	1. 建立信息安全组织,并由图书馆安全负责人领导,安全组织成员来自不同的部门,具体工作由专门的安全负责人负责。	1	2	3	4	5
	2. 信息安全组织根据安全需求建立各自信息系统的安全策略与目标,建立和健全有关的实施细则、操作规程和制度。	1	2	3	4	5
	3. 信息安全各岗位人员的职责和权限明确。	1	2	3	4	5
	4. 外部组织访问时实行访问授权管理,并佩戴易于识别的标志。	1	2	3	4	5
	5. 对于长期访问的外部组织,需要签订信息安全协议。	1	2	3	4	5
	6. 身份管理规定中有图书馆信息系统用户注册和密码管理规定。	1	2	3	4	5
	7. 工作职责规定中个人员工职责有关系到图书馆信息安全的具体做法。	1	2	3	4	5
	8. 有使用图书馆信息安全的访问控制、认证和授权具体的规定。	1	2	3	4	5
	9. 有关于保护图书馆信息安全资产就是保护图书馆的硬件、软件、数据和人的规定。	1	2	3	4	5
	10. 有关于安全处置包含敏感信息的图书馆数据、介质或者材料的规定。	1	2	3	4	5
	11. 有关于报告、通知和响应影响各方的信息安全事件(比如个人、法律强制、校园或者上级组织)等的条例。	1	2	3	4	5
	12. 管理隐私和保密问题条例,比如个人信息保护。	1	2	3	4	5
	13. 人员审查必须根据信息系统所规定的安全等级确定审查标准。	1	2	3	4	5
	14. 关键的岗位人员不得兼职,并要尽可能保证这部分人员安全可靠。	1	2	3	4	5
	15. 人员聘用要因岗选人,制订合理的人员选用方案。	1	2	3	4	5
	16. 信息安全教育的对象必须包括全馆人员、用户以及其他有关人员。	1	2	3	4	5
	17. 信息安全教育的内容包括法规教育、安全技术教育、安全意识教育。	1	2	3	4	5
	18. 与安全保密有关的人员必须签订相应保密协议。	1	2	3	4	5
	19. 信息安全规定符合国家法律规定、地方政策要求和本馆信息安全需求;符合安全教育、培训、意识的需求。	1	2	3	4	5
	20. 图书馆信息系统的建设符合国家法律法规要求、行业规范要求。	1	2	3	4	5
	21. 定期核对或者评价信息系统的安全标准。	1	2	3	4	5

续表

调查大类	控制措施	执行程度				
二、人员安全	22. 对所有雇员、合约人及外部用户进行广泛的背景调查以确保符合适用的法律、规章和道德。所有访问的信息都应视为机密。	1	2	3	4	5
	23. 所有雇员、合约人和外部用户都应签署雇用合同,定义其在信息安全方面的责任。	1	2	3	4	5
	24. 对所有雇员、合约人及外部用户必须由计划地进行安全策略和流程的培训和补充培训。	1	2	3	4	5
	25. 雇用变更或终止流程应被定义并指派给适当的职员负责。	1	2	3	4	5
	26. 所有雇员、合约人及外部用户在雇用终止后应返还组织的所有资产。	1	2	3	4	5
	27. 在所有雇员、合约人及外部用户雇用终止后,应取消所有对组织的信息和设备的访问。	1	2	3	4	5
三、技术管理	28. 有关于信息资产的物理和环境安全保护规定,明确规定具体做法并形成了文件。	1	2	3	4	5
	29. 有关于信息通信与操作管理执行的相关规定,并形成了文件。	1	2	3	4	5
	30. 有关于信息访问控制安全的规定,并形成了文件。	1	2	3	4	5
	31. 有关于系统开发与维护安全的规定,并形成了文件。	1	2	3	4	5
	32. 有关于灾难应急和备份恢复的规定,并有专职人员负责,定期进行灾难恢复计划的演练和测试。	1	2	3	4	5
	33. 有关于信息安全事件处理的规定,并形成了文件。	1	2	3	4	5
	34. 有关于信息安全的方针文件,管理层也积极配合执行。	1	2	3	4	5
	35. 系统设备的选型与采购由高层领导部门统一管理。	1	2	3	4	5
	36. 对设备有严格的保管、使用登记和报废方面的管理要求。	1	2	3	4	5
	37. 定期对应急人员培训应急计划中的各种应急方案和技术措施。	1	2	3	4	5
	38. 制订了完善的灾难恢复计划并且定期对灾难恢复人员培训灾难恢复计划中的各种恢复方案和技术措施。	1	2	3	4	5

附录 B-2 针对技术人员的图书馆信息安全脆弱性调查问卷

调查大类	控制措施	执行程度				
物理环境	1. 机房不位于火灾易发区,门窗具有防火效果并且有防火警报器。邻近区发生火灾时,不会影响到机房。	1	2	3	4	5
	2. 机房供电线路专用,能提供稳定可靠的电源;配备紧急备用电源,能在断电时即时供电;供配电建设完全符合图书馆建设规定标准。	1	2	3	4	5
	3. 机房有相应防静电措施。	1	2	3	4	5
	4. 机房电路都进行接地处理,安装了避雷针。	1	2	3	4	5
	5. 机房建设抗震程度高于当地抗震设防标准。	1	2	3	4	5
	6. 机房位于干燥环境,机房空调能够除湿,给排水道均有防渗漏和防凝露措施。	1	2	3	4	5
	7. 机房不位于洪水易发区或者有相应的排水系统,能够防洪。	1	2	3	4	5
	8. 机房抗暴风雨程度。	1	2	3	4	5
	9. 机房采用不起尘装修材料,空气循环区域有防尘处理,出入机房需要更衣换鞋,能够防灰尘。	1	2	3	4	5
	10. 机房不位于火山易发区或者机房能应对火山爆发。	1	2	3	4	5
	11. 机房电磁场干扰场强满足国家规定要求,有相应的屏蔽措施,能够防静电。	1	2	3	4	5
	12. 信息处理设施的电源布缆和通信布缆分开,使用综合布线并且都在地下,网络布缆能避免未授权窃听或损坏,能够保护通信线路。	1	2	3	4	5
	13. 机房周边设有门禁或锁等出入口控制设施,实时视频监控。	1	2	3	4	5
	14. 第三方支持服务人员访问需要被授权并受到监视;定期更新和评审安全区域的访问权。	1	2	3	4	5
设备管理	15. 机房设备存放地点固定,每项资产都要进行检查和登记,并且对所有重要的资产进行调查并维护调查结果;进入和外出的资产应在物理上予以隔离;严格控制对敏感信息及其存储和处理程序设备的访问。	1	2	3	4	5
	16. 设备购买安装前必须经过审批;采购和使用的信息安全产品均是通过国家信息安全测评机构或国家密码管理部门批准和国家信息安全质量认证的产品;投入运行前需要试运行安全无问题。	1	2	3	4	5
	17. 所有设备均应建立项目齐全、管理严格的购置、移交、使用、维护、维修和报废等登记制度,并认真做好登记及检查工作,保证设备管理工作正规化。	1	2	3	4	5
	18. 存储数据的媒介是否分类存放并按类别进行防护,比如存放关键性记录的媒介应具备防火、防高温、防水、防震和防电磁场的性能。	1	2	3	4	5
	19. 移动存储介质保持审核踪迹,要将所有的介质存储在符合制造商说明的安全和保密的环境中,避免由于介质老化而导致信息丢失。	1	2	3	4	5
	20. 设备应被正确维护以确保其持续可用性和完整性。	1	2	3	4	5
	21. 在处置设备之前,应检查包含介质在内的所有设备内容以确保所有敏感数据和许可软件已被移出或进行安全写覆盖。	1	2	3	4	5
	22. 未经授权,设备、信息或软件不许被带离出去。	1	2	3	4	5

续表

调查大类	控制措施	执行程度				
网络结构安全	23. 使用防火墙和一些其他的网络入口控制设备隔离服务器和外网,保护内网免受外网威胁。	1	2	3	4	5
	24. 建立和配置连接时间限制控制和限制图书馆高风险应用或者数据库访问。	1	2	3	4	5
	25. 应在网络上部署路由控制以确保计算机连接和信息流不会破坏业务应用的访问控制策略。	1	2	3	4	5
	26. 公共网和员工局域网在物理上是分开的,各自拥有各自的电缆和电路;使用VPN(虚拟内部网络)连接远程或者无线。	1	2	3	4	5
	27. 使用交换机和路由器分割网络,以增加每个用户可用的带宽,减少图书馆网络的堵塞或者拥挤。	1	2	3	4	5
	28. 使用无线安全产品保护图书馆无线网络,比如加密技术、无线入侵检测系统、MAC地址过滤等。	1	2	3	4	5
	29. 加密技术、硬件和软件令牌、单点登录的使用来控制图书馆外部和远程计算机的数据访问。	1	2	3	4	5
	30. 存在一个正式的策略并采用适当的安全措施来保护使用移动计算机和通信设备,防止带来的风险。	1	2	3	4	5
软件安全	31. 使用漏洞扫描系统,定期更新和审查系统漏洞和补丁。	1	2	3	4	5
	32. 应采用检测、预防及恢复性控制措施防止恶意代码,并执行适当的用户意识教育流程。	1	2	3	4	5
	33. 放置软件的媒介放置在安全区域中,只有得到授权才可以访问。	1	2	3	4	5
	34. 使用账号管理和访问授权技术分配账号,并严格按照图书馆规定分配权限,定期复查用户访问权,保证用户账号安全。	1	2	3	4	5
	35. 所有员工都以口令登录,且口令密码位数大于八位;口令保密,没有以未保护的形式存储在计算机或者其他地方。	1	2	3	4	5
	36. 用户连接到网络的能力应受到限制,以符合访问控制策略和业务应用的需要,保证资源共享安全。	1	2	3	4	5
	37. 应对资源的使用进行监视、调优、改造,保证容量需求满足性能要求。	1	2	3	4	5
	38. 事件日志、日志管理软件或者审计软件确保某一时期的图书馆安全记录足够详细(记录包括安全事故、违规行为、欺诈活动和操作问题)。	1	2	3	4	5
	39. 系统管理和操作行为被详细记录。	1	2	3	4	5
	40. 故障被详细记录、分析,并采取适当的行动。	1	2	3	4	5
	41. 软件访问控制安全程度。	1	2	3	4	5
	42. 新系统开发前需要规定对安全措施的要求;系统开发需要经过代码审查、程序测试,要对系统的安全性进行测试验证;新系统经过正式测试后才可以使用。	1	2	3	4	5

续表

调查大类	控制措施	执行程度				
软件安全	43. 确保第三方服务交付协议中包含的安全控制,服务定义,交付层次等内容被第三方贯彻、运行、维护。	1	2	3	4	5
	44. 第三方提供的服务、报告、记录应有规律地被监控和检查,并应该有规律地执行审计。	1	2	3	4	5
	45. 对第三方提供服务的变更,包括对现存信息系统的安全策略、流程和控制的维护和改进,应加以管理,并应考虑到再次风险评估涉及的商业系统的重要性和流程。	1	2	3	4	5
	46. 定期清理和备份注册表。	1	2	3	4	5
	47. 安装防病毒软件、入侵检测软件、防钓鱼软件、网页过滤软件保证网络安全。	1	2	3	4	5
	48. 严格按照规定安装和升级系统;确保系统运行过程中的安全性,主要包括可靠性、可用性、保密性、完整性、不可抵赖性和可控性等方面;同步跟踪系统变更管理。	1	2	3	4	5
	49. 建立系统运行文档和管理制度;建立系统设置参数文件及运行日志。	1	2	3	4	5
	50. 系统安全监控内容包括主机系统监视、网络状态监视、用户操作监视、主机应用监控、主机外设监控、网络连接监控。	1	2	3	4	5
	51. 数据库定期备份数据,服务器硬件规格纸质备份,信息安装、软件安装和密码定期更新以及异地保存。	1	2	3	4	5
	52. 服务器访问允许并发操作,并能保证网络不阻塞。	1	2	3	4	5
	53. 灾难恢复计划中使用容错系统或者容灾镜像确保如果一个系统瘫痪,另外一个备份系统可以立即投入使用。	1	2	3	4	5
	54. 个人终端系统没有失效的用户。	1	2	3	4	5
应用中间件	55. 使用国际通用协议,协议规定明确,协议安全程度非常高。	1	2	3	4	5
	56. 公钥基础设施(PKI)保护经由图书馆网络和互联网的个人数据交换的安全(公钥和私钥对加密的使用)。	1	2	3	4	5
	57. 使用数字签名保护经由图书馆网络发送的电子文档的真实性(比如使用密码,私人加密,公共加密或者数字证书)。	1	2	3	4	5
	58. 交易信息应加以保护以防止未完成的传送、错误路由、未授权消息更改、未授权泄漏、未授权消息复制和重放,保证交易完整性。	1	2	3	4	5
	59. 对存储、传输的数据进行完整性检查。	1	2	3	4	5

续表

调查大类	控制措施	执行程度				
技术管理	60．有关于信息资产的物理和环境安全保护规定，明确规定具体做法并形成了文件。	1	2	3	4	5
	61．有关于信息通信与操作管理执行的相关规定，并形成了文件。	1	2	3	4	5
	62．有关于信息访问控制安全的规定，并形成了文件。	1	2	3	4	5
	63．有关于系统开发与维护安全的规定，并形成了文件。	1	2	3	4	5
	64．有关于灾难应急和备份恢复的规定，并有专职人员负责，定期进行灾难恢复计划的演练和测试。	1	2	3	4	5
	65．有关于信息安全事件处理的规定，并形成了文件。	1	2	3	4	5
	66．有关于信息安全的方针文件，管理层也积极配合执行。	1	2	3	4	5
组织管理	67．建立信息安全组织，并由图书馆安全负责人领导，安全组织成员来自不同的部门，具体工作由专门的安全负责人负责。	1	2	3	4	5
	68．信息安全组织根据安全需求建立各自信息系统的安全策略与目标，建立和健全有关的实施细则、操作规程和制度。	1	2	3	4	5
	69．信息安全各岗位人员的职责和权限明确。	1	2	3	4	5
	70．外包合同中明确规定信息系统、网络或桌面系统环境的风险管理、安全控制措施与实施程序，并按照合同的要求进行实施。	1	2	3	4	5
	71．外部组织访问时实行访问授权管理，并佩戴易于识别的标志。	1	2	3	4	5
	72．对于长期访问的外部组织，需要签订信息安全协议。	1	2	3	4	5
	73．身份管理规定中有图书馆信息系统用户注册和密码管理规定。	1	2	3	4	5
	74．工作职责规定中个人员工职责有关系到图书馆信息安全的具体做法。	1	2	3	4	5
	75．有使用图书馆信息安全的访问控制、认证和授权具体的规定。	1	2	3	4	5
	76．有关于保护图书馆信息安全资产就是保护图书馆的硬件、软件、数据和人的规定。	1	2	3	4	5
	77．有关于安全处置包含敏感信息的图书馆数据、介质或者材料的规定。	1	2	3	4	5
	78．有关于报告、通知和响应影响各方的信息安全事件（比如个人、法律强制、校园或者上级组织）等的条例。	1	2	3	4	5
	79．管理隐私和保密问题条例，比如个人信息保护。	1	2	3	4	5
	80．人员审查必须根据信息系统所规定的安全等级确定审查标准。	1	2	3	4	5
	81．关键的岗位人员不得兼职，并要尽可能保证这部分人员安全可靠。	1	2	3	4	5
	82．人员聘用要因岗选人，制订合理的人员选用方案。	1	2	3	4	5
	83．信息安全教育的对象必须包括全馆人员、用户以及其他有关人员。	1	2	3	4	5
	84．信息安全教育的内容包括法规教育、安全技术教育、安全意识教育。	1	2	3	4	5
	85．与安全保密有关的人员必须签订相应安全保密契约。	1	2	3	4	5
	86．离岗人员必须归还资产、收回所有技术文档、资料、密钥、撤销用户。	1	2	3	4	5
	87．信息安全规定符合国家法律规定、地方政策要求和本馆信息安全需求；符合安全教育、培训、意识的需求。	1	2	3	4	5
	88．图书馆信息系统的建设符合国家法律法规要求、行业规范要求。	1	2	3	4	5
	89．定期检查和更新信息系统的安全标准。	1	2	3	4	5

续表

调查大类	控制措施	执行程度				
人员安全	90. 对所有雇员、合约人及外部用户进行广泛的背景调查以确保符合适用的法律、规章和道德。所有访问的信息都应视为机密。	1	2	3	4	5
	91. 所有雇员、合约人和外部用户都应签署雇用合同定义其在信息安全方面的责任。	1	2	3	4	5
	92. 对所有雇员、合约人及外部用户必须由计划地进行安全策略和流程的培训和补充培训。	1	2	3	4	5
	93. 雇用变更或终止流程应被定义并指派给适当的职员负责。	1	2	3	4	5
	94. 所有雇员、合约人及外部用户在雇用终止后应返还所有组织所有的资产。	1	2	3	4	5
	95. 在所有雇员、合约人及外部用户雇用终止后,应取消所有对组织的信息和设备的访问。	1	2	3	4	5
	96. 在所有雇员、合约人及外部用户雇用终止后,应取消所有对组织的信息和设备的访问。	1	2	3	4	5

附录 B-3 针对普通人员的图书馆信息安全脆弱性调查问卷

调查大类	控制措施	执行程度				
一、人员安全	1. 对所有雇员、合约人及外部用户进行广泛的背景调查以确保符合适用的法律、规章和道德。所有访问的信息都应视为机密。	1	2	3	4	5
	2. 所有雇员、合约人和外部用户都应签署雇用合同定义其在信息安全方面的责任。	1	2	3	4	5
	3. 对所有雇员、合约人及外部用户必须由计划地进行安全策略和流程的培训和补充培训。	1	2	3	4	5
	4. 雇用变更或终止流程应被定义并指派给适当的职员负责。	1	2	3	4	5
	5. 所有雇员、合约人及外部用户在雇用终止后应返还所有组织所有的资产。	1	2	3	4	5
	6. 在所有雇员、合约人及外部用户雇用终止后,应取消所有对组织的信息和设备的访问。	1	2	3	4	5
二、物理安全	7. 办公区域实施有效的防火措施。	1	2	3	4	5
	8. 办公区域重要位置安装了监控摄像头,并且能实时监控。	1	2	3	4	5
	9. 办公室有门禁、锁等物理安全措施。	1	2	3	4	5
	10. 办公室有严格的访问控制条例,未经授权的人不可以进入办公室。	1	2	3	4	5
	11. 所有资产必须被识别,并且应对所有重要的资产进行调查并维护调查结果。	1	2	3	4	5
	12. 所有信息和与处理信息设备相关的资产应指派给指定的组织成员。	1	2	3	4	5

续表

调查大类	控制措施	执行程度				
三、软件安全	13. 使用漏洞扫描系统,定期更新和审查系统漏洞和补丁。	1	2	3	4	5
	14. 安装防病毒软件、入侵检测软件、防钓鱼软件、网页过滤软件保证网络安全。	1	2	3	4	5
	15. 定期清理和备份注册表。	1	2	3	4	5
	16. 严格按照规定安装和升级系统;确保系统运行过程中的安全性,主要包括可靠性、可用性、保密性、完整性、不可抵赖性和可控性等方面;同步跟踪系统变更管理。	1	2	3	4	5
	17. 个人终端系统没有失效的用户。	1	2	3	4	5
	18. 定期备份个人数据。	1	2	3	4	5
	19. 个人终端设备和软件均为正版授权软件。	1	2	3	4	5
四、访问控制	20. 存在正式的注册和注销流程,用于批准和撤销对信息系统和服务的访问。	1	2	3	4	5
	21. 访问权限的分配和使用遵循相应的限制和控制规定。	1	2	3	4	5
	22. 通过正式的管理程序进行口令的分配。	1	2	3	4	5
	23. 管理部门使用一个正式流程定期检查馆员访问权利。	1	2	3	4	5
	24. 馆员根据良好的安全实践进行密码的选择和使用,比如密码位数大于8位、数字和字母的组合、定期更换密码等。	1	2	3	4	5
	25. 离开个人终端时采用屏幕保护策略或者锁屏等方法保护信息安全。	1	2	3	4	5
	26. 馆员应确保自助设备被适当保护。	1	2	3	4	5
	27. 不同资料按照密级管理办法分级存放和访问。	1	2	3	4	5
	28. 采用有关纸张和可移动存储介质的桌面清除策略以及对信息处理设备的屏幕清除策略。	1	2	3	4	5
	29. 仅限访问被指定授权使用的网络服务。	1	2	3	4	5
	30. 使用安全登录流程控制对操作系统的访问,比如密码访问或者其他生物识别技术等。	1	2	3	4	5
	31. 存在一个正式的策略并采用适当的安全措施来保护使用移动计算机和通信设备,防止带来的风险。	1	2	3	4	5
	32. 使用VPN技术进行远程办公,有关于远程办公行为的一个策略、操作计划和流程。	1	2	3	4	5

续表

调查大类	控制措施	执行程度				
五、组织管理	33. 有使用图书馆信息安全的访问控制、认证和授权具体的规定。	1	2	3	4	5
	34. 有关于保护图书馆信息安全资产就是保护图书馆的硬件、软件、数据和人的规定。	1	2	3	4	5
	35. 有关于安全处置包含敏感信息的图书馆数据、介质或者材料的规定。	1	2	3	4	5
	36. 有关于报告、通知和响应影响各方的信息安全事件(比如个人、法律强制、校园或者上级组织)等的条例。	1	2	3	4	5
	37. 管理隐私和保密问题条例,比如个人信息保护条例。	1	2	3	4	5
	38. 所有信息安全事件应尽可能快地报告给适当的管理部门。	1	2	3	4	5
	39. 所有使用信息系统和服务的员工应对察觉到的弱点进行报告。	1	2	3	4	5
	40. 私有信息和数据的保护应确信符合法律、规章以及可能的合约条目。	1	2	3	4	5
	41. 应阻止用户因未授权的目的而使用信息处理设备。	1	2	3	4	5
	42. 定期针对馆员开展信息安全教育培训。	1	2	3	4	5
	43. 信息安全教育的内容包括法规教育、安全技术教育、安全意识教育。	1	2	3	4	5

附录 B-4　由全国 30 家数字图书馆调研得到的资产属性权重集

资产名称	保密性权重	完整性权重	可用性权重
外购资源	0.23	0.36	0.41
自建资源	0.25	0.37	0.38
其他类资源	0.23	0.38	0.39
书目数据	0.2	0.4	0.4
用户信息数据	0.31	0.35	0.35
系统源代码、文档等	0.34	0.34	0.32
查新报告	0.33	0.36	0.32
各类合同	0.35	0.34	0.31
用户资料	0.31	0.35	0.34
培训资料	0.26	0.38	0.37
规章制度	0.23	0.39	0.38
档案与函件	0.35	0.34	0.31
供电设施	0.22	0.38	0.4
空调系统	0.22	0.38	0.4
消防设施	0.19	0.4	0.41
防雷设施	0.19	0.39	0.42

续表

资产名称	保密性权重	完整性权重	可用性权重
防静电设施	0.19	0.39	0.42
交换机	0.28	0.35	0.37
路由器	0.29	0.35	0.36
无线设备	0.28	0.34	0.39
光电转换器(调制解调器)	0.26	0.34	0.4
台式计算机	0.22	0.37	0.41
移动笔记本	0.26	0.37	0.36
服务器	0.3	0.34	0.36
磁盘阵列(含系统备份、数据备份)	0.32	0.34	0.34
U盘	0.29	0.34	0.36
光盘	0.26	0.36	0.38
移动硬盘	0.3	0.34	0.36
硬件防火墙(含入侵检测系统)	0.32	0.34	0.34
门禁系统	0.26	0.35	0.39
监控设备	0.29	0.33	0.38
日常办公设备	0.22	0.38	0.4
影音设备	0.24	0.38	0.38
业务管理系统(含一卡通系统)	0.31	0.34	0.35
门户网站系统	0.23	0.38	0.39
信息服务系统	0.25	0.37	0.38
操作系统平台	0.29	0.34	0.37
数据库系统平台	0.29	0.34	0.36
身份验证系统	0.33	0.34	0.33
防病毒软件	0.31	0.33	0.36
电力支持	0.24	0.37	0.39
物业管理	0.26	0.35	0.39
提供的网络连接服务	0	0.23	0.37
外购产品享受的服务	0.26	0.38	0.37
软硬件维保	0.25	0.38	0.37
漏洞扫描风险评估服务	0.31	0.34	0.34
管理人员	0.25	0.38	0.37
技术人员	0.26	0.38	0.36
业务人员	0.2	0.38	0.42
服务人员	0.18	0.37	0.45
第三方服务人员(保安、保洁等)	0.33	0.34	0.33

附录 C S 馆风险评估

附录 C-1 S 馆的风险评估结果

资产名称:外购资源　资产价值:4					
威胁	威胁值	脆弱性	脆弱性值	风险值	风险等级
通信故障	2	通信与操作管理	3	8.49	2
		网络设备安全配置情况	3	8.49	2
		内部访问控制策略	3	8.49	2
		外部访问控制策略	3	8.49	2
		通信线路保护	2	5.66	1
		机房区域防护	2	5.66	1
		机房设备管理	2	5.66	1
存储介质故障	2	安全策略	3	8.49	2
		机房区域防护	2	5.66	1
		机房设备管理	2	5.66	1
计算机设备故障	2	机房区域防护	2	5.66	1
		机房设备管理	2	5.66	1
		安全策略	3	8.49	2
系统软件故障	2	物理和环境安全	3	8.49	2
		系统口令策略	3	8.49	2
		业务连续性	3	8.49	2
		系统网络安全	3	8.49	2
		资源共享	2	5.66	1
		系统开发与维护	2	5.66	1
		系统补丁安装	2	5.66	1
		系统用户账号	2	5.66	1
		系统事件审计	2	5.66	1
		系统访问控制	3	8.49	2
		新系统配置(初始化)	1	2.83	1
		系统注册表加固	3	8.49	2
		系统管理	1	2.83	1
		物理保护	3	8.49	2

续表

资产名称:外购资源　资产价值:4					
威胁	威胁值	脆弱性	脆弱性值	风险值	风险等级
应用软件故障	2	软件鉴别机制	3	8.49	2
		业务连续性	3	8.49	2
		软件审计机制	1	2.83	1
		软件审计存储	1	2.83	1
		软件访问控制策略	2	5.66	1
		通信	1	2.83	1
		软件密码保护	4	11.31	3
		系统开发与维护	2	5.66	1
		数据完整性	2	5.66	1
数据库故障	2	系统开发与维护	2	5.66	1
		数据库审计机制	1	2.83	1
		数据库鉴别机制	2	5.66	1
		物理和环境安全	3	8.49	2
		数据库网络和服务设置	2	5.66	1
		数据库口令机制	3	8.49	2
		数据库访问控制	3	8.49	2
		备份恢复机制	3	8.49	2
		数据库补丁安装	3	8.49	2
拒绝服务攻击	2	业务连续性	3	8.49	2
		通信与操作管理	3	8.49	2
		访问控制	3	8.49	2
		物理和环境安全	3	8.49	2
破坏性攻击	2	交易完整性	2	5.66	1
		物理和环境安全	3	8.49	2
		数据完整性	2	5.66	1
		业务连续性	3	8.49	2
		访问控制	3	8.49	2
		协议安全	2	5.66	1
		通信与操作管理	3	8.49	2
未授权访问	2	内部访问控制策略	3	8.49	2
		访问控制	3	8.49	2
		系统口令策略	3	8.49	2
		外部访问控制策略	3	8.49	2

续表

威胁	威胁值	脆弱性	脆弱性值	风险值	风险等级
资产名称:外购资源　资产价值:4					
恶意代码	3	网络设备安全配置情况	3	10.39	2
		系统网络安全	3	10.39	2
		系统补丁安装	2	6.93	2
资源滥用	2	访问控制	3	8.49	2
		数据库鉴别机制	2	5.66	1
		机房设备管理	2	5.66	1
		资源共享	2	5.66	1
		数据库访问控制	3	8.49	2
内部员工蓄意破坏	2	人员安全	3	8.49	2
		物理和环境安全	3	8.49	2
		访问控制	3	8.49	2
		机房区域防护	2	5.66	1
		系统管理	1	2.83	1
		机房设备管理	2	5.66	1
		组织安全解决能力	3	8.49	2
		安全策略	3	8.49	2
		备份恢复机制	3	8.49	2
未授权人员引用或带出数据	2	安全策略	3	8.49	2
		资产分类与控制	2	5.66	1
		人员安全	3	8.49	2
		机房设备管理	2	5.66	1
不恰当的配置和操作	2	通信与操作管理	3	8.49	2
		访问控制	3	8.49	2
		备份恢复机制	3	8.49	2
内部人员个人信息丢失	2	人员安全	3	8.49	2
		组织安全解决能力	3	8.49	2
		安全策略	3	8.49	2
硬件维护、保养不当	2	资产分类与控制	2	5.66	1
		安全策略	3	8.49	2
		组织安全解决能力	3	8.49	2
软件维护不当	2	系统开发与维护	2	5.66	1
		安全策略	3	8.49	2
		资产分类与控制	2	5.66	1
		人员安全	3	8.49	2
		备份恢复机制	3	8.49	2

续表

资产名称:外购资源　资产价值:4					
威胁	威胁值	脆弱性	脆弱性值	风险值	风险等级
不能或错误地响应和恢复	2	协议安全	2	5.66	1
		交易完整性	2	5.66	1
		数据完整性	2	5.66	1
		安全策略	3	8.49	2
		组织安全解决能力	3	8.49	2
流量过载	3	内部访问控制策略	3	10.39	2
		网络结构设计	2	6.93	2
		外部访问控制策略	3	10.39	2
供应故障	3	组织安全解决能力	3	10.39	2
管理运营失误	3	人员安全	3	10.39	2
		组织安全解决能力	3	10.39	2
		安全策略	3	10.39	2

资产名称:自建资源　资产价值:4					
威胁	威胁值	脆弱性	脆弱性值	风险值	风险等级
存储介质故障	2	安全策略	3	8.49	2
		机房设备管理	2	5.66	1
		机房区域防护	2	5.66	1
计算机设备故障	2	安全策略	3	8.49	2
		机房区域防护	2	5.66	1
		机房设备管理	2	5.66	1
系统软件故障	2	系统口令策略	3	8.49	2
		业务连续性	3	8.49	2
		系统网络安全	3	8.49	2
		资源共享	2	5.66	1
		系统开发与维护	2	5.66	1
		系统补丁安装	2	5.66	1
		物理和环境安全	3	8.49	2
		系统事件审计	2	5.66	1
		系统访问控制	3	8.49	2
		新系统配置(初始化)	1	2.83	1
		系统注册表加固	3	8.49	2
		系统管理	1	2.83	1
		系统用户账号	2	5.66	1
		物理保护	3	8.49	2

续表

威胁	威胁值	脆弱性	脆弱性值	风险值	风险等级
		资产名称:自建资源　资产价值:4			
应用软件故障	2	软件密码保护	4	11.31	3
		业务连续性	3	8.49	2
		软件审计机制	1	2.83	1
		软件审计存储	1	2.83	1
		软件访问控制策略	2	5.66	1
		软件鉴别机制	3	8.49	2
		通信	1	2.83	1
		系统开发与维护	2	5.66	1
		数据完整性	2	5.66	1
数据库故障	2	物理和环境安全	3	8.49	2
		数据库补丁安装	3	8.49	2
		系统开发与维护	2	5.66	1
		数据库审计机制	1	2.83	1
		备份恢复机制	3	8.49	2
		数据库网络和服务设置	2	5.66	1
		数据库访问控制	3	8.49	2
		数据库口令机制	3	8.49	2
		数据库鉴别机制	2	5.66	1
拒绝服务攻击	2	业务连续性	3	8.49	2
		通信与操作管理	3	8.49	2
		访问控制	3	8.49	2
		物理和环境安全	3	8.49	2
破坏性攻击	2	交易完整性	2	5.66	1
		数据完整性	2	5.66	1
		物理和环境安全	3	8.49	2
		访问控制	3	8.49	2
		协议安全	2	5.66	1
		通信与操作管理	3	8.49	2
		业务连续性	3	8.49	2
		内部访问控制策略	3	8.49	2
		访问控制	3	8.49	2
		系统口令策略	3	8.49	2
		外部访问控制策略	3	8.49	2

续表

威胁	威胁值	脆弱性	脆弱性值	风险值	风险等级
		资产名称:自建资源 资产价值:4			
恶意代码	3	系统补丁安装	2	6.93	2
		网络设备安全配置情况	3	10.39	2
		系统网络安全	3	10.39	2
资源滥用	2	资源共享	2	5.66	1
		数据库访问控制	3	8.49	2
		数据库鉴别机制	2	5.66	1
		访问控制	3	8.49	2
		机房设备管理	2	5.66	1
内部员工蓄意破坏	2	物理和环境安全	3	8.49	2
		访问控制	3	8.49	2
		备份恢复机制	3	8.49	2
		人员安全	3	8.49	2
		系统管理	1	2.83	1
		机房设备管理	2	5.66	1
		安全策略	3	8.49	2
		组织安全解决能力	3	8.49	2
		机房区域防护	2	5.66	1
未授权人员引用或带出数据	2	安全策略	3	8.49	2
		资产分类与控制	2	5.66	1
		人员安全	3	8.49	2
		机房设备管理	2	5.66	1
不恰当的配置和操作	2	通信与操作管理	3	8.49	2
		访问控制	3	8.49	2
		备份恢复机制	3	8.49	2
内部人员个人信息丢失	2	安全策略	3	8.49	2
		组织安全解决能力	3	8.49	2
		人员安全	3	8.49	2
硬件维护、保养不当	2	组织安全解决能力	3	8.49	2
		资产分类与控制	2	5.66	1
		安全策略	3	8.49	2
软件维护不当	2	人员安全	3	8.49	2
		资产分类与控制	2	5.66	1
		安全策略	3	8.49	2
		系统开发与维护	2	5.66	1
		备份恢复机制	3	8.49	2

续表

资产名称:自建资源　资产价值:4					
威胁	威胁值	脆弱性	脆弱性值	风险值	风险等级
不能或错误地响应和恢复	2	安全策略	3	8.49	2
		协议安全	2	5.66	1
		数据完整性	2	5.66	1
		组织安全解决能力	3	8.49	2
		交易完整性	2	5.66	1
流量过载	2	外部访问控制策略	3	8.49	2
		内部访问控制策略	3	8.49	2
		网络结构设计	2	5.66	1
供应故障	3	组织安全解决能力	3	10.39	2
管理运营失误	3	组织安全解决能力	3	10.39	2
		安全策略	3	10.39	2
		人员安全	3	10.39	2

资产名称:其他类资源　资产价值:4					
威胁	威胁值	脆弱性	脆弱性值	风险值	风险等级
通信故障	2	机房设备管理	2	5.66	1
		通信与操作管理	3	8.49	2
		网络设备安全配置情况	3	8.49	2
		内部访问控制策略	3	8.49	2
		外部访问控制策略	3	8.49	2
		通信线路保护	2	5.66	1
		机房区域防护	2	5.66	1
存储介质故障	2	机房区域防护	2	5.66	1
		机房设备管理	2	5.66	1
		安全策略	3	8.49	2
计算机设备故障	2	机房设备管理	2	5.66	1
		安全策略	3	8.49	2
		机房区域防护	2	5.66	1

续表

资产名称:其他类资源　资产价值:4					
威胁	威胁值	脆弱性	脆弱性值	风险值	风险等级
系统软件故障	2	系统口令策略	3	8.49	2
		业务连续性	3	8.49	2
		系统网络安全	3	8.49	2
		资源共享	2	5.66	1
		系统开发与维护	2	5.66	1
		系统补丁安装	2	5.66	1
		物理和环境安全	3	8.49	2
		系统事件审计	2	5.66	1
		系统访问控制	3	8.49	2
		新系统配置(初始化)	1	2.83	1
		系统注册表加固	3	8.49	2
		系统管理	1	2.83	1
		系统用户账号	2	5.66	1
		物理保护	3	8.49	2
应用软件故障	2	软件鉴别机制	3	8.49	2
		软件审计机制	1	2.83	1
		软件审计存储	1	2.83	1
		业务连续性	3	8.49	2
		软件访问控制策略	2	5.66	1
		软件密码保护	4	11.31	3
		系统开发与维护	2	5.66	1
		数据完整性	2	5.66	1
		通信	1	2.83	1
数据库故障	2	物理和环境安全	3	8.49	2
		数据库补丁安装	3	8.49	2
		系统开发与维护	2	5.66	1
		数据库审计机制	1	2.83	1
		备份恢复机制	3	8.49	2
		数据库网络和服务设置	2	5.66	1
		数据库访问控制	3	8.49	2
		数据库口令机制	3	8.49	2
		数据库鉴别机制	2	5.66	1

续表

资产名称:其他类资源　资产价值:4					
威胁	威胁值	脆弱性	脆弱性值	风险值	风险等级
拒绝服务攻击	2	业务连续性	3	8.49	2
		通信与操作管理	3	8.49	2
		访问控制	3	8.49	2
		物理和环境安全	3	8.49	2
破坏性攻击	2	通信与操作管理	3	8.49	2
		物理和环境安全	3	8.49	2
		数据完整性	2	5.66	1
		交易完整性	2	5.66	1
		访问控制	3	8.49	2
		协议安全	2	5.66	1
		业务连续性	3	8.49	2
未授权访问	2	内部访问控制策略	3	8.49	2
		访问控制	3	8.49	2
		系统口令策略	3	8.49	2
		外部访问控制策略	3	8.49	2
恶意代码	3	系统补丁安装	2	6.93	2
		网络设备安全配置情况	3	10.39	2
		系统网络安全	3	10.39	2
资源滥用	2	资源共享	2	5.66	1
		数据库访问控制	3	8.49	2
		数据库鉴别机制	2	5.66	1
		访问控制	3	8.49	2
		机房设备管理	2	5.66	1
内部员工蓄意破坏	2	访问控制	3	8.49	2
		机房区域防护	2	5.66	1
		备份恢复机制	3	8.49	2
		人员安全	3	8.49	2
		机房设备管理	2	5.66	1
		组织安全解决能力	3	8.49	2
		安全策略	3	8.49	2
		系统管理	1	2.83	1
		物理和环境安全	3	8.49	2

续表

威胁	威胁值	脆弱性	脆弱性值	风险值	风险等级
资产名称:其他类资源　资产价值:4					
未授权人员引用或带出数据	2	安全策略	3	8.49	2
		资产分类与控制	2	5.66	1
		人员安全	3	8.49	2
		机房设备管理	2	5.66	1
不恰当的配置和操作	2	备份恢复机制	3	8.49	2
		通信与操作管理	3	8.49	2
		访问控制	3	8.49	2
内部人员个人信息丢失	2	人员安全	3	8.49	2
		安全策略	3	8.49	2
		组织安全解决能力	3	8.49	2
硬件维护、保养不当	2	组织安全解决能力	3	8.49	2
		资产分类与控制	2	5.66	1
		安全策略	3	8.49	2
软件维护不当	2	系统开发与维护	2	5.66	1
		安全策略	3	8.49	2
		资产分类与控制	2	5.66	1
		人员安全	3	8.49	2
		备份恢复机制	3	8.49	2
不能或错误地响应和恢复	2	数据完整性	2	5.66	1
		组织安全解决能力	3	8.49	2
		安全策略	3	8.49	2
		交易完整性	2	5.66	1
		协议安全	2	5.66	1
流量过载	2	内部访问控制策略	3	8.49	2
		网络结构设计	2	5.66	1
		外部访问控制策略	3	8.49	2
供应故障	3	组织安全解决能力	3	10.39	2
管理运营失误	3	人员安全	3	10.39	2
		组织安全解决能力	3	10.39	2
		安全策略	3	10.39	2

资产名称:书目数据　资产价值:4

威胁	威胁值	脆弱性	脆弱性值	风险值	风险等级
存储介质故障	3	机房区域防护	2	6.93	2
		机房设备管理	2	6.93	2
		安全策略	3	10.39	2
计算机设备故障	3	机房设备管理	2	6.93	2
		安全策略	3	10.39	2
		机房区域防护	2	6.93	2
办公地点被非授权的控制	2	机房区域防护	2	5.66	1
窃取信息	2	机房区域防护	2	5.66	1
远程文件访问	2	数据库审计机制	1	2.83	1
		资源共享	2	5.66	1
		数据库访问控制	3	8.49	2
		数据库口令机制	3	8.49	2
		数据库鉴别机制	2	5.66	1
		数据库网络和服务设置	2	5.66	1
内部员工蓄意破坏	2	访问控制	3	8.49	2
		物理和环境安全	3	8.49	2
		备份恢复机制	3	8.49	2
		人员安全	3	8.49	2
		系统管理	1	2.83	1
		机房设备管理	2	5.66	1
		安全策略	3	8.49	2
		组织安全解决能力	3	8.49	2
		机房区域防护	2	5.66	1
未授权人员引用或带出数据	2	安全策略	3	8.49	2
		资产分类与控制	2	5.66	1
		人员安全	3	8.49	2
		机房设备管理	2	5.66	1
误操作	2	访问控制	3	8.49	2
		通信与操作管理	3	8.49	2
		备份恢复机制	3	8.49	2
内部人员个人信息丢失	2	安全策略	3	8.49	2
		组织安全解决能力	3	8.49	2
		人员安全	3	8.49	2

续表

资产名称:书目数据　资产价值:4					
威胁	威胁值	脆弱性	脆弱性值	风险值	风险等级
硬件维护、保养不当	2	组织安全解决能力	3	8.49	2
		资产分类与控制	2	5.66	1
		安全策略	3	8.49	2
不能或错误地响应和恢复	2	组织安全解决能力	3	8.49	2
		交易完整性	2	5.66	1
		协议安全	2	5.66	1
		安全策略	3	8.49	2
		数据完整性	2	5.66	1

资产名称:用户信息数据　资产价值:4					
威胁	威胁值	脆弱性	脆弱性值	风险值	风险等级
存储介质故障	3	机房区域防护	2	6.93	2
		机房设备管理	2	6.93	2
		安全策略	3	10.39	2
计算机设备故障	2	机房设备管理	2	5.66	1
		安全策略	3	8.49	2
		机房区域防护	2	5.66	1
办公地点被非授权的控制	2	机房区域防护	2	5.66	1
窃取信息	2	机房区域防护	2	5.66	1
远程文件访问	2	数据库网络和服务设置	2	5.66	1
		数据库鉴别机制	2	5.66	1
		数据库口令机制	3	8.49	2
		数据库访问控制	3	8.49	2
		数据库审计机制	1	2.83	1
		资源共享	2	5.66	1
数据传输或电话被监听	2	通信与操作管理	3	8.49	2
		系统网络安全	3	8.49	2
		数据库访问控制	3	8.49	2
		物理和环境安全	3	8.49	2
侦察	2	数据库访问控制	3	8.49	2
		数据库网络和服务设置	2	5.66	1
		数据库补丁安装	3	8.49	2

续表

资产名称:用户信息数据　资产价值:4					
威胁	威胁值	脆弱性	脆弱性值	风险值	风险等级
社会工程学攻击	2	安全策略	3	8.49	2
		人员安全	3	8.49	2
内部员工蓄意破坏	2	人员安全	3	8.49	2
		物理和环境安全	3	8.49	2
		访问控制	3	8.49	2
		机房区域防护	2	5.66	1
		系统管理	1	2.83	1
		机房设备管理	2	5.66	1
		组织安全解决能力	3	8.49	2
		安全策略	3	8.49	2
		备份恢复机制	3	8.49	2
未授权人员引用或带出数据	2	安全策略	3	8.49	2
		资产分类与控制	2	5.66	1
		人员安全	3	8.49	2
		机房设备管理	2	5.66	1
泄露重要信息	2	安全策略	3	8.49	2
		人员安全	3	8.49	2
误操作	2	备份恢复机制	3	8.49	2
		访问控制	3	8.49	2
		通信与操作管理	3	8.49	2
内部人员个人信息丢失	2	人员安全	3	8.49	2
		组织安全解决能力	3	8.49	2
		安全策略	3	8.49	2
硬件维护、保养不当	2	组织安全解决能力	3	8.49	2
		资产分类与控制	2	5.66	1
		安全策略	3	8.49	2
不能或错误地响应和恢复	2	交易完整性	2	5.66	1
		安全策略	3	8.49	2
		协议安全	2	5.66	1
		数据完整性	2	5.66	1
		组织安全解决能力	3	8.49	2
分析信息流	2	数据库网络和服务设置	2	5.66	1
		数据库审计机制	1	2.83	1
		数据库补丁安装	3	8.49	2

威胁	威胁值	脆弱性	脆弱性	风险值	风险等级
资产名称:系统源代码、文档等　资产价值:4					
存储介质故障	3	机房区域防护	2	6.93	2
		机房设备管理	2	6.93	2
		安全策略	3	10.39	2
计算机设备故障	2	机房设备管理	2	5.66	1
		安全策略	3	8.49	2
		机房区域防护	2	5.66	1
偷窃	2	机房区域防护	2	5.66	1
办公地点被非授权的控制	2	机房区域防护	2	5.66	1
窃取信息	2	机房区域防护	2	5.66	1
远程文件访问	2	资源共享	2	5.66	1
		数据库访问控制	3	8.49	2
		数据库口令机制	3	8.49	2
		数据库鉴别机制	2	5.66	1
		数据库网络和服务设置	2	5.66	1
		数据库审计机制	1	2.83	1
数据传输或电话被监听	2	物理和环境安全	3	8.49	2
		通信与操作管理	3	8.49	2
		系统网络安全	3	8.49	2
		数据库访问控制	3	8.49	2
内部员工蓄意破坏	2	物理和环境安全	3	8.49	2
		人员安全	3	8.49	2
		访问控制	3	8.49	2
		机房区域防护	2	5.66	1
		系统管理	1	2.83	1
		机房设备管理	2	5.66	1
		安全策略	3	8.49	2
		备份恢复机制	3	8.49	2
		组织安全解决能力	3	8.49	2
未授权人员引用或带出数据	2	机房设备管理	2	5.66	1
		人员安全	3	8.49	2
		资产分类与控制	2	5.66	1
		安全策略	3	8.49	2

续表

资产名称:系统源代码、文档等　资产价值:4					
威胁	威胁值	脆弱性	脆弱性	风险值	风险等级
泄露重要信息	2	安全策略	3	8.49	2
		人员安全	3	8.49	2
误操作	2	访问控制	3	8.49	2
		通信与操作管理	3	8.49	2
		备份恢复机制	3	8.49	2
内部人员个人信息丢失	2	人员安全	3	8.49	2
		安全策略	3	8.49	2
		组织安全解决能力	3	8.49	2
硬件维护、保养不当	2	安全策略	3	8.49	2
		组织安全解决能力	3	8.49	2
		资产分类与控制	2	5.66	1
不能或错误地响应和恢复	2	安全策略	3	8.49	2
		协议安全	2	5.66	1
		数据完整性	2	5.66	1
		组织安全解决能力	3	8.49	2
		交易完整性	2	5.66	1

资产名称:查新报告　资产价值:4					
威胁	威胁值	脆弱性	脆弱性	风险值	风险等级
地震	2	机房抗震	2	5.66	1
火灾	2	机房防火	2	5.66	1
洪灾	2	机房抗洪	2	5.66	1
暴风雨	2	机房防暴风雨	2	5.66	1
雷电	2	机房接地与防雷	1	2.83	1
存储介质故障	3	机房区域防护	2	6.93	2
		机房设备管理	2	6.93	2
		安全策略	3	10.39	2
计算机设备故障	2	机房设备管理	2	5.66	1
		安全策略	3	8.49	2
		机房区域防护	2	5.66	1
恶意破坏	2	机房区域防护	2	5.66	1
办公地点被非授权的控制	2	机房区域防护	2	5.66	1

续表

威胁	威胁值	脆弱性	脆弱性	风险值	风险等级
资产名称:查新报告　资产价值:4					
远程文件访问	2	资源共享	2	5.66	1
		数据库访问控制	3	8.49	2
		数据库口令机制	3	8.49	2
		数据库鉴别机制	2	5.66	1
		数据库网络和服务设置	2	5.66	1
		数据库审计机制	1	2.83	1
内部员工蓄意破坏	2	机房区域防护	2	5.66	1
		物理和环境安全	3	8.49	2
		备份恢复机制	3	8.49	2
		访问控制	3	8.49	2
		机房设备管理	2	5.66	1
		组织安全解决能力	3	8.49	2
		安全策略	3	8.49	2
		人员安全	3	8.49	2
		系统管理	1	2.83	1
泄露重要信息	2	安全策略	3	8.49	2
		人员安全	3	8.49	2
误操作	2	访问控制	3	8.49	2
		通信与操作管理	3	8.49	2
		备份恢复机制	3	8.49	2
内部人员个人信息丢失	2	安全策略	3	8.49	2
		组织安全解决能力	3	8.49	2
		人员安全	3	8.49	2
硬件维护、保养不当	2	组织安全解决能力	3	8.49	2
		资产分类与控制	2	5.66	1
		安全策略	3	8.49	2
不能或错误地响应和恢复	2	安全策略	3	8.49	2
		协议安全	2	5.66	1
		数据完整性	2	5.66	1
		组织安全解决能力	3	8.49	2
		交易完整性	2	5.66	1

资产名称:各类合同　资产价值:4					
威胁	威胁值	脆弱性	脆弱性	风险值	风险等级
地震	2	机房抗震	2	5.66	1
火灾	2	机房防火	2	5.66	1
洪灾	2	机房抗洪	2	5.66	1
暴风雨	2	机房防暴风雨	2	5.66	1
雷电	2	机房接地与防雷	1	2.83	1
存储介质故障	3	机房区域防护	2	6.93	2
		机房设备管理	2	6.93	2
		安全策略	3	10.39	2
计算机设备故障	2	机房设备管理	2	5.66	1
		安全策略	3	8.49	2
		机房区域防护	2	5.66	1
偷窃	2	机房区域防护	2	5.66	1
恶意破坏	2	机房区域防护	2	5.66	1
办公地点被非授权的控制	2	机房区域防护	2	5.66	1
窃取信息	2	机房区域防护	2	5.66	1
远程文件访问	2	数据库审计机制	1	2.83	1
		资源共享	2	5.66	1
		数据库访问控制	3	8.49	2
		数据库口令机制	3	8.49	2
		数据库鉴别机制	2	5.66	1
		数据库网络和服务设置	2	5.66	1
数据传输或电话被监听	2	数据库访问控制	3	8.49	2
		物理和环境安全	3	8.49	2
		通信与操作管理	3	8.49	2
		系统网络安全	3	8.49	2
侦察	2	数据库访问控制	3	8.49	2
		数据库补丁安装	3	8.49	2
		数据库网络和服务设置	2	5.66	1
社会工程学攻击	2	安全策略	3	8.49	2
		人员安全	3	8.49	2

续表

资产名称:各类合同　资产价值:4					
威胁	威胁值	脆弱性	脆弱性	风险值	风险等级
内部员工蓄意破坏	2	系统管理	1	2.83	1
		备份恢复机制	3	8.49	2
		物理和环境安全	3	8.49	2
		人员安全	3	8.49	2
		机房区域防护	2	5.66	1
		机房设备管理	2	5.66	1
		组织安全解决能力	3	8.49	2
		安全策略	3	8.49	2
		访问控制	3	8.49	2
未授权人员引用或带出数据	2	安全策略	3	8.49	2
		资产分类与控制	2	5.66	1
		人员安全	3	8.49	2
		机房设备管理	2	5.66	1
泄露重要信息	2	安全策略	3	8.49	2
		人员安全	3	8.49	2
误操作	2	访问控制	3	8.49	2
		备份恢复机制	3	8.49	2
		通信与操作管理	3	8.49	2
移动设备丢失	3	安全策略	3	10.39	2
		资产分类与控制	2	6.93	2
内部人员个人信息丢失	2	安全策略	3	8.49	2
		组织安全解决能力	3	8.49	2
		人员安全	3	8.49	2
不能或错误地响应和恢复	2	组织安全解决能力	3	8.49	2
		交易完整性	2	5.66	1
		数据完整性	2	5.66	1
		协议安全	2	5.66	1
		安全策略	3	8.49	2

资产名称:用户资料 资产价值:4

威胁	威胁值	脆弱性	脆弱性	风险值	风险等级
存储介质故障	3	机房设备管理	2	6.93	2
		安全策略	3	10.39	2
		机房区域防护	2	6.93	2
计算机设备故障	2	机房设备管理	2	5.66	1
		安全策略	3	8.49	2
		机房区域防护	2	5.66	1
办公地点被非授权的控制	2	机房区域防护	2	5.66	1
窃取信息	2	机房区域防护	2	5.66	1
远程文件访问	2	数据库审计机制	1	2.83	1
		数据库网络和服务设置	2	5.66	1
		数据库鉴别机制	2	5.66	1
		资源共享	2	5.66	1
		数据库口令机制	3	8.49	2
		数据库访问控制	3	8.49	2
数据传输或电话被监听	2	通信与操作管理	3	8.49	2
		系统网络安全	3	8.49	2
		数据库访问控制	3	8.49	2
		物理和环境安全	3	8.49	2
侦察	2	数据库访问控制	3	8.49	2
		数据库补丁安装	3	8.49	2
		数据库网络和服务设置	2	5.66	1
社会工程学攻击	2	安全策略	3	8.49	2
		人员安全	3	8.49	2
内部员工蓄意破坏	2	备份恢复机制	3	8.49	2
		组织安全解决能力	3	8.49	2
		机房设备管理	2	5.66	1
		系统管理	1	2.83	1
		机房区域防护	2	5.66	1
		访问控制	3	8.49	2
		人员安全	3	8.49	2
		物理和环境安全	3	8.49	2
		安全策略	3	8.49	2

续表

资产名称:用户资料　　资产价值:4					
威胁	威胁值	脆弱性	脆弱性	风险值	风险等级
未授权人员引用或带出数据	2	机房设备管理	2	5.66	1
		人员安全	3	8.49	2
		资产分类与控制	2	5.66	1
		安全策略	3	8.49	2
泄露重要信息	2	安全策略	3	8.49	2
		人员安全	3	8.49	2
误操作	2	访问控制	3	8.49	2
		通信与操作管理	3	8.49	2
		备份恢复机制	3	8.49	2
内部人员个人信息丢失	2	组织安全解决能力	3	8.49	2
		人员安全	3	8.49	2
		安全策略	3	8.49	2
硬件维护、保养不当	2	资产分类与控制	2	5.66	1
		安全策略	3	8.49	2
		组织安全解决能力	3	8.49	2
不能或错误地响应和恢复	2	安全策略	3	8.49	2
		协议安全	2	5.66	1
		数据完整性	2	5.66	1
		组织安全解决能力	3	8.49	2
		交易完整性	2	5.66	1

资产名称:培训资料　　资产价值:3					
威胁	威胁值	脆弱性	脆弱性	风险值	风险等级
地震	2	机房抗震	2	4.90	1
火灾	2	机房防火	2	4.90	1
洪灾	2	机房抗洪	2	4.90	1
暴风雨	2	机房防暴风雨	2	4.90	1
雷电	2	机房接地与防雷	1	2.45	1
存储介质故障	3	机房区域防护	2	6.00	2
		机房设备管理	2	6.00	2
		安全策略	3	9.00	2

续表

<table>
<tr><th colspan="6">资产名称:培训资料　资产价值:3</th></tr>
<tr><th>威胁</th><th>威胁值</th><th>脆弱性</th><th>脆弱性</th><th>风险值</th><th>风险等级</th></tr>
<tr><td rowspan="3">计算机设备故障</td><td rowspan="3">2</td><td>机房区域防护</td><td>2</td><td>4.90</td><td>1</td></tr>
<tr><td>机房设备管理</td><td>2</td><td>4.90</td><td>1</td></tr>
<tr><td>安全策略</td><td>3</td><td>7.35</td><td>2</td></tr>
<tr><td rowspan="9">内部员工蓄意破坏</td><td rowspan="9">2</td><td>备份恢复机制</td><td>3</td><td>7.35</td><td>2</td></tr>
<tr><td>物理和环境安全</td><td>3</td><td>7.35</td><td>2</td></tr>
<tr><td>人员安全</td><td>3</td><td>7.35</td><td>2</td></tr>
<tr><td>访问控制</td><td>3</td><td>7.35</td><td>2</td></tr>
<tr><td>机房区域防护</td><td>2</td><td>4.90</td><td>1</td></tr>
<tr><td>系统管理</td><td>1</td><td>2.45</td><td>1</td></tr>
<tr><td>机房设备管理</td><td>2</td><td>4.90</td><td>1</td></tr>
<tr><td>安全策略</td><td>3</td><td>7.35</td><td>2</td></tr>
<tr><td>组织安全解决能力</td><td>3</td><td>7.35</td><td>2</td></tr>
<tr><td rowspan="4">未授权人员引用或带出数据</td><td rowspan="4">2</td><td>机房设备管理</td><td>2</td><td>4.90</td><td>1</td></tr>
<tr><td>人员安全</td><td>3</td><td>7.35</td><td>2</td></tr>
<tr><td>资产分类与控制</td><td>2</td><td>4.90</td><td>1</td></tr>
<tr><td>安全策略</td><td>3</td><td>7.35</td><td>2</td></tr>
<tr><td rowspan="3">误操作</td><td rowspan="3">2</td><td>通信与操作管理</td><td>3</td><td>7.35</td><td>2</td></tr>
<tr><td>备份恢复机制</td><td>3</td><td>7.35</td><td>2</td></tr>
<tr><td>访问控制</td><td>3</td><td>7.35</td><td>2</td></tr>
<tr><td rowspan="2">移动设备丢失</td><td rowspan="2">3</td><td>安全策略</td><td>3</td><td>9.00</td><td>2</td></tr>
<tr><td>资产分类与控制</td><td>2</td><td>6.00</td><td>2</td></tr>
<tr><td rowspan="3">内部人员个人信息丢失</td><td rowspan="3">2</td><td>安全策略</td><td>3</td><td>7.35</td><td>2</td></tr>
<tr><td>组织安全解决能力</td><td>3</td><td>7.35</td><td>2</td></tr>
<tr><td>人员安全</td><td>3</td><td>7.35</td><td>2</td></tr>
<tr><td rowspan="3">硬件维护、保养不当</td><td rowspan="3">2</td><td>资产分类与控制</td><td>2</td><td>4.90</td><td>1</td></tr>
<tr><td>安全策略</td><td>3</td><td>7.35</td><td>2</td></tr>
<tr><td>组织安全解决能力</td><td>3</td><td>7.35</td><td>2</td></tr>
<tr><td rowspan="5">不能或错误地响应和恢复</td><td rowspan="5">2</td><td>协议安全</td><td>2</td><td>4.90</td><td>1</td></tr>
<tr><td>数据完整性</td><td>2</td><td>4.90</td><td>1</td></tr>
<tr><td>组织安全解决能力</td><td>3</td><td>7.35</td><td>2</td></tr>
<tr><td>交易完整性</td><td>2</td><td>4.90</td><td>1</td></tr>
<tr><td>安全策略</td><td>3</td><td>7.35</td><td>2</td></tr>
</table>

资产名称:规章制度　资产价值:3					
威胁	威胁值	脆弱性	脆弱性	风险值	风险等级
地震	2	机房抗震	2	4.90	1
火灾	2	机房防火	2	4.90	1
洪灾	2	机房抗洪	2	4.90	1
暴风雨	2	机房防暴风雨	2	4.90	1
雷电	2	机房接地与防雷	1	2.45	1
存储介质故障	3	安全策略	3	9.00	2
		机房区域防护	2	6.00	2
		机房设备管理	2	6.00	2
计算机设备故障	2	机房设备管理	2	4.90	1
		安全策略	3	7.35	2
		机房区域防护	2	4.90	1

资产名称:档案与函件　资产价值:4					
威胁	威胁值	脆弱性	脆弱性	风险值	风险等级
地震	2	机房抗震	2	5.66	1
火灾	2	机房防火	2	5.66	1
洪灾	2	机房抗洪	2	5.66	1
暴风雨	2	机房防暴风雨	2	5.66	1
雷电	2	机房接地与防雷	1	2.83	1
存储介质故障	3	机房区域防护	2	6.93	2
		机房设备管理	2	6.93	2
		安全策略	3	10.39	2
计算机设备故障	2	机房设备管理	2	5.66	1
		安全策略	3	8.49	2
		机房区域防护	2	5.66	1
偷窃	2	机房区域防护	2	5.66	1
恶意破坏	2	机房区域防护	2	5.66	1
办公地点被非授权的控制	2	机房区域防护	2	5.66	1
窃取信息	2	机房区域防护	2	5.66	1
未授权人员引用或带出数据	2	安全策略	3	8.49	2
		机房设备管理	2	5.66	1
		人员安全	3	8.49	2
		资产分类与控制	2	5.66	1

续表

资产名称:档案与函件　资产价值:4					
威胁	威胁值	脆弱性	脆弱性	风险值	风险等级
泄露重要信息	2	安全策略	3	8.49	2
		人员安全	3	8.49	2

资产名称:基础设施——供电设施　资产价值:4					
威胁	威胁值	脆弱性	脆弱性	风险值	风险等级
地震	2	机房抗震	2	5.66	1
火灾	2	机房防火	2	5.66	1
洪灾	2	机房抗洪	2	5.66	1
暴风雨	3	机房防暴风雨	2	6.93	2
雷电	2	机房接地与防雷	1	2.83	1
温度异常	2	机房防潮、除湿	2	5.66	1
湿度异常		机房防潮、除湿	2	5.66	1
灰尘	2	机房防灰尘	2	5.66	1
静电	2	机房防静电	2	5.66	1
电磁干扰	2	电磁防护	2	5.66	1
偷窃	2	机房区域防护	2	5.66	1
恶意破坏	2	机房区域防护	2	5.66	1
内部员工蓄意破坏	2	访问控制	3	8.49	2
		组织安全解决能力	3	8.49	2
		备份恢复机制	3	8.49	2
		物理和环境安全	3	8.49	2
		人员安全	3	8.49	2
		安全策略	3	8.49	2
		机房设备管理	2	5.66	1
		系统管理	1	2.83	1
		机房区域防护	2	5.66	1
不遵守安全策略	2	组织安全解决能力	3	8.49	2
		安全策略	3	8.49	2
		人员安全	3	8.49	2
误操作	2	备份恢复机制	3	8.49	2
		访问控制	3	8.49	2
		通信与操作管理	3	8.49	2

续表

资产名称:基础设施——供电设施 资产价值:4					
威胁	威胁值	脆弱性	脆弱性	风险值	风险等级
硬件维护、保养不当	2	安全策略	3	8.49	2
		组织安全解决能力	3	8.49	2
		资产分类与控制	2	5.66	1
不能或错误地响应和恢复	2	安全策略	3	8.49	2
		协议安全	2	5.66	1
		数据完整性	2	5.66	1
		组织安全解决能力	3	8.49	2
		交易完整性	2	5.66	1
供应故障	2	组织安全解决能力	3	8.49	2
管理运营失误	2	人员安全	3	8.49	2
		安全策略	3	8.49	2
		组织安全解决能力	3	8.49	2
关键员工离职	2	组织安全解决能力	3	8.49	2
		安全策略	3	8.49	2

资产名称:基础设施——空调设施 资产价值:4					
威胁	威胁值	脆弱性	脆弱性	风险值	风险等级
地震	2	机房抗震	2	5.66	1
火灾	2	机房防火	2	5.66	1
洪灾	2	机房抗洪	2	5.66	1
暴风雨	3	机房防暴风雨	2	6.93	2
雷电	2	机房接地与防雷	1	2.83	1
温度异常	2	机房防潮、除湿	2	5.66	1
湿度异常	2	机房防潮、除湿	2	5.66	1
灰尘	2	机房防灰尘	2	5.66	1
静电	2	机房防静电	2	5.66	1
电磁干扰	2	电磁防护	2	5.66	1
偷窃	2	机房区域防护	2	5.66	1
恶意破坏	2	机房区域防护	2	5.66	1

续表

资产名称:基础设施——空调设施　资产价值:4						
威胁	威胁值	脆弱性	脆弱性	风险值	风险等级	
内部员工蓄意破坏	2	机房区域防护	2	5.66	1	
		人员安全	3	8.49	2	
		物理和环境安全	3	8.49	2	
		访问控制	3	8.49	2	
		机房设备管理	2	5.66	1	
		安全策略	3	8.49	2	
		组织安全解决能力	3	8.49	2	
		备份恢复机制	3	8.49	2	
		系统管理	1	2.83	1	
不遵守安全策略	2	组织安全解决能力	3	8.49	2	
		安全策略	3	8.49	2	
		人员安全	3	8.49	2	
误操作	2	备份恢复机制	3	8.49	2	
		访问控制	3	8.49	2	
		通信与操作管理	3	8.49	2	
硬件维护、保养不当	2	安全策略	3	8.49	2	
		组织安全解决能力	3	8.49	2	
		资产分类与控制	2	5.66	1	
不能或错误地响应和恢复	2	安全策略	3	8.49	2	
		协议安全	2	5.66	1	
		数据完整性	2	5.66	1	
		组织安全解决能力	3	8.49	2	
		交易完整性	2	5.66	1	
供应故障	2	组织安全解决能力	3	8.49	2	
管理运营失误	2	安全策略	3	8.49	2	
		人员安全	3	8.49	2	
		组织安全解决能力	3	8.49	2	

资产名称:基础设施——消防设施　资产价值:4				
威胁	威胁值	脆弱性	脆弱性	风险值	风险等级
地震	2	机房抗震	2	5.66	1
火灾	2	机房防火	2	5.66	1
洪灾	2	机房抗洪	2	5.66	1
暴风雨	3	机房防暴风雨	2	6.93	2

续表

资产名称:基础设施——消防设施　资产价值:4					
威胁	威胁值	脆弱性	脆弱性	风险值	风险等级
雷电	2	机房接地与防雷	1	2.83	1
温度异常	2	机房防潮、除湿	2	5.66	1
湿度异常	2	机房防潮、除湿	2	5.66	1
灰尘	2	机房防灰尘	2	5.66	1
静电	2	机房防静电	2	5.66	1
电磁干扰	2	电磁防护	2	5.66	1
偷窃	2	机房区域防护	2	5.66	1
恶意破坏	2	机房区域防护	2	5.66	1
内部员工蓄意破坏	2	组织安全解决能力	3	8.49	2
		机房设备管理	2	5.66	1
		系统管理	1	2.83	1
		机房区域防护	2	5.66	1
		访问控制	3	8.49	2
		人员安全	3	8.49	2
		物理和环境安全	3	8.49	2
		备份恢复机制	3	8.49	2
		安全策略	3	8.49	2
不遵守安全策略	2	人员安全	3	8.49	2
		安全策略	3	8.49	2
		组织安全解决能力	3	8.49	2
误操作	2	通信与操作管理	3	8.49	2
		备份恢复机制	3	8.49	2
		访问控制	3	8.49	2
硬件维护、保养不当	2	组织安全解决能力	3	8.49	2
		资产分类与控制	2	5.66	1
		安全策略	3	8.49	2
不能或错误地响应和恢复	2	组织安全解决能力	3	8.49	2
		交易完整性	2	5.66	1
		数据完整性	2	5.66	1
		协议安全	2	5.66	1
		安全策略	3	8.49	2
供应故障	2	组织安全解决能力	3	8.49	2
管理运营失误	2	人员安全	3	8.49	2
		组织安全解决能力	3	8.49	2
		安全策略	3	8.49	2

资产名称:基础设施——防雷设施　资产价值:3					
威胁	威胁值	脆弱性	脆弱性	风险值	风险等级
地震	2	机房抗震	2	4.90	1
火灾	2	机房防火	2	4.90	1
洪灾	2	机房抗洪	2	4.90	1
暴风雨	3	机房防暴风雨	2	6.00	2
雷电	2	机房接地与防雷	1	2.45	1
温度异常	2	机房防潮、除湿	2	4.90	1
湿度异常	2	机房防潮、除湿	2	4.90	1
灰尘	2	机房防灰尘	2	4.90	1
静电	2	机房防静电	2	4.90	1
电磁干扰	2	电磁防护	2	4.90	1
偷窃	2	机房区域防护	2	4.90	1
恶意破坏	2	机房区域防护	2	4.90	1
内部员工蓄意破坏	2	人机房区域防护	2	4.90	1
		备份恢复机制	3	7.35	2
		物理和环境安全	3	7.35	2
		访问控制	3	7.35	2
		系统管理	1	2.45	1
		机房设备管理	2	4.90	1
		组织安全解决能力	3	7.35	2
		安全策略	3	7.35	2
		人员安全	3	7.35	2
不遵守安全策略	2	人组织安全解决能力	3	7.35	2
		安全策略	3	7.35	2
		人员安全	3	7.35	2
误操作	2	人备份恢复机制	3	7.35	2
		访问控制	3	7.35	2
		通信与操作管理	3	7.35	2
硬件维护、保养不当	2	人安全策略	3	7.35	2
		资产分类与控制	2	4.90	1
		组织安全解决能力	3	7.35	2

续表

资产名称:基础设施——防雷设施　资产价值:3					
威胁	威胁值	脆弱性	脆弱性	风险值	风险等级
不能或错误地响应和恢复	2	人安全策略	3	7.35	2
		协议安全	2	4.90	1
		数据完整性	2	4.90	1
		组织安全解决能力	3	7.35	2
		交易完整性	2	4.90	1
供应故障	2	组织安全解决能力	3	7.35	2
管理运营失误	2	人组织安全解决能力	3	7.35	2
		安全策略	3	7.35	2
		人员安全	3	7.35	2

资产名称:基础设施——防静电设施　资产价值:3					
威胁	威胁值	脆弱性	脆弱性	风险值	风险等级
地震	2	机房抗震	2	4.90	1
火灾	2	机房防火	2	4.90	1
洪灾	2	机房抗洪	2	4.90	1
暴风雨	3	机房防暴风雨	2	6.00	2
雷电	2	机房接地与防雷	1	2.45	1
温度异常	2	机房防潮、除湿	2	4.90	1
湿度异常	2	机房防潮、除湿	2	4.90	1
灰尘	2	机房防灰尘	2	4.90	1
静电	2	机房防静电	2	4.90	1
电磁干扰	2	电磁防护	2	4.90	1
偷窃	2	机房区域防护	2	4.90	1
恶意破坏	2	机房区域防护	2	4.90	1
内部员工蓄意破坏	2	人备份恢复机制	3	7.35	2
		安全策略	3	7.35	2
		组织安全解决能力	3	7.35	2
		机房设备管理	2	4.90	1
		系统管理	1	2.45	1
		机房区域防护	2	4.90	1
		访问控制	3	7.35	2
		人员安全	3	7.35	2
		物理和环境安全	3	7.35	2

续表

威胁	威胁值	脆弱性	脆弱性	风险值	风险等级
		资产名称:基础设施——防静电设施　资产价值:3			
不遵守 安全策略	2	人员安全	3	7.35	2
		组织安全解决能力	3	7.35	2
		安全策略	3	7.35	2
误操作	2	访问控制	3	7.35	2
		通信与操作管理	3	7.35	2
		备份恢复机制	3	7.35	2
硬件维护、 保养不当	2	安全策略	3	7.35	2
		组织安全解决能力	3	7.35	2
		资产分类与控制	2	4.90	1
不能或错误地 响应和恢复	2	组织安全解决能力	3	7.35	2
		交易完整性	2	4.90	1
		协议安全	2	4.90	1
		安全策略	3	7.35	2
		数据完整性	2	4.90	1
供应故障	2	组织安全解决能力	3	7.35	2
管理运营失误	2	人员安全	3	7.35	2
		组织安全解决能力	3	7.35	2
		安全策略	3	7.35	2
		资产名称:网络设备——交换机　资产价值:4			
威胁	威胁值	脆弱性	脆弱性	风险值	风险等级
地震	2	机房抗震	2	5.66	1
火灾	2	机房防火	2	5.66	1
洪灾	2	机房抗洪	2	5.66	1
暴风雨	2	机房防暴风雨	2	5.66	1
雷电	3	机房接地与防雷	1	3.46	1
温度异常	2	机房防潮、除湿	2	5.66	1
湿度异常	2	机房防潮、除湿	2	5.66	1
灰尘	2	机房防灰尘	2	5.66	1
静电	2	机房防静电	2	5.66	1
电磁干扰	2	电磁防护	2	5.66	1

续表

资产名称:网络设备——交换机　资产价值:4					
威胁	威胁值	脆弱性	脆弱性	风险值	风险等级
电力故障	2	机房供配电	2	5.66	1
		机房设备管理	2	5.66	1
空调故障	2	机房设备管理	2	5.66	1
		机房供配电	2	5.66	1
偷窃	2	机房区域防护	2	5.66	1
恶意破坏	2	机房区域防护	2	5.66	1
密码口令攻击	3	软件访问控制策略	2	6.93	2
		软件鉴别机制	3	10.39	2
		系统口令策略	3	10.39	2
		系统用户账号	2	6.93	2
		软件密码保护	4	13.86	3
		系统访问控制	3	10.39	2
内部员工蓄意破坏	2	组织安全解决能力	3	8.49	2
		备份恢复机制	3	8.49	2
		物理和环境安全	3	8.49	2
		人员安全	3	8.49	2
		访问控制	3	8.49	2
		机房区域防护	2	5.66	1
		机房设备管理	2	5.66	1
		安全策略	3	8.49	2
		系统管理	1	2.83	1
不遵守安全策略	2	组织安全解决能力	3	8.49	2
		安全策略	3	8.49	2
		人员安全	3	8.49	2
误操作	2	访问控制	3	8.49	2
		备份恢复机制	3	8.49	2
		通信与操作管理	3	8.49	2
硬件维护、保养不当	2	组织安全解决能力	3	8.49	2
		资产分类与控制	2	5.66	1
		安全策略	3	8.49	2
供应故障	2	组织安全解决能力	3	8.49	2
管理运营失误	2	人员安全	3	8.49	2
		组织安全解决能力	3	8.49	2
		安全策略	3	8.49	2

威胁	威胁值	脆弱性	脆弱性	风险值	风险等级
地震	2	机房抗震	2	5.66	1
火灾	2	机房防火	2	5.66	1
洪灾	2	机房抗洪	2	5.66	1
暴风雨	2	机房防暴风雨	2	5.66	1
雷电	3	机房接地与防雷	1	3.46	1
温度异常	2	机房防潮、除湿	2	5.66	1
湿度异常	2	机房防潮、除湿	2	5.66	1
灰尘	2	机房防灰尘	2	5.66	1
静电	2	机房防静电	2	5.66	1
电磁干扰	2	电磁防护	2	5.66	1
电力故障	2	机房设备管理	2	5.66	1
		机房供配电	2	5.66	1
空调故障	2	机房设备管理	2	5.66	1
		机房供配电	2	5.66	1
偷窃	2	机房区域防护	2	5.66	1
恶意破坏	2	机房区域防护	2	5.66	1
内部员工蓄意破坏	2	人员安全	3	8.49	2
		物理和环境安全	3	8.49	2
		访问控制	3	8.49	2
		机房区域防护	2	5.66	1
		系统管理	1	2.83	1
		机房设备管理	2	5.66	1
		组织安全解决能力	3	8.49	2
		安全策略	3	8.49	2
		备份恢复机制	3	8.49	2
不遵守安全策略	2	组织安全解决能力	3	8.49	2
		安全策略	3	8.49	2
		人员安全	3	8.49	2
硬件维护、保养不当	2	组织安全解决能力	3	8.49	2
		资产分类与控制	2	5.66	1
		安全策略	3	8.49	2
供应故障	2	组织安全解决能力	3	8.49	2

资产名称:网络设备——路由器 资产价值:4

资产名称:网络设备——调制解调器　资产价值:4					
威胁	威胁值	脆弱性	脆弱性	风险值	风险等级
地震	2	机房抗震	2	5.66	1
火灾	2	机房防火	2	5.66	1
洪灾	2	机房抗洪	2	5.66	1
暴风雨	2	机房防暴风雨	2	5.66	1
雷电	3	机房接地与防雷	1	3.46	1
温度异常	2	机房防潮、除湿	1	2.83	1
湿度异常	2	机房防潮、除湿	1	2.83	1
灰尘	2	机房防灰尘	2	5.66	1
静电	2	机房防静电	2	5.66	1
电磁干扰	2	电磁防护	2	5.66	1
电力故障	2	机房供配电	2	5.66	1
		机房设备管理	2	5.66	1
空调故障	2	机房设备管理	2	5.66	1
		机房供配电	2	5.66	1
偷窃	2	机房区域防护	2	5.66	1
恶意破坏	2	机房区域防护	2	5.66	1
内部员工蓄意破坏	2	机房区域防护	2	5.66	1
		人员安全	3	8.49	2
		物理和环境安全	3	8.49	2
		访问控制	3	8.49	2
		机房设备管理	2	5.66	1
		备份恢复机制	3	8.49	2
		组织安全解决能力	3	8.49	2
		安全策略	3	8.49	2
		系统管理	1	2.83	1
不遵守安全策略	2	组织安全解决能力	3	8.49	2
		安全策略	3	8.49	2
		人员安全	3	8.49	2
硬件维护、保养不当	2	组织安全解决能力	3	8.49	2
		资产分类与控制	2	5.66	1
		安全策略	3	8.49	2
供应故障	2	组织安全解决能力	3	8.49	2

资产名称:网络设备——无线设备　资产价值:4					
威胁	威胁值	脆弱性	脆弱性	风险值	风险等级
地震	2	机房抗震	2	5.66	1
火灾	2	机房防火	2	5.66	1
洪灾	2	机房抗洪	2	5.66	1
暴风雨	2	机房防暴风雨	2	5.66	1
雷电	3	机房接地与防雷	1	3.46	1
温度异常	2	机房防潮、除湿	2	5.66	1
湿度异常	2	机房防潮、除湿	2	5.66	1
灰尘	2	机房防灰尘	2	5.66	1
静电	2	机房防静电	2	5.66	1
电磁干扰	2	电磁防护	2	5.66	1
电力故障	2	机房设备管理	2	5.66	1
		机房供配电	2	5.66	1
空调故障	2	机房设备管理	2	5.66	1
		机房供配电	2	5.66	1
偷窃	2	机房区域防护	2	5.66	1
恶意破坏	2	机房区域防护	2	5.66	1
内部员工蓄意破坏	2	访问控制	3	8.49	2
		备份恢复机制	3	8.49	2
		人员安全	3	8.49	2
		机房区域防护	2	5.66	1
		系统管理	1	2.83	1
		机房设备管理	2	5.66	1
		组织安全解决能力	3	8.49	2
		安全策略	3	8.49	2
		物理和环境安全	3	8.49	2
不遵守安全策略	2	组织安全解决能力	3	8.49	2
		安全策略	3	8.49	2
		人员安全	3	8.49	2
误操作	2	访问控制	3	8.49	2
		通信与操作管理	3	8.49	2
		备份恢复机制	3	8.49	2
硬件维护、保养不当	2	资产分类与控制	2	5.66	1
		安全策略	3	8.49	2
		组织安全解决能力	3	8.49	2
供应故障	2	组织安全解决能力	3	8.49	2

资产名称:计算机设备——台式机　资产价值:4					
威胁	威胁值	脆弱性	脆弱性	风险值	风险等级
地震	2	机房抗震	2	5.66	1
火灾	2	机房防火	2	5.66	1
洪灾	2	机房抗洪	2	5.66	1
暴风雨	3	机房防暴风雨	2	6.93	2
雷电	3	机房接地与防雷	1	3.46	1
温度异常	2	机房防潮、除湿	2	5.66	1
湿度异常	2	机房防潮、除湿	2	5.66	1
灰尘	2	机房防灰尘	2	5.66	1
静电	2	机房防静电	2	5.66	1
电磁干扰	2	电磁防护	2	5.66	1
电力故障	2	机房供配电	2	5.66	1
		机房设备管理	2	5.66	1
空调故障	2	机房供配电	2	5.66	1
		机房设备管理	2	5.66	1
偷窃	3	机房区域防护	2	6.93	2
恶意破坏	3	机房区域防护	2	6.93	2
破坏性攻击	3	物理和环境安全	3	10.39	2
		数据完整性	2	6.93	2
		通信与操作管理	3	10.39	2
		业务连续性	3	10.39	2
		交易完整性	2	6.93	2
		协议安全	2	6.93	2
		访问控制	3	10.39	2
恶意代码	3	系统网络安全	3	10.39	2
		系统补丁安装	2	6.93	2
		网络设备安全配置情况	3	10.39	2
漏洞探测利用	2	系统网络安全	3	8.49	2
		系统注册表加固	3	8.49	2
		网络设备安全配置情况	3	8.49	2
		系统补丁安装	2	5.66	1

续表

资产名称:计算机设备——台式机　资产价值:4					
威胁	威胁值	脆弱性	脆弱性	风险值	风险等级
内部员工蓄意破坏	2	物理和环境安全	3	8.49	2
		备份恢复机制	3	8.49	2
		人员安全	3	8.49	2
		访问控制	3	8.49	2
		机房区域防护	2	5.66	1
		系统管理	1	2.83	1
		机房设备管理	2	5.66	1
		组织安全解决能力	3	8.49	2
		安全策略	3	8.49	2
不遵守安全策略	2	安全策略	3	8.49	2
		人员安全	3	8.49	2
		组织安全解决能力	3	8.49	2
误操作	2	访问控制	3	8.49	2
		通信与操作管理	3	8.49	2
		备份恢复机制	3	8.49	2
不恰当的配置和操作	2	通信与操作管理	3	8.49	2
		访问控制	3	8.49	2
		备份恢复机制	3	8.49	2
硬件维护、保养不当	2	组织安全解决能力	3	8.49	2
		安全策略	3	8.49	2
		资产分类与控制	2	5.66	1

资产名称:计算机设备——笔记本电脑　资产价值:3					
威胁	威胁值	脆弱性	脆弱性	风险值	风险等级
地震	2	机房抗震	2	4.90	1
火灾	2	机房防火	2	4.90	1
洪灾	2	机房抗洪	2	4.90	1
暴风雨	2	机房防暴风雨	2	4.90	1
雷电	2	机房接地与防雷	1	2.45	1
温度异常	2	机房防潮、除湿	2	4.90	1
湿度异常	2	机房防潮、除湿	2	4.90	1
灰尘	2	机房防灰尘	2	4.90	1
静电	2	机房防静电	2	4.90	1

续表

资产名称:计算机设备——笔记本电脑　　资产价值:3					
威胁	威胁值	脆弱性	脆弱性	风险值	风险等级
电磁干扰	2	电磁防护	2	4.90	1
电力故障	2	机房供配电	2	4.90	1
		机房设备管理	2	4.90	1
空调故障	2	机房供配电	2	4.90	1
		机房设备管理	2	4.90	1
偷窃	3	机房区域防护	2	6.00	2
恶意破坏	3	机房区域防护	2	6.00	2
破坏性攻击	3	通信与操作管理	3	9.00	2
		业务连续性	3	9.00	2
		物理和环境安全	3	9.00	2
		交易完整性	2	6.00	2
		协议安全	2	6.00	2
		访问控制	3	9.00	2
		数据完整性	2	6.00	2
恶意代码	3	系统网络安全	3	9.00	2
		系统补丁安装	2	6.00	2
		网络设备安全配置情况	3	9.00	2
漏洞探测利用	2	系统注册表加固	3	7.35	2
		网络设备安全配置情况	3	7.35	2
		系统补丁安装	2	4.90	1
		系统网络安全	3	7.35	2
内部员工蓄意破坏	2	备份恢复机制	3	7.35	2
		物理和环境安全	3	7.35	2
		人员安全	3	7.35	2
		访问控制	3	7.35	2
		机房区域防护	2	4.90	1
		系统管理	1	2.45	1
		机房设备管理	2	4.90	1
		安全策略	3	7.35	2
		组织安全解决能力	3	7.35	2
不遵守安全策略	2	人员安全	3	7.35	2
		安全策略	3	7.35	2
		组织安全解决能力	3	7.35	2

续表

资产名称:计算机设备——笔记本电脑　资产价值:3					
威胁	威胁值	脆弱性	脆弱性	风险值	风险等级
误操作	2	通信与操作管理	3	7.35	2
		备份恢复机制	3	7.35	2
		访问控制	3	7.35	2
不恰当的配置和操作	2	通信与操作管理	3	7.35	2
		访问控制	3	7.35	2
		备份恢复机制	3	7.35	2
硬件维护、保养不当	2	组织安全解决能力	3	7.35	2
		资产分类与控制	2	4.90	1
		安全策略	3	7.35	2

资产名称:计算机设备——服务器　资产价值:5					
威胁	威胁值	脆弱性	脆弱性	风险值	风险等级
地震	2	机房抗震	2	6.32	2
火灾	2	机房防火	2	6.32	2
洪灾	2	机房抗洪	2	6.32	2
暴风雨	2	机房防暴风雨	2	6.32	2
雷电	2	机房接地与防雷	1	3.16	1
温度异常	2	机房防潮、除湿	2	6.32	2
湿度异常	2	机房防潮、除湿	2	6.32	2
灰尘	2	机房防灰尘	2	6.32	2
静电	2	机房防静电	2	6.32	2
电磁干扰	2	电磁防护	2	6.32	2
电力故障	2	机房供配电	2	6.32	2
		机房设备管理	2	6.32	2
空调故障	2	机房供配电	2	6.32	2
		机房设备管理	2	6.32	2
通信故障	2	机房设备管理	2	6.32	2
		通信与操作管理	3	9.49	2
		网络设备安全配置情况	3	9.49	2
		内部访问控制策略	3	9.49	2
		外部访问控制策略	3	9.49	2
		通信线路保护	2	6.32	2
		机房区域防护	2	6.32	2

续表

资产名称:计算机设备——服务器　资产价值:5					
威胁	威胁值	脆弱性	脆弱性	风险值	风险等级
偷窃	2	机房区域防护	2	6.32	2
恶意破坏	2	机房区域防护	2	6.32	2
办公地点被非授权的控制	2	机房区域防护	2	6.32	2
密码口令攻击	3	软件鉴别机制	3	11.62	3
		系统访问控制	3	11.62	3
		软件密码保护	4	15.49	4
		系统口令策略	3	11.62	3
		软件访问控制策略	2	7.75	2
		系统用户账号	2	7.75	2
远程维护端口被非授权的使用	3	系统管理	1	3.87	1
		外部访问控制策略	3	11.62	3
		网络设备安全配置情况	3	11.62	3
		边界保护	2	7.75	2
		系统访问控制	3	11.62	3
		系统事件审计	2	7.75	2
破坏性攻击	2	通信与操作管理	3	9.49	2
		数据完整性	2	6.32	2
		物理和环境安全	3	9.49	2
		交易完整性	2	6.32	2
		协议安全	2	6.32	2
		访问控制	3	9.49	2
		业务连续性	3	9.49	2
未授权访问	3	内部访问控制策略	3	11.62	3
		访问控制	3	11.62	3
		系统口令策略	3	11.62	3
		外部访问控制策略	3	11.62	3
恶意代码	3	系统补丁安装	2	7.75	2
		网络设备安全配置情况	3	11.62	3
		系统网络安全	3	11.62	3
漏洞探测利用	2	系统补丁安装	2	6.32	2
		系统网络安全	3	9.49	2
		系统注册表加固	3	9.49	2
		网络设备安全配置情况	3	9.49	2

续表

资产名称:计算机设备——服务器　资产价值:5

威胁	威胁值	脆弱性	脆弱性	风险值	风险等级
恶意渗透、入侵和篡改等	3	访问控制	3	11.62	3
		系统网络安全	3	11.62	3
		网络设备安全配置情况	3	11.62	3
		系统注册表加固	3	11.62	3
		系统补丁安装	2	7.75	2
		系统事件审计	2	7.75	2
		协议安全	2	7.75	2
		业务连续性	3	11.62	3
		系统网络安全	3	11.62	3
		系统访问控制	3	11.62	3
权限提升	3	系统事件审计	2	7.75	2
		系统网络安全	3	11.62	3
		系统管理	1	3.87	1
		通信与操作管理	3	11.62	3
内部员工蓄意破坏	2	组织安全解决能力	3	9.49	2
		备份恢复机制	3	9.49	2
		物理和环境安全	3	9.49	2
		人员安全	3	9.49	2
		访问控制	3	9.49	2
		机房区域防护	2	6.32	2
		机房设备管理	2	6.32	2
		安全策略	3	9.49	2
		系统管理	1	3.16	1
不遵守安全策略	2	人员安全	3	9.49	2
		组织安全解决能力	3	9.49	2
		安全策略	3	9.49	2
误操作	2	备份恢复机制	3	9.49	2
		通信与操作管理	3	9.49	2
		访问控制	3	9.49	2
不恰当的配置和操作	2	通信与操作管理	3	9.49	2
		访问控制	3	9.49	2
		备份恢复机制	3	9.49	2

续表

资产名称:计算机设备——服务器 资产价值:5					
威胁	威胁值	脆弱性	脆弱性	风险值	风险等级
内部人员个人信息丢失	2	安全策略	3	9.49	2
		组织安全解决能力	3	9.49	2
		人员安全	3	9.49	2
硬件维护、保养不当	2	资产分类与控制	2	6.32	2
		安全策略	3	9.49	2
		组织安全解决能力	3	9.49	2
不能或错误地响应和恢复	2	协议安全	2	6.32	2
		数据完整性	2	6.32	2
		组织安全解决能力	3	9.49	2
		交易完整性	2	6.32	2
		安全策略	3	9.49	2
管理运营失误	2	人员安全	3	9.49	2
		组织安全解决能力	3	9.49	2
		安全策略	3	9.49	2

资产名称:存储设备——磁盘阵列 资产价值:5					
威胁	威胁值	脆弱性	脆弱性	风险值	风险等级
地震	2	机房抗震	2	6.32	2
火灾	2	机房防火	2	6.32	2
洪灾	2	机房抗洪	2	6.32	2
暴风雨	2	机房防暴风雨	2	6.32	2
雷电	2	机房接地与防雷	1	3.16	1
温度异常	2	机房防潮、除湿	2	6.32	2
湿度异常	2	机房防潮、除湿	2	6.32	2
灰尘	2	机房防灰尘	2	6.32	2
静电	2	机房防静电	2	6.32	2
电磁干扰	2	电磁防护	2	6.32	2
电力故障	2	机房供配电	2	6.32	2
		机房设备管理	2	6.32	2
空调故障	2	机房供配电	2	6.32	2
		机房设备管理	2	6.32	2
计算机设备故障	3	机房设备管理	2	7.75	2
		安全策略	3	11.62	3
		机房区域防护	2	7.75	2

续表

资产名称:存储设备——磁盘阵列 资产价值:5					
威胁	威胁值	脆弱性	脆弱性	风险值	风险等级
偷窃	2	机房区域防护	2	6.32	2
恶意破坏	2	机房区域防护	2	6.32	2
远程维护端口被非授权的使用	3	网络设备安全配置情况	3	11.62	3
		边界保护	2	7.75	2
		系统访问控制	3	11.62	3
		系统事件审计	2	7.75	2
		系统管理	1	3.87	1
		外部访问控制策略	3	11.62	3
破坏性攻击	3	通信与操作管理	3	11.62	3
		访问控制	3	11.62	3
		物理和环境安全	3	11.62	3
		数据完整性	2	7.75	2
		交易完整性	2	7.75	2
		协议安全	2	7.75	2
		业务连续性	3	11.62	3
未授权访问	2	内部访问控制策略	3	9.49	2
		访问控制	3	9.49	2
		系统口令策略	3	9.49	2
		外部访问控制策略	3	9.49	2
恶意代码	3	系统补丁安装	2	7.75	2
		网络设备安全配置情况	3	11.62	3
		系统网络安全	3	11.62	3
漏洞探测利用	2	系统补丁安装	2	6.32	2
		系统网络安全	3	9.49	2
		系统注册表加固	3	9.49	2
		网络设备安全配置情况	3	9.49	2
恶意渗透、入侵和篡改等	3	系统访问控制	3	11.62	3
		网络设备安全配置情况	3	11.62	3
		系统注册表加固	3	11.62	3
		系统补丁安装	2	7.75	2
		系统网络安全	3	11.62	3
		协议安全	2	7.75	2
		访问控制	3	11.62	3
		业务连续性	3	11.62	3
		系统网络安全	3	11.62	3
		系统事件审计	2	7.75	2

续表

资产名称:存储设备——磁盘阵列　资产价值:5					
威胁	威胁值	脆弱性	脆弱性	风险值	风险等级
权限提升	2	系统事件审计	2	6.32	2
		系统网络安全	3	9.49	2
		系统管理	1	3.16	1
		通信与操作管理	3	9.49	2
内部员工蓄意破坏	2	安全策略	3	9.49	2
		备份恢复机制	3	9.49	2
		物理和环境安全	3	9.49	2
		人员安全	3	9.49	2
		访问控制	3	9.49	2
		机房区域防护	2	6.32	2
		系统管理	1	3.16	1
		组织安全解决能力	3	9.49	2
		机房设备管理	2	6.32	2
不遵守安全策略	2	组织安全解决能力	3	9.49	2
		安全策略	3	9.49	2
		人员安全	3	9.49	2
误操作	2	访问控制	3	9.49	2
		通信与操作管理	3	9.49	2
		备份恢复机制	3	9.49	2
不恰当的配置和操作	2	通信与操作管理	3	9.49	2
		访问控制	3	9.49	2
		备份恢复机制	3	9.49	2
硬件维护、保养不当	2	组织安全解决能力	3	9.49	2
		资产分类与控制	2	6.32	2
		安全策略	3	9.49	2
供应故障	2	组织安全解决能力	3	9.49	2
管理运营失误	2	安全策略	3	9.49	2
		人员安全	3	9.49	2
		组织安全解决能力	3	9.49	2
不能或错误地响应和恢复	2	交易完整性	2	6.32	2
		组织安全解决能力	3	9.49	2
		数据完整性	2	6.32	2
		安全策略	3	9.49	2
		协议安全	2	6.32	2

资产名称:存储设备——U盘　资产价值:3					
威胁	威胁值	脆弱性	脆弱性	风险值	风险等级
偷窃	3	机房区域防护	2	6.00	2
恶意破坏	3	机房区域防护	2	6.00	2
移动设备丢失	3	安全策略	3	9.00	2
		资产分类与控制	2	6.00	2

资产名称:存储设备——光盘　资产价值:3					
威胁	威胁值	脆弱性	脆弱性	风险值	风险等级
偷窃	3	机房区域防护	2	6.00	2
恶意破坏	3	机房区域防护	2	6.00	2
移动设备丢失	3	资产分类与控制	2	6.00	2
		安全策略	3	9.00	2

资产名称:存储设备——移动硬盘　资产价值:3					
威胁	威胁值	脆弱性	脆弱性	风险值	风险等级
偷窃	3	机房区域防护	2	6.00	2
恶意破坏	3	机房区域防护	2	6.00	2
移动设备丢失	3	安全策略	3	9.00	2
		资产分类与控制	2	6.00	2

资产名称:安全保障设备——硬件防火墙(含入侵检测系统)　资产价值:5					
威胁	威胁值	脆弱性	脆弱性	风险值	风险等级
地震	2	机房抗震	2	6.32	2
火灾	2	机房防火	2	6.32	2
洪灾	2	机房抗洪	2	6.32	2
暴风雨	2	机房防暴风雨	2	6.32	2
雷电	2	机房接地与防雷	1	3.16	1
温度异常	2	机房防潮、除湿	2	6.32	2
湿度异常	2	机房防潮、除湿	2	6.32	2
灰尘	2	机房防灰尘	2	6.32	2
静电	2	机房防静电	2	6.32	2
电磁干扰	2	电磁防护	2	6.32	2
电力故障	2	机房供配电	2	6.32	2
		机房设备管理	2	6.32	2

续表

资产名称:安全保障设备——硬件防火墙(含入侵检测系统) 资产价值:5					
威胁	威胁值	脆弱性	脆弱性	风险值	风险等级
空调故障	2	机房供配电	2	6.32	2
		机房设备管理	2	6.32	2
计算机设备故障	2	机房区域防护	2	6.32	2
		安全策略	3	9.49	2
		机房设备管理	2	6.32	2
偷窃	2	机房区域防护	2	6.32	2
恶意破坏	2	机房区域防护	2	6.32	2
密码口令攻击	3	软件访问控制策略	2	7.75	2
		软件鉴别机制	3	11.62	3
		系统口令策略	3	11.62	3
		系统用户账号	2	7.75	2
		软件密码保护	4	15.49	4
		系统访问控制	3	11.62	3
远程维护端口被非授权的使用	3	网络设备安全配置情况	3	11.62	3
		系统管理	1	3.87	1
		系统事件审计	2	7.75	2
		边界保护	2	7.75	2
		外部访问控制策略	3	11.62	3
		系统访问控制	3	11.62	3
拒绝服务攻击	3	业务连续性	3	11.62	3
		通信与操作管理	3	11.62	3
		访问控制	3	11.62	3
		物理和环境安全	3	11.62	3
破坏性攻击	3	交易完整性	2	7.75	2
		数据完整性	2	7.75	2
		物理和环境安全	3	11.62	3
		协议安全	2	7.75	2
		业务连续性	3	11.62	3
		访问控制	3	11.62	3
		通信与操作管理	3	11.62	3
未授权访问	3	内部访问控制策略	3	11.62	3
		访问控制	3	11.62	3
		系统口令策略	3	11.62	3
		外部访问控制策略	3	11.62	3

续表

资产名称:安全保障设备——硬件防火墙(含入侵检测系统) 资产价值:5					
威胁	威胁值	脆弱性	脆弱性	风险值	风险等级
恶意代码	3	系统网络安全	3	11.62	3
		系统补丁安装	2	7.75	2
		网络设备安全配置情况	3	11.62	3
漏洞探测利用	3	网络设备安全配置情况	3	11.62	3
		系统补丁安装	2	7.75	2
		系统网络安全	3	11.62	3
		系统注册表加固	3	11.62	3
恶意渗透、入侵和篡改等	3	系统访问控制	3	11.62	3
		网络设备安全配置情况	3	11.62	3
		系统注册表加固	3	11.62	3
		系统补丁安装	2	7.75	2
		系统网络安全	3	11.62	3
		协议安全	2	7.75	2
		访问控制	3	11.62	3
		业务连续性	3	11.62	3
		系统网络安全	3	11.62	3
		系统事件审计	2	7.75	2
内部员工蓄意破坏	2	访问控制	3	9.49	2
		备份恢复机制	3	9.49	2
		人员安全	3	9.49	2
		机房区域防护	2	6.32	2
		系统管理	1	3.16	1
		机房设备管理	2	6.32	2
		组织安全解决能力	3	9.49	2
		安全策略	3	9.49	2
		物理和环境安全	3	9.49	2
不遵守安全策略	2	组织安全解决能力	3	9.49	2
		安全策略	3	9.49	2
		人员安全	3	9.49	2
误操作	2	访问控制	3	9.49	2
		通信与操作管理	3	9.49	2
		备份恢复机制	3	9.49	2

续表

资产名称:安全保障设备——硬件防火墙(含入侵检测系统) 资产价值:5					
威胁	威胁值	脆弱性	脆弱性	风险值	风险等级
不恰当的配置和操作	2	备份恢复机制	3	9.49	2
		通信与操作管理	3	9.49	2
		访问控制	3	9.49	2
硬件维护、保养不当	2	安全策略	3	9.49	2
		组织安全解决能力	3	9.49	2
		资产分类与控制	2	6.32	2
软件维护不当	2	系统开发与维护	2	6.32	2
		安全策略	3	9.49	2
		资产分类与控制	2	6.32	2
		人员安全	3	9.49	2
		备份恢复机制	3	9.49	2
管理运营失误	2	人员安全	3	9.49	2
		组织安全解决能力	3	9.49	2
		安全策略	3	9.49	2

资产名称:安全保障设备——门禁系统 资产价值:4					
威胁	威胁值	脆弱性	脆弱性	风险值	风险等级
电磁干扰	2	电磁防护	2	5.66	1
电力故障	3	机房供配电	2	6.93	2
		机房设备管理	2	6.93	2
通信故障	2	机房设备管理	2	5.66	1
		通信与操作管理	3	8.49	2
		网络设备安全配置情况	3	8.49	2
		内部访问控制策略	3	8.49	2
		外部访问控制策略	3	8.49	2
		通信线路保护	2	5.66	1
		机房区域防护	2	5.66	1
存储介质故障	2	安全策略	3	8.49	2
		机房设备管理	2	5.66	1
		机房区域防护	2	5.66	1
计算机设备故障	2	安全策略	3	8.49	2
		机房区域防护	2	5.66	1
		机房设备管理	2	5.66	1

续表

威胁	威胁值	脆弱性	脆弱性	风险值	风险等级
资产名称:安全保障设备——门禁系统　资产价值:4					
系统软件故障	2	系统口令策略	3	8.49	2
		业务连续性	3	8.49	2
		系统网络安全	3	8.49	2
		资源共享	2	5.66	1
		系统开发与维护	2	5.66	1
		系统补丁安装	2	5.66	1
		物理和环境安全	3	8.49	2
		系统事件审计	2	5.66	1
		系统访问控制	3	8.49	2
		新系统配置(初始化)	1	2.83	1
		系统注册表加固	3	8.49	2
		系统管理	1	2.83	1
		系统用户账号	2	5.66	1
		物理保护	3	8.49	2
应用软件故障	2	软件鉴别机制	3	8.49	2
		业务连续性	3	8.49	2
		软件审计机制	1	2.83	1
		软件审计存储	1	2.83	1
		软件访问控制策略	2	5.66	1
		数据完整性	2	5.66	1
		软件密码保护	4	11.31	3
		系统开发与维护	2	5.66	1
		通信	1	2.83	1
数据库故障	2	数据库审计机制	1	2.83	1
		数据库补丁安装	3	8.49	2
		数据库鉴别机制	2	5.66	1
		物理和环境安全	3	8.49	2
		备份恢复机制	3	8.49	2
		数据库网络和服务设置	2	5.66	1
		数据库访问控制	3	8.49	2
		数据库口令机制	3	8.49	2
		系统开发与维护	2	5.66	1
偷窃	2	机房区域防护	2	5.66	1
恶意破坏	2	机房区域防护	2	5.66	1

续表

资产名称:安全保障设备——门禁系统 资产价值:4					
威胁	威胁值	脆弱性	脆弱性	风险值	风险等级
内部员工蓄意破坏	2	机房区域防护	2	5.66	1
		物理和环境安全	3	8.49	2
		备份恢复机制	3	8.49	2
		访问控制	3	8.49	2
		机房设备管理	2	5.66	1
		组织安全解决能力	3	8.49	2
		安全策略	3	8.49	2
		人员安全	3	8.49	2
		系统管理	1	2.83	1
硬件维护、保养不当	2	组织安全解决能力	3	8.49	2
		资产分类与控制	2	5.66	1
		安全策略	3	8.49	2
软件维护不当	2	资产分类与控制	2	5.66	1
		人员安全	3	8.49	2
		安全策略	3	8.49	2
		系统开发与维护	2	5.66	1
		备份恢复机制	3	8.49	2
管理运营失误	2	人员安全	3	8.49	2
		组织安全解决能力	3	8.49	2
		安全策略	3	8.49	2

资产名称:安全保障设备——监控设备 资产价值:4					
威胁	威胁值	脆弱性	脆弱性	风险值	风险等级
电磁干扰	2	电磁防护	2	5.66	1
电力故障	2	机房供配电	2	5.66	1
		机房设备管理	2	5.66	1
通信故障	2	外部访问控制策略	3	8.49	2
		内部访问控制策略	3	8.49	2
		机房区域防护	2	5.66	1
		网络设备安全配置情况	3	8.49	2
		机房设备管理	2	5.66	1
		通信与操作管理	3	8.49	2
		通信线路保护	2	5.66	1

续表

资产名称:安全保障设备——监控设备　资产价值:4					
威胁	威胁值	脆弱性	脆弱性	风险值	风险等级
存储介质故障	2	机房区域防护	2	5.66	1
		机房设备管理	2	5.66	1
		安全策略	3	8.49	2
计算机设备故障	2	机房设备管理	2	5.66	1
		安全策略	3	8.49	2
		机房区域防护	2	5.66	1
系统软件故障	2	物理和环境安全	3	8.49	2
		业务连续性	3	8.49	2
		系统开发与维护	2	5.66	1
		资源共享	2	5.66	1
		系统补丁安装	2	5.66	1
		物理保护	3	8.49	2
		系统事件审计	2	5.66	1
		系统访问控制	3	8.49	2
		新系统配置(初始化)	1	2.83	1
		系统注册表加固	3	8.49	2
		系统管理	1	2.83	1
		系统用户账号	2	5.66	1
		系统网络安全	3	8.49	2
		系统口令策略	3	8.49	2
应用软件故障	2	数据完整性	2	5.66	1
		业务连续性	3	8.49	2
		软件审计机制	1	2.83	1
		软件访问控制策略	2	5.66	1
		通信	1	2.83	1
		软件鉴别机制	3	8.49	2
		软件密码保护	4	11.31	3
		系统开发与维护	2	5.66	1
		软件审计存储	1	2.83	1

续表

威胁	威胁值	脆弱性	脆弱性	风险值	风险等级
资产名称:安全保障设备——监控设备　资产价值:4					
数据库故障	2	数据库口令机制	3	8.49	2
		数据库访问控制	3	8.49	2
		数据库网络和服务设置	2	5.66	1
		备份恢复机制	3	8.49	2
		数据库审计机制	1	2.83	1
		物理和环境安全	3	8.49	2
		系统开发与维护	2	5.66	1
		数据库鉴别机制	2	5.66	1
		数据库补丁安装	3	8.49	2
偷窃	2	机房区域防护	2	5.66	1
恶意破坏	2	机房区域防护	2	5.66	1
内部员工蓄意破坏	2	安全策略	3	8.49	2
		组织安全解决能力	3	8.49	2
		机房设备管理	2	5.66	1
		系统管理	1	2.83	1
		机房区域防护	2	5.66	1
		访问控制	3	8.49	2
		人员安全	3	8.49	2
		物理和环境安全	3	8.49	2
		备份恢复机制	3	8.49	2
硬件维护、保养不当	2	组织安全解决能力	3	8.49	2
		资产分类与控制	2	5.66	1
		安全策略	3	8.49	2
软件维护不当	2	系统开发与维护	2	5.66	1
		安全策略	3	8.49	2
		资产分类与控制	2	5.66	1
		人员安全	3	8.49	2
		备份恢复机制	3	8.49	2
管理运营失误	2	人员安全	3	8.49	2
		组织安全解决能力	3	8.49	2
		安全策略	3	8.49	2

资产名称:其他电子设备——日常办公设备　资产价值:3

威胁	威胁值	脆弱性	脆弱性	风险值	风险等级
偷窃	3	机房区域防护	2	6.00	2
恶意破坏	2	机房区域防护	2	4.90	1
内部员工蓄意破坏	2	安全策略	3	7.35	2
		组织安全解决能力	3	7.35	2
		机房设备管理	2	4.90	1
		系统管理	1	2.45	1
		机房区域防护	2	4.90	1
		访问控制	3	7.35	2
		人员安全	3	7.35	2
		物理和环境安全	3	7.35	2
		备份恢复机制	3	7.35	2
误操作	2	访问控制	3	7.35	2
		通信与操作管理	3	7.35	2
		备份恢复机制	3	7.35	2
硬件维护、保养不当	2	组织安全解决能力	3	7.35	2
		资产分类与控制	2	4.90	1
		安全策略	3	7.35	2

资产名称:其他电子设备——影音设备　资产价值:3

威胁	威胁值	脆弱性	脆弱性	风险值	风险等级
偷窃	3	机房区域防护	2	6.00	2
恶意破坏	2	机房区域防护	2	4.90	1
内部员工蓄意破坏	2	访问控制	3	7.35	2
		备份恢复机制	3	7.35	2
		物理和环境安全	3	7.35	2
		机房区域防护	2	4.90	1
		系统管理	1	2.45	1
		机房设备管理	2	4.90	1
		组织安全解决能力	3	7.35	2
		安全策略	3	7.35	2
		人员安全	3	7.35	2
误操作	2	访问控制	3	7.35	2
		通信与操作管理	3	7.35	2
		备份恢复机制	3	7.35	2
硬件维护、保养不当	2	安全策略	3	7.35	2
		组织安全解决能力	3	7.35	2
		资产分类与控制	2	4.90	1

威胁	威胁值	脆弱性	脆弱性	风险值	风险等级
电力故障	2	机房供配电	2	5.66	1
		机房设备管理	2	5.66	1
空调故障	2	机房供配电	2	5.66	1
		机房设备管理	2	5.66	1
通信故障	2	机房设备管理	2	5.66	1
		通信与操作管理	3	8.49	2
		网络设备安全配置情况	3	8.49	2
		内部访问控制策略	3	8.49	2
		外部访问控制策略	3	8.49	2
		通信线路保护	2	5.66	1
		机房区域防护	2	5.66	1
存储介质故障	3	机房区域防护	2	6.93	2
		安全策略	3	10.39	2
		机房设备管理	2	6.93	2
计算机设备故障	3	机房设备管理	2	6.93	2
		安全策略	3	10.39	2
		机房区域防护	2	6.93	2
系统软件故障	3	系统口令策略	3	10.39	2
		业务连续性	3	10.39	2
		系统网络安全	3	10.39	2
		资源共享	2	6.93	2
		系统开发与维护	2	6.93	2
		系统补丁安装	2	6.93	2
		物理和环境安全	3	10.39	2
		系统事件审计	2	6.93	2
		系统访问控制	3	10.39	2
		新系统配置(初始化)	1	3.46	1
		系统注册表加固	3	10.39	2
		系统管理	1	3.46	1
		系统用户账号	2	6.93	2
		物理保护	3	10.39	2

资产名称:应用软件——业务管理系统　资产价值:4

续表

威胁	威胁值	脆弱性	脆弱性	风险值	风险等级
		资产名称:应用软件——业务管理系统 资产价值:4			
应用软件故障	3	软件访问控制策略	2	6.93	2
		业务连续性	3	10.39	2
		软件审计机制	1	3.46	1
		软件审计存储	1	3.46	1
		软件密码保护	4	13.86	3
		软件鉴别机制	3	10.39	2
		数据完整性	2	6.93	2
		系统开发与维护	2	6.93	2
		通信	1	3.46	1
数据库故障	3	系统开发与维护	2	6.93	2
		数据库鉴别机制	2	6.93	2
		物理和环境安全	3	10.39	2
		数据库审计机制	1	3.46	1
		备份恢复机制	3	10.39	2
		数据库网络和服务设置	2	6.93	2
		数据库访问控制	3	10.39	2
		数据库口令机制	3	10.39	2
		数据库补丁安装	3	10.39	2
密码口令攻击	3	软件访问控制策略	2	6.93	2
		软件鉴别机制	3	10.39	2
		系统口令策略	3	10.39	2
		系统用户账号	2	6.93	2
		软件密码保护	4	13.86	3
		系统访问控制	3	10.39	2
远程维护端口被非授权的使用	3	网络设备安全配置情况	3	10.39	2
		系统事件审计	2	6.93	2
		系统管理	1	3.46	1
		外部访问控制策略	3	10.39	2
		系统访问控制	3	10.39	2
		边界保护	2	6.93	2
拒绝服务攻击	3	业务连续性	3	10.39	2
		通信与操作管理	3	10.39	2
		访问控制	3	10.39	2
		物理和环境安全	3	10.39	2

续表

资产名称:应用软件——业务管理系统　资产价值:4					
威胁	威胁值	脆弱性	脆弱性	风险值	风险等级
破坏性攻击	3	交易完整性	2	6.93	2
		物理和环境安全	3	10.39	2
		数据完整性	2	6.93	2
		业务连续性	3	10.39	2
		访问控制	3	10.39	2
		协议安全	2	6.93	2
		通信与操作管理	3	10.39	2
未授权访问	2	内部访问控制策略	3	8.49	2
		访问控制	3	8.49	2
		系统口令策略	3	8.49	2
		外部访问控制策略	3	8.49	2
恶意代码	2	系统补丁安装	2	5.66	1
		网络设备安全配置情况	3	8.49	2
		系统网络安全	3	8.49	2
漏洞探测利用	2	系统补丁安装	2	5.66	1
		系统网络安全	3	8.49	2
		系统注册表加固	3	8.49	2
		网络设备安全配置情况	3	8.49	2
恶意渗透、入侵和篡改等	3	系统事件审计	2	6.93	2
		系统补丁安装	2	6.93	2
		系统网络安全	3	10.39	2
		系统注册表加固	3	10.39	2
		系统访问控制	3	10.39	2
		系统网络安全	3	10.39	2
		协议安全	2	6.93	2
		访问控制	3	10.39	2
		业务连续性	3	10.39	2
		网络设备安全配置情况	3	10.39	2
权限提升	3	系统事件审计	2	6.93	2
		系统网络安全	3	10.39	2
		系统管理	1	3.46	1
		通信与操作管理	3	10.39	2

续表

资产名称:应用软件——业务管理系统　资产价值:4					
威胁	威胁值	脆弱性	脆弱性	风险值	风险等级
数据传输或电话被监听	2	通信与操作管理	3	8.49	2
		物理和环境安全	3	8.49	2
		系统网络安全	3	8.49	2
		数据库访问控制	3	8.49	2
伪装	2	数据库访问控制	3	8.49	2
		数据库鉴别机制	2	5.66	1
		数据库审计机制	1	2.83	1
		数据库访问控制	3	8.49	2
		数据库补丁安装	3	8.49	2
		数据库网络和服务设置	2	5.66	1
分析信息流	2	数据库补丁安装	3	8.49	2
		数据库网络和服务设置	2	5.66	1
		数据库审计机制	1	2.83	1
资源滥用	2	资源共享	2	5.66	1
		数据库访问控制	3	8.49	2
		数据库鉴别机制	2	5.66	1
		访问控制	3	8.49	2
		机房设备管理	2	5.66	1
内部员工蓄意破坏	2	访问控制	3	8.49	2
		物理和环境安全	3	8.49	2
		备份恢复机制	3	8.49	2
		人员安全	3	8.49	2
		系统管理	1	2.83	1
		机房设备管理	2	5.66	1
		组织安全解决能力	3	8.49	2
		安全策略	3	8.49	2
		机房区域防护	2	5.66	1
未授权人员引用或带出数据	2	安全策略	3	8.49	2
		资产分类与控制	2	5.66	1
		人员安全	3	8.49	2
		机房设备管理	2	5.66	1
泄露重要信息	2	安全策略	3	8.49	2
		人员安全	3	8.49	2

续表

资产名称:应用软件——业务管理系统　　资产价值:4					
威胁	威胁值	脆弱性	脆弱性	风险值	风险等级
不遵守 安全策略	2	组织安全解决能力	3	8.49	2
		安全策略	3	8.49	2
		人员安全	3	8.49	2
误操作	2	访问控制	3	8.49	2
		通信与操作管理	3	8.49	2
		备份恢复机制	3	8.49	2
不恰当的 配置和操作	2	通信与操作管理	3	8.49	2
		访问控制	3	8.49	2
		备份恢复机制	3	8.49	2
内部人员个人 信息丢失	2	安全策略	3	8.49	2
		组织安全解决能力	3	8.49	2
		人员安全	3	8.49	2
硬件维护、 保养不当	2	组织安全解决能力	3	8.49	2
		安全策略	3	8.49	2
		资产分类与控制	2	5.66	1
软件维护不当	2	系统开发与维护	2	5.66	1
		安全策略	3	8.49	2
		资产分类与控制	2	5.66	1
		人员安全	3	8.49	2
		备份恢复机制	3	8.49	2
流量过载	2	内部访问控制策略	3	8.49	2
		网络结构设计	2	5.66	1
		外部访问控制策略	3	8.49	2
管理运营失误	2	组织安全解决能力	3	8.49	2
		安全策略	3	8.49	2
		人员安全	3	8.49	2
人员匮乏	2	安全策略	3	8.49	2
		组织安全解决能力	3	8.49	2
关键员工离职	2	组织安全解决能力	3	8.49	2
		安全策略	3	8.49	2

威胁	威胁值	脆弱性	脆弱性	风险值	风险等级
资产名称:应用软件——门户网站系统　资产价值:4					
电力故障	2	机房供配电	2	5.66	1
		机房设备管理	2	5.66	1
空调故障	2	机房供配电	2	5.66	1
		机房设备管理	2	5.66	1
通信故障	2	通信与操作管理	3	8.49	2
		机房区域防护	2	5.66	1
		通信线路保护	2	5.66	1
		外部访问控制策略	3	8.49	2
		内部访问控制策略	3	8.49	2
		网络设备安全配置情况	3	8.49	2
		机房设备管理	2	5.66	1
存储介质故障	3	机房区域防护	2	6.93	2
		机房设备管理	2	6.93	2
		安全策略	3	10.39	2
计算机设备故障	3	安全策略	3	10.39	2
		机房设备管理	2	6.93	2
		机房区域防护	2	6.93	2
系统软件故障	3	系统网络安全	3	10.39	2
		物理和环境安全	3	10.39	2
		业务连续性	3	10.39	2
		资源共享	2	6.93	2
		系统开发与维护	2	6.93	2
		系统补丁安装	2	6.93	2
		物理保护	3	10.39	2
		系统事件审计	2	6.93	2
		系统访问控制	3	10.39	2
		新系统配置(初始化)	1	3.46	1
		系统注册表加固	3	10.39	2
		系统管理	1	3.46	1
		系统用户账号	2	6.93	2
		系统口令策略	3	10.39	2

续表

资产名称:应用软件——门户网站系统　资产价值:4					
威胁	威胁值	脆弱性	脆弱性	风险值	风险等级
应用软件故障	3	软件审计存储	1	3.46	1
		系统开发与维护	2	6.93	2
		软件审计机制	1	3.46	1
		软件访问控制策略	2	6.93	2
		通信	1	3.46	1
		软件鉴别机制	3	10.39	2
		软件密码保护	4	13.86	3
		数据完整性	2	6.93	2
		业务连续性	3	10.39	2
数据库故障	3	数据库网络和服务设置	2	6.93	2
		数据库补丁安装	3	10.39	2
		数据库鉴别机制	2	6.93	2
		系统开发与维护	2	6.93	2
		物理和环境安全	3	10.39	2
		备份恢复机制	3	10.39	2
		数据库访问控制	3	10.39	2
		数据库口令机制	3	10.39	2
		数据库审计机制	1	3.46	1
密码口令攻击	3	软件鉴别机制	3	10.39	2
		软件密码保护	4	13.86	3
		系统访问控制	3	10.39	2
		软件访问控制策略	2	6.93	2
		系统口令策略	3	10.39	2
		系统用户账号	2	6.93	2
远程维护端口被非授权的使用	3	外部访问控制策略	3	10.39	2
		网络设备安全配置情况	3	10.39	2
		边界保护	2	6.93	2
		系统访问控制	3	10.39	2
		系统事件审计	2	6.93	2
		系统管理	1	3.46	1
拒绝服务攻击	3	通信与操作管理	3	10.39	2
		访问控制	3	10.39	2
		业务连续性	3	10.39	2
		物理和环境安全	3	10.39	2

续表

资产名称:应用软件——门户网站系统　资产价值:4					
威胁	威胁值	脆弱性	脆弱性	风险值	风险等级
破坏性攻击	3	协议安全	2	6.93	2
		访问控制	3	10.39	2
		交易完整性	2	6.93	2
		业务连续性	3	10.39	2
		通信与操作管理	3	10.39	2
		数据完整性	2	6.93	2
		物理和环境安全	3	10.39	2
未授权访问	2	内部访问控制策略	3	8.49	2
		外部访问控制策略	3	8.49	2
		访问控制	3	8.49	2
		系统口令策略	3	8.49	2
恶意代码	2	系统网络安全	3	8.49	2
		系统补丁安装	2	5.66	1
		网络设备安全配置情况	3	8.49	2
漏洞探测利用	2	网络设备安全配置情况	3	8.49	2
		系统补丁安装	2	5.66	1
		系统网络安全	3	8.49	2
		系统注册表加固	3	8.49	2
恶意渗透、入侵和篡改等	3	业务连续性	3	10.39	2
		系统网络安全	3	10.39	2
		系统注册表加固	3	10.39	2
		网络设备安全配置情况	3	10.39	2
		系统访问控制	3	10.39	2
		系统事件审计	2	6.93	2
		系统网络安全	3	10.39	2
		访问控制	3	10.39	2
		系统补丁安装	2	6.93	2
		协议安全	2	6.93	2
权限提升	2	通信与操作管理	3	8.49	2
		系统管理	1	2.83	1
		系统网络安全	3	8.49	2
		系统事件审计	2	5.66	1

续表

资产名称:应用软件——门户网站系统　资产价值:4						
威胁	威胁值	脆弱性	脆弱性	风险值	风险等级
数据传输或电话被监听	2	通信与操作管理	3	8.49	2
		系统网络安全	3	8.49	2
		数据库访问控制	3	8.49	2
		物理和环境安全	3	8.49	2
伪装	2	数据库访问控制	3	8.49	2
		数据库鉴别机制	2	5.66	1
		数据库审计机制	1	2.83	1
侦察	2	数据库网络和服务设置	2	5.66	1
		数据库访问控制	3	8.49	2
		数据库补丁安装	3	8.49	2
分析信息流	2	数据库网络和服务设置	2	5.66	1
		数据库审计机制	1	2.83	1
		数据库补丁安装	3	8.49	2
资源滥用	2	机房设备管理	2	5.66	1
		资源共享	2	5.66	1
		数据库访问控制	3	8.49	2
		数据库鉴别机制	2	5.66	1
		访问控制	3	8.49	2
内部员工蓄意破坏	2	访问控制	3	8.49	2
		组织安全解决能力	3	8.49	2
		备份恢复机制	3	8.49	2
		物理和环境安全	3	8.49	2
		人员安全	3	8.49	2
		安全策略	3	8.49	2
		机房设备管理	2	5.66	1
		机房区域防护	2	5.66	1
		系统管理	1	2.83	1
未授权人员引用或带出数据	2	安全策略	3	8.49	2
		资产分类与控制	2	5.66	1
		人员安全	3	8.49	2
		机房设备管理	2	5.66	1
泄露重要信息	2	人员安全	3	8.49	2
		安全策略	3	8.49	2

续表

资产名称:应用软件——门户网站系统　资产价值:4					
威胁	威胁值	脆弱性	脆弱性	风险值	风险等级
不遵守 安全策略	2	人员安全	3	8.49	2
		组织安全解决能力	3	8.49	2
		安全策略	3	8.49	2
误操作	2	访问控制	3	8.49	2
		通信与操作管理	3	8.49	2
		备份恢复机制	3	8.49	2
不恰当的 配置和操作	2	备份恢复机制	3	8.49	2
		通信与操作管理	3	8.49	2
		访问控制	3	8.49	2
内部人员个人 信息丢失	2	人员安全	3	8.49	2
		安全策略	3	8.49	2
		组织安全解决能力	3	8.49	2
硬件维护、 保养不当	2	组织安全解决能力	3	8.49	2
		资产分类与控制	2	5.66	1
		安全策略	3	8.49	2
软件维护不当	2	系统开发与维护	2	5.66	1
		安全策略	3	8.49	2
		资产分类与控制	2	5.66	1
		人员安全	3	8.49	2
		备份恢复机制	3	8.49	2
流量过载	2	内部访问控制策略	3	8.49	2
		网络结构设计	2	5.66	1
		外部访问控制策略	3	8.49	2
管理运营失误	2	人员安全	3	8.49	2
		组织安全解决能力	3	8.49	2
		安全策略	3	8.49	2
人员匮乏	2	组织安全解决能力	3	8.49	2
		安全策略	3	8.49	2
关键员工离职	2	组织安全解决能力	3	8.49	2
		安全策略	3	8.49	2

资产名称:应用软件——信息服务系统　资产价值:4					
威胁	威胁值	脆弱性	脆弱性	风险值	风险等级
电力故障	2	机房设备管理	2	5.66	1
		机房供配电	2	5.66	1
空调故障	2	机房设备管理	2	5.66	1
		机房供配电	2	5.66	1
通信故障	2	机房设备管理	2	5.66	1
		通信与操作管理	3	8.49	2
		网络设备安全配置情况	3	8.49	2
		内部访问控制策略	3	8.49	2
		外部访问控制策略	3	8.49	2
		通信线路保护	2	5.66	1
		机房区域防护	2	5.66	1
存储介质故障	3	机房设备管理	2	6.93	2
		安全策略	3	10.39	2
		机房区域防护	2	6.93	2
计算机设备故障	3	安全策略	3	10.39	2
		机房区域防护	2	6.93	2
		机房设备管理	2	6.93	2
系统软件故障	3	物理保护	3	10.39	2
		系统网络安全	3	10.39	2
		资源共享	2	6.93	2
		系统开发与维护	2	6.93	2
		新系统配置(初始化)	1	3.46	1
		系统补丁安装	2	6.93	2
		业务连续性	3	10.39	2
		系统口令策略	3	10.39	2
		系统访问控制	3	10.39	2
		系统注册表加固	3	10.39	2
		系统管理	1	3.46	1
		系统用户账号	2	6.93	2
		系统事件审计	2	6.93	2
		物理和环境安全	3	10.39	2

续表

资产名称:应用软件——信息服务系统　资产价值:4					
威胁	威胁值	脆弱性	脆弱性	风险值	风险等级
应用软件故障	3	软件鉴别机制	3	10.39	2
		业务连续性	3	10.39	2
		软件审计机制	1	3.46	1
		软件审计存储	1	3.46	1
		软件访问控制策略	2	6.93	2
		通信	1	3.46	1
		软件密码保护	4	13.86	3
		系统开发与维护	2	6.93	2
		数据完整性	2	6.93	2
数据库故障	3	数据库审计机制	1	3.46	1
		物理和环境安全	3	10.39	2
		数据库补丁安装	3	10.39	2
		系统开发与维护	2	6.93	2
		数据库口令机制	3	10.39	2
		数据库网络和服务设置	2	6.93	2
		数据库访问控制	3	10.39	2
		备份恢复机制	3	10.39	2
		数据库鉴别机制	2	6.93	2
密码口令攻击	3	软件访问控制策略	2	6.93	2
		软件鉴别机制	3	10.39	2
		系统口令策略	3	10.39	2
		系统用户账号	2	6.93	2
		软件密码保护	4	13.86	3
		系统访问控制	3	10.39	2
远程维护端口被非授权的使用	3	外部访问控制策略	3	10.39	2
		系统管理	1	3.46	1
		系统事件审计	2	6.93	2
		系统访问控制	3	10.39	2
		网络设备安全配置情况	3	10.39	2
		边界保护	2	6.93	2
拒绝服务攻击	3	业务连续性	3	10.39	2
		通信与操作管理	3	10.39	2
		访问控制	3	10.39	2
		物理和环境安全	3	10.39	2

续表

资产名称:应用软件——信息服务系统　资产价值:4					
威胁	威胁值	脆弱性	脆弱性	风险值	风险等级
破坏性攻击	3	通信与操作管理	3	10.39	2
		协议安全	2	6.93	2
		数据完整性	2	6.93	2
		物理和环境安全	3	10.39	2
		访问控制	3	10.39	2
		交易完整性	2	6.93	2
		业务连续性	3	10.39	2
未授权访问	2	内部访问控制策略	3	8.49	2
		访问控制	3	8.49	2
		系统口令策略	3	8.49	2
		外部访问控制策略	3	8.49	2
恶意代码	2	系统补丁安装	2	5.66	1
		网络设备安全配置情况	3	8.49	2
		系统网络安全	3	8.49	2
漏洞探测利用	2	系统补丁安装	2	5.66	1
		系统网络安全	3	8.49	2
		系统注册表加固	3	8.49	2
		网络设备安全配置情况	3	8.49	2
恶意渗透、入侵和篡改等	3	系统事件审计	2	6.93	2
		系统网络安全	3	10.39	2
		系统注册表加固	3	10.39	2
		系统补丁安装	2	6.93	2
		系统访问控制	3	10.39	2
		协议安全	2	6.93	2
		访问控制	3	10.39	2
		业务连续性	3	10.39	2
		系统网络安全	3	10.39	2
		网络设备安全配置情况	3	10.39	2
权限提升	2	系统事件审计	2	5.66	1
		系统网络安全	3	8.49	2
		系统管理	1	2.83	1
		通信与操作管理	3	8.49	2

续表

威胁	威胁值	脆弱性	脆弱性	风险值	风险等级
资产名称:应用软件——信息服务系统　资产价值:4					
数据传输或电话被监听	2	通信与操作管理	3	8.49	2
		物理和环境安全	3	8.49	2
		系统网络安全	3	8.49	2
		数据库访问控制	3	8.49	2
伪装	2	数据库访问控制	3	8.49	2
		数据库鉴别机制	2	5.66	1
		数据库审计机制	1	2.83	1
侦察	2	数据库网络和服务设置	2	5.66	1
		数据库访问控制	3	8.49	2
		数据库补丁安装	3	8.49	2
分析信息流	2	数据库网络和服务设置	2	5.66	1
		数据库审计机制	1	2.83	1
		数据库补丁安装	3	8.49	2
资源滥用	2	机房设备管理	2	5.66	1
		资源共享	2	5.66	1
		数据库访问控制	3	8.49	2
		数据库鉴别机制	2	5.66	1
		访问控制	3	8.49	2
内部员工蓄意破坏	2	系统管理	1	2.83	1
		备份恢复机制	3	8.49	2
		物理和环境安全	3	8.49	2
		人员安全	3	8.49	2
		机房区域防护	2	5.66	1
		机房设备管理	2	5.66	1
		组织安全解决能力	3	8.49	2
		安全策略	3	8.49	2
		访问控制	3	8.49	2
未授权人员引用或带出数据	2	安全策略	3	8.49	2
		资产分类与控制	2	5.66	1
		人员安全	3	8.49	2
		机房设备管理	2	5.66	1
泄露重要信息	2	人员安全	3	8.49	2
		安全策略	3	8.49	2

续表

资产名称:应用软件——信息服务系统　资产价值:4					
威胁	威胁值	脆弱性	脆弱性	风险值	风险等级
不遵守安全策略	2	人员安全	3	8.49	2
		组织安全解决能力	3	8.49	2
		安全策略	3	8.49	2
误操作	2	访问控制	3	8.49	2
		通信与操作管理	3	8.49	2
		备份恢复机制	3	8.49	2
不恰当的配置和操作	2	通信与操作管理	3	8.49	2
		访问控制	3	8.49	2
		备份恢复机制	3	8.49	2
内部人员个人信息丢失	2	组织安全解决能力	3	8.49	2
		人员安全	3	8.49	2
		安全策略	3	8.49	2
硬件维护、保养不当	2	资产分类与控制	2	5.66	1
		安全策略	3	8.49	2
		组织安全解决能力	3	8.49	2
软件维护不当	2	系统开发与维护	2	5.66	1
		安全策略	3	8.49	2
		资产分类与控制	2	5.66	1
		人员安全	3	8.49	2
		备份恢复机制	3	8.49	2
流量过载	2	外部访问控制策略	3	8.49	2
		网络结构设计	2	5.66	1
		内部访问控制策略	3	8.49	2
管理运营失误	2	组织安全解决能力	3	8.49	2
		安全策略	3	8.49	2
		人员安全	3	8.49	2
人员匮乏	2	组织安全解决能力	3	8.49	2
		安全策略	3	8.49	2
关键员工离职	2	组织安全解决能力	3	8.49	2
		安全策略	3	8.49	2

资产名称:系统服务平台——操作系统平台 资产价值:4					
威胁	威胁值	脆弱性	脆弱性	风险值	风险等级
电力故障	2	机房供配电	2	5.66	1
		机房设备管理	2	5.66	1
空调故障	2	机房供配电	2	5.66	1
		机房设备管理	2	5.66	1
通信故障	2	通信与操作管理	3	8.49	2
		网络设备安全配置情况	3	8.49	2
		内部访问控制策略	3	8.49	2
		外部访问控制策略	3	8.49	2
		通信线路保护	2	5.66	1
		机房区域防护	2	5.66	1
		机房设备管理	2	5.66	1
存储介质故障	3	安全策略	3	10.39	2
		机房区域防护	2	6.93	2
		机房设备管理	2	6.93	2
计算机设备故障	2	机房区域防护	2	5.66	1
		安全策略	3	8.49	2
		机房设备管理	2	5.66	1
系统软件故障	3	物理和环境安全	3	10.39	2
		业务连续性	3	10.39	2
		系统网络安全	3	10.39	2
		资源共享	2	6.93	2
		系统开发与维护	2	6.93	2
		物理保护	3	10.39	2
		系统口令策略	3	10.39	2
		系统事件审计	2	6.93	2
		系统访问控制	3	10.39	2
		新系统配置(初始化)	1	3.46	1
		系统注册表加固	3	10.39	2
		系统管理	1	3.46	1
		系统用户账号	2	6.93	2
		系统补丁安装	2	6.93	2

续表

威胁	威胁值	脆弱性	脆弱性	风险值	风险等级
资产名称:系统服务平台——操作系统平台　资产价值:4					
应用软件故障	2	软件鉴别机制	3	8.49	2
		软件访问控制策略	2	5.66	1
		业务连续性	3	8.49	2
		软件审计机制	1	2.83	1
		软件审计存储	1	2.83	1
		通信	1	2.83	1
		系统开发与维护	2	5.66	1
		软件密码保护	4	11.31	3
		数据完整性	2	5.66	1
密码口令攻击	2	软件访问控制策略	2	5.66	1
		软件鉴别机制	3	8.49	2
		系统口令策略	3	8.49	2
		系统用户账号	2	5.66	1
		软件密码保护	4	11.31	3
		系统访问控制	3	8.49	2
远程维护端口被非授权的使用	3	网络设备安全配置情况	3	10.39	2
		系统管理	1	3.46	1
		系统事件审计	2	6.93	2
		边界保护	2	6.93	2
		外部访问控制策略	3	10.39	2
		系统访问控制	3	10.39	2
拒绝服务攻击	2	业务连续性	3	8.49	2
		通信与操作管理	3	8.49	2
		访问控制	3	8.49	2
		物理和环境安全	3	8.49	2
破坏性攻击	2	通信与操作管理	3	8.49	2
		协议安全	2	5.66	1
		物理和环境安全	3	8.49	2
		数据完整性	2	5.66	1
		访问控制	3	8.49	2
		交易完整性	2	5.66	1
		业务连续性	3	8.49	2

续表

资产名称:系统服务平台——操作系统平台　资产价值:4						
威胁	威胁值	脆弱性	脆弱性	风险值	风险等级
未授权访问	2	内部访问控制策略	3	8.49	2
		访问控制	3	8.49	2
		系统口令策略	3	8.49	2
		外部访问控制策略	3	8.49	2
恶意代码	3	系统补丁安装	2	6.93	2
		网络设备安全配置情况	3	10.39	2
		系统网络安全	3	10.39	2
漏洞探测利用	2	系统补丁安装	2	5.66	1
		系统网络安全	3	8.49	2
		系统注册表加固	3	8.49	2
		网络设备安全配置情况	3	8.49	2
恶意渗透、入侵和篡改等	3	系统网络安全	3	10.39	2
		系统补丁安装	2	6.93	2
		系统网络安全	3	10.39	2
		系统注册表加固	3	10.39	2
		网络设备安全配置情况	3	10.39	2
		系统访问控制	3	10.39	2
		协议安全	2	6.93	2
		访问控制	3	10.39	2
		业务连续性	3	10.39	2
		系统事件审计	2	6.93	2
权限提升	3	通信与操作管理	3	10.39	2
		系统事件审计	2	6.93	2
		系统网络安全	3	10.39	2
		系统管理	1	3.46	1
侦察	2	数据库网络和服务设置	2	5.66	1
		数据库访问控制	3	8.49	2
		数据库补丁安装	3	8.49	2
社会工程学攻击	2	安全策略	3	8.49	2
		人员安全	3	8.49	2

续表

资产名称:系统服务平台——操作系统平台　资产价值:4					
威胁	威胁值	脆弱性	脆弱性	风险值	风险等级
内部员工蓄意破坏	2	机房区域防护	2	5.66	1
		物理和环境安全	3	8.49	2
		人员安全	3	8.49	2
		访问控制	3	8.49	2
		机房设备管理	2	5.66	1
		组织安全解决能力	3	8.49	2
		安全策略	3	8.49	2
		备份恢复机制	3	8.49	2
		系统管理	1	2.83	1
泄露重要信息	2	安全策略	3	8.49	2
		人员安全	3	8.49	2
不遵守安全策略	2	组织安全解决能力	3	8.49	2
		安全策略	3	8.49	2
		人员安全	3	8.49	2
误操作	2	通信与操作管理	3	8.49	2
		备份恢复机制	3	8.49	2
		访问控制	3	8.49	2
不恰当的配置和操作	2	访问控制	3	8.49	2
		备份恢复机制	3	8.49	2
		通信与操作管理	3	8.49	2
内部人员个人信息丢失	2	安全策略	3	8.49	2
		组织安全解决能力	3	8.49	2
		人员安全	3	8.49	2
硬件维护、保养不当	2	组织安全解决能力	3	8.49	2
		资产分类与控制	2	5.66	1
		安全策略	3	8.49	2
软件维护不当	2	人员安全	3	8.49	2
		资产分类与控制	2	5.66	1
		安全策略	3	8.49	2
		系统开发与维护	2	5.66	1
		备份恢复机制	3	8.49	2
管理运营失误	2	人员安全	3	8.49	2
		组织安全解决能力	3	8.49	2
		安全策略	3	8.49	2

续表

资产名称:系统服务平台——操作系统平台　资产价值:4					
威胁	威胁值	脆弱性	脆弱性	风险值	风险等级
人员匮乏	2	组织安全解决能力	3	8.49	2
		安全策略	3	8.49	2
关键员工离职	2	组织安全解决能力	3	8.49	2
		安全策略	3	8.49	2

资产名称:系统服务平台——数据库系统平台　资产价值:4					
威胁	威胁值	脆弱性	脆弱性	风险值	风险等级
电力故障	2	机房供配电	2	5.66	1
		机房设备管理	2	5.66	1
空调故障	2	机房设备管理	2	5.66	1
		机房供配电	2	5.66	1
通信故障	2	机房设备管理	2	5.66	1
		通信与操作管理	3	8.49	2
		网络设备安全配置情况	3	8.49	2
		内部访问控制策略	3	8.49	2
		外部访问控制策略	3	8.49	2
		通信线路保护	2	5.66	1
		机房区域防护	2	5.66	1
存储介质故障	3	安全策略	3	10.39	2
		机房设备管理	2	6.93	2
		机房区域防护	2	6.93	2
计算机设备故障	2	安全策略	3	8.49	2
		机房区域防护	2	5.66	1
		机房设备管理	2	5.66	1

续表

资产名称:系统服务平台——数据库系统平台　资产价值:4					
威胁	威胁值	脆弱性	脆弱性	风险值	风险等级
系统软件故障	3	系统口令策略	3	10.39	2
		业务连续性	3	10.39	2
		系统网络安全	3	10.39	2
		资源共享	2	6.93	2
		系统开发与维护	2	6.93	2
		系统补丁安装	2	6.93	2
		物理和环境安全	3	10.39	2
		系统事件审计	2	6.93	2
		系统访问控制	3	10.39	2
		新系统配置(初始化)	1	3.46	1
		系统注册表加固	3	10.39	2
		系统管理	1	3.46	1
		系统用户账号	2	6.93	2
		物理保护	3	10.39	2
应用软件故障	2	软件鉴别机制	3	8.49	2
		业务连续性	3	8.49	2
		软件审计机制	1	2.83	1
		软件审计存储	1	2.83	1
		软件访问控制策略	2	5.66	1
		数据完整性	2	5.66	1
		软件密码保护	4	11.31	3
		系统开发与维护	2	5.66	1
		通信	1	2.83	1
密码口令攻击	2	软件访问控制策略	2	5.66	1
		软件鉴别机制	3	8.49	2
		系统口令策略	3	8.49	2
		系统用户账号	2	5.66	1
		软件密码保护	4	11.31	3
		系统访问控制	3	8.49	2
远程维护端口被非授权的使用	2	网络设备安全配置情况	3	8.49	2
		系统管理	1	2.83	1
		系统事件审计	2	5.66	1
		边界保护	2	5.66	1
		外部访问控制策略	3	8.49	2
		系统访问控制	3	8.49	2

续表

资产名称:系统服务平台——数据库系统平台 资产价值:4						
威胁	威胁值	脆弱性	脆弱性	风险值	风险等级
拒绝服务攻击	2	业务连续性	3	8.49	2
		通信与操作管理	3	8.49	2
		访问控制	3	8.49	2
		物理和环境安全	3	8.49	2
破坏性攻击	2	通信与操作管理	3	8.49	2
		协议安全	2	5.66	1
		数据完整性	2	5.66	1
		物理和环境安全	3	8.49	2
		访问控制	3	8.49	2
		交易完整性	2	5.66	1
		业务连续性	3	8.49	2
未授权访问	2	内部访问控制策略	3	8.49	2
		访问控制	3	8.49	2
		系统口令策略	3	8.49	2
		外部访问控制策略	3	8.49	2
恶意代码	3	系统补丁安装	2	6.93	2
		网络设备安全配置情况	3	10.39	2
		系统网络安全	3	10.39	2
漏洞探测利用	2	系统补丁安装	2	5.66	1
		系统网络安全	3	8.49	2
		系统注册表加固	3	8.49	2
		网络设备安全配置情况	3	8.49	2
恶意渗透、入侵和篡改等	3	系统网络安全	3	10.39	2
		系统补丁安装	2	6.93	2
		系统网络安全	3	10.39	2
		系统注册表加固	3	10.39	2
		网络设备安全配置情况	3	10.39	2
		系统访问控制	3	10.39	2
		协议安全	2	6.93	2
		访问控制	3	10.39	2
		业务连续性	3	10.39	2
		系统事件审计	2	6.93	2

续表

资产名称:系统服务平台——数据库系统平台 资产价值:4					
威胁	威胁值	脆弱性	脆弱性	风险值	风险等级
权限提升	3	通信与操作管理	3	10.39	2
		系统事件审计	2	6.93	2
		系统网络安全	3	10.39	2
		系统管理	1	3.46	1
侦察	2	数据库网络和服务设置	2	5.66	1
		数据库访问控制	3	8.49	2
		数据库补丁安装	3	8.49	2
社会工程学攻击	2	安全策略	3	8.49	2
		人员安全	3	8.49	2
内部员工蓄意破坏	2	机房区域防护	2	5.66	1
		人员安全	3	8.49	2
		物理和环境安全	3	8.49	2
		访问控制	3	8.49	2
		机房设备管理	2	5.66	1
		备份恢复机制	3	8.49	2
		组织安全解决能力	3	8.49	2
		安全策略	3	8.49	2
		系统管理	1	2.83	1
泄露重要信息	2	安全策略	3	8.49	2
		人员安全	3	8.49	2
不遵守安全策略	2	组织安全解决能力	3	8.49	2
		安全策略	3	8.49	2
		人员安全	3	8.49	2
误操作	2	通信与操作管理	3	8.49	2
		备份恢复机制	3	8.49	2
		访问控制	3	8.49	2
不恰当的配置和操作	2	访问控制	3	8.49	2
		备份恢复机制	3	8.49	2
		通信与操作管理	3	8.49	2
内部人员个人信息丢失	2	安全策略	3	8.49	2
		组织安全解决能力	3	8.49	2
		人员安全	3	8.49	2

续表

资产名称:系统服务平台——数据库系统平台　资产价值:4					
威胁	威胁值	脆弱性	脆弱性	风险值	风险等级
硬件维护、保养不当	2	组织安全解决能力	3	8.49	2
		资产分类与控制	2	5.66	1
		安全策略	3	8.49	2
软件维护不当	2	资产分类与控制	2	5.66	1
		人员安全	3	8.49	2
		系统开发与维护	2	5.66	1
		备份恢复机制	3	8.49	2
		安全策略	3	8.49	2
管理运营失误	2	人员安全	3	8.49	2
		组织安全解决能力	3	8.49	2
		安全策略	3	8.49	2
人员匮乏	2	组织安全解决能力	3	8.49	2
		安全策略	3	8.49	2
关键员工离职	2	组织安全解决能力	3	8.49	2
		安全策略	3	8.49	2

资产名称:系统服务平台——身份验证系统　资产价值:4					
威胁	威胁值	脆弱性	脆弱性	风险值	风险等级
地震	2	机房抗震	2	5.66	1
火灾	2	机房防火	2	5.66	1
洪灾	2	机房抗洪	2	5.66	1
暴风雨	2	机房防暴风雨	2	5.66	1
雷电	2	机房接地与防雷	1	2.83	1
温度异常	2	机房防潮、除湿	2	5.66	1
湿度异常	2	机房防潮、除湿	2	5.66	1
灰尘	2	机房防灰尘	2	5.66	1
静电	2	机房防静电	2	5.66	1
电磁干扰	2	电磁防护	2	5.66	1
电力故障	2	机房设备管理	2	5.66	1
		机房供配电	2	5.66	1
空调故障	2	机房设备管理	2	5.66	1
		机房供配电	2	5.66	1

续表

资产名称:系统服务平台——身份验证系统　资产价值:4					
威胁	威胁值	脆弱性	脆弱性	风险值	风险等级
通信故障	3	机房设备管理	2	6.93	2
		通信与操作管理	3	10.39	2
		网络设备安全配置情况	3	10.39	2
		内部访问控制策略	3	10.39	2
		外部访问控制策略	3	10.39	2
		通信线路保护	2	6.93	2
		机房区域防护	2	6.93	2
计算机设备故障	2	安全策略	3	8.49	2
		机房区域防护	2	5.66	1
		机房设备管理	2	5.66	1
偷窃	2	机房区域防护	2	5.66	1
恶意破坏	2	机房区域防护	2	5.66	1
密码口令攻击	3	软件访问控制策略	2	6.93	2
		软件鉴别机制	3	10.39	2
		系统口令策略	3	10.39	2
		系统用户账号	2	6.93	2
		软件密码保护	4	13.86	3
		系统访问控制	3	10.39	2
远程维护端口被非授权的使用	3	网络设备安全配置情况	3	10.39	2
		系统事件审计	2	6.93	2
		系统管理	1	3.46	1
		外部访问控制策略	3	10.39	2
		系统访问控制	3	10.39	2
		边界保护	2	6.93	2
拒绝服务攻击	3	业务连续性	3	10.39	2
		通信与操作管理	3	10.39	2
		访问控制	3	10.39	2
		物理和环境安全	3	10.39	2
破坏性攻击	3	业务连续性	3	10.39	2
		物理和环境安全	3	10.39	2
		通信与操作管理	3	10.39	2
		交易完整性	2	6.93	2
		访问控制	3	10.39	2
		协议安全	2	6.93	2
		数据完整性	2	6.93	2

续表

资产名称:系统服务平台——身份验证系统　资产价值:4					
威胁	威胁值	脆弱性	脆弱性	风险值	风险等级
未授权访问	3	内部访问控制策略	3	10.39	2
		访问控制	3	10.39	2
		系统口令策略	3	10.39	2
		外部访问控制策略	3	10.39	2
恶意代码	3	系统网络安全	3	10.39	2
		系统补丁安装	2	6.93	2
		网络设备安全配置情况	3	10.39	2
漏洞探测利用	3	系统补丁安装	2	6.93	2
		系统网络安全	3	10.39	2
		网络设备安全配置情况	3	10.39	2
		系统注册表加固	3	10.39	2
恶意渗透、入侵和篡改等	3	系统网络安全	3	10.39	2
		系统补丁安装	2	6.93	2
		系统注册表加固	3	10.39	2
		网络设备安全配置情况	3	10.39	2
		系统访问控制	3	10.39	2
		系统网络安全	3	10.39	2
		协议安全	2	6.93	2
		访问控制	3	10.39	2
		业务连续性	3	10.39	2
		系统事件审计	2	6.93	2
权限提升	3	系统管理	1	3.46	1
		系统事件审计	2	6.93	2
		通信与操作管理	3	10.39	2
		系统网络安全	3	10.39	2
社会工程学攻击	2	人员安全	3	8.49	2
		安全策略	3	8.49	2
内部员工蓄意破坏	2	组织安全解决能力	3	8.49	2
		备份恢复机制	3	8.49	2
		物理和环境安全	3	8.49	2
		人员安全	3	8.49	2
		访问控制	3	8.49	2
		机房设备管理	2	5.66	1
		系统管理	1	2.83	1
		安全策略	3	8.49	2
		机房区域防护	2	5.66	1

续表

资产名称:系统服务平台——身份验证系统 资产价值:4					
威胁	威胁值	脆弱性	脆弱性	风险值	风险等级
泄露重要信息	2	安全策略	3	8.49	2
		人员安全	3	8.49	2
不遵守安全策略	2	组织安全解决能力	3	8.49	2
		安全策略	3	8.49	2
		人员安全	3	8.49	2
误操作	2	访问控制	3	8.49	2
		通信与操作管理	3	8.49	2
		备份恢复机制	3	8.49	2
不恰当的配置和操作	2	通信与操作管理	3	8.49	2
		访问控制	3	8.49	2
		备份恢复机制	3	8.49	2
内部人员个人信息丢失	2	安全策略	3	8.49	2
		组织安全解决能力	3	8.49	2
		人员安全	3	8.49	2
硬件维护、保养不当	2	资产分类与控制	2	5.66	1
		安全策略	3	8.49	2
		组织安全解决能力	3	8.49	2
软件维护不当	2	系统开发与维护	2	5.66	1
		安全策略	3	8.49	2
		资产分类与控制	2	5.66	1
		人员安全	3	8.49	2
		备份恢复机制	3	8.49	2
管理运营失误	2	人员安全	3	8.49	2
		组织安全解决能力	3	8.49	2
		安全策略	3	8.49	2
人员匮乏	2	组织安全解决能力	3	8.49	2
		安全策略	3	8.49	2
关键员工离职	2	安全策略	3	8.49	2
		组织安全解决能力	3	8.49	2

资产名称:系统服务平台——防病毒软件 资产价值:4					
威胁	威胁值	脆弱性	脆弱性	风险值	风险等级
地震	2	机房抗震	2	5.66	1
火灾	2	机房防火	2	5.66	1
洪灾	2	机房抗洪	2	5.66	1
暴风雨	2	机房防暴风雨	2	5.66	1
雷电	2	机房接地与防雷	1	2.83	1
温度异常	2	机房防潮、除湿	2	5.66	1
湿度异常	2	机房防潮、除湿	2	5.66	1
灰尘	2	机房防灰尘	2	5.66	1
静电	2	机房防静电	2	5.66	1
电磁干扰	2	电磁防护	2	5.66	1
电力故障	2	机房供配电	2	5.66	1
		机房设备管理	2	5.66	1
空调故障	2	机房供配电	2	5.66	1
		机房设备管理	2	5.66	1
通信故障	3	内部访问控制策略	3	10.39	2
		机房区域防护	2	6.93	2
		外部访问控制策略	3	10.39	2
		网络设备安全配置情况	3	10.39	2
		通信与操作管理	3	10.39	2
		机房设备管理	2	6.93	2
		通信线路保护	2	6.93	2
计算机设备故障	2	机房设备管理	2	5.66	1
		安全策略	3	8.49	2
		机房区域防护	2	5.66	1
偷窃	2	机房区域防护	2	5.66	1
恶意破坏	2	机房区域防护	2	5.66	1
密码口令攻击	3	系统口令策略	3	10.39	2
		系统用户账号	2	6.93	2
		系统访问控制	3	10.39	2
		软件鉴别机制	3	10.39	2
		软件访问控制策略	2	6.93	2
		软件密码保护	4	13.86	3

续表

资产名称:系统服务平台——防病毒软件　资产价值:4					
威胁	威胁值	脆弱性	脆弱性	风险值	风险等级
远程维护端口被非授权的使用	3	外部访问控制策略	3	10.39	2
		网络设备安全配置情况	3	10.39	2
		边界保护	2	6.93	2
		系统访问控制	3	10.39	2
		系统事件审计	2	6.93	2
		系统管理	1	3.46	1
拒绝服务攻击	3	通信与操作管理	3	10.39	2
		访问控制	3	10.39	2
		业务连续性	3	10.39	2
		物理和环境安全	3	10.39	2
破坏性攻击	3	协议安全	2	6.93	2
		访问控制	3	10.39	2
		交易完整性	2	6.93	2
		业务连续性	3	10.39	2
		通信与操作管理	3	10.39	2
		数据完整性	2	6.93	2
		物理和环境安全	3	10.39	2
未授权访问	3	访问控制	3	10.39	2
		系统口令策略	3	10.39	2
		外部访问控制策略	3	10.39	2
		内部访问控制策略	3	10.39	2
恶意代码	3	系统网络安全	3	10.39	2
		系统补丁安装	2	6.93	2
		网络设备安全配置情况	3	10.39	2
漏洞探测利用	3	网络设备安全配置情况	3	10.39	2
		系统补丁安装	2	6.93	2
		系统网络安全	3	10.39	2
		系统注册表加固	3	10.39	2

续表

资产名称:系统服务平台——防病毒软件 资产价值:4					
威胁	威胁值	脆弱性	脆弱性	风险值	风险等级
恶意渗透、入侵和篡改等	3	业务连续性	3	10.39	2
		系统补丁安装	2	6.93	2
		系统网络安全	3	10.39	2
		系统注册表加固	3	10.39	2
		网络设备安全配置情况	3	10.39	2
		系统访问控制	3	10.39	2
		系统事件审计	2	6.93	2
		系统网络安全	3	10.39	2
		访问控制	3	10.39	2
		协议安全	2	6.93	2
权限提升	3	系统管理	1	3.46	1
		通信与操作管理	3	10.39	2
		系统事件审计	2	6.93	2
		系统网络安全	3	10.39	2
社会工程学攻击	2	安全策略	3	8.49	2
		人员安全	3	8.49	2
内部员工蓄意破坏	2	人员安全	3	8.49	2
		物理和环境安全	3	8.49	2
		访问控制	3	8.49	2
		机房区域防护	2	5.66	1
		系统管理	1	2.83	1
		机房设备管理	2	5.66	1
		组织安全解决能力	3	8.49	2
		安全策略	3	8.49	2
		备份恢复机制	3	8.49	2
泄露重要信息	2	安全策略	3	8.49	2
		人员安全	3	8.49	2
不遵守安全策略	2	组织安全解决能力	3	8.49	2
		安全策略	3	8.49	2
		人员安全	3	8.49	2
误操作	2	访问控制	3	8.49	2
		通信与操作管理	3	8.49	2
		备份恢复机制	3	8.49	2

续表

资产名称:系统服务平台——防病毒软件 资产价值:4					
威胁	威胁值	脆弱性	脆弱性	风险值	风险等级
不恰当的配置和操作	2	访问控制	3	8.49	2
		备份恢复机制	3	8.49	2
		通信与操作管理	3	8.49	2
内部人员个人信息丢失	2	安全策略	3	8.49	2
		组织安全解决能力	3	8.49	2
		人员安全	3	8.49	2
硬件维护、保养不当	2	组织安全解决能力	3	8.49	2
		资产分类与控制	2	5.66	1
		安全策略	3	8.49	2
软件维护不当	2	资产分类与控制	2	5.66	1
		人员安全	3	8.49	2
		安全策略	3	8.49	2
		系统开发与维护	2	5.66	1
		备份恢复机制	3	8.49	2
管理运营失误	2	人员安全	3	8.49	2
		组织安全解决能力	3	8.49	2
		安全策略	3	8.49	2
人员匮乏	2	组织安全解决能力	3	8.49	2
		安全策略	3	8.49	2
关键员工离职	2	组织安全解决能力	3	8.49	2
		安全策略	3	8.49	2

资产名称:办公服务——电力支持 资产价值:4					
威胁	威胁值	脆弱性	脆弱性	风险值	风险等级
管理运营失误	3	组织安全解决能力	3	10.39	2
		安全策略	3	10.39	2
		人员安全	3	10.39	2
人员匮乏	3	安全策略	3	10.39	2
		组织安全解决能力	3	10.39	2
关键员工离职	2	组织安全解决能力	3	8.49	2
		安全策略	3	8.49	2
法律纠纷	2	安全策略	3	8.49	2
		组织安全解决能力	3	8.49	2
		符合性	3	8.49	2

续表

资产名称:办公服务——电力支持　资产价值:4					
威胁	威胁值	脆弱性	脆弱性	风险值	风险等级
不能或错误地响应和恢复	2	数据完整性	2	5.66	1
		组织安全解决能力	3	8.49	2
		协议安全	2	5.66	1
		安全策略	3	8.49	2
		交易完整性	2	5.66	1
地震	2	机房抗震	2	5.66	1
火灾	2	机房防火	2	5.66	1
洪灾	2	机房抗洪	2	5.66	1
暴风雨	3	机房防暴风雨	2	6.93	2
雷电	3	机房接地与防雷	1	3.46	1

资产名称:办公服务——物业服务　资产价值:4					
威胁	威胁值	脆弱性	脆弱性	风险值	风险等级
管理运营失误	3	人员安全	3	10.39	2
		组织安全解决能力	3	10.39	2
		安全策略	3	10.39	2
人员匮乏	3	组织安全解决能力	3	10.39	2
		安全策略	3	10.39	2
关键员工离职	2	组织安全解决能力	3	8.49	2
		安全策略	3	8.49	2
法律纠纷	2	安全策略	3	8.49	2
		组织安全解决能力	3	8.49	2
		符合性	3	8.49	2
不能或错误地响应和恢复	2	交易完整性	2	5.66	1
		安全策略	3	8.49	2
		协议安全	2	5.66	1
		数据完整性	2	5.66	1
		组织安全解决能力	3	8.49	2
地震	2	机房抗震	2	5.66	1
火灾	2	机房防火	2	5.66	1
洪灾	2	机房抗洪	2	5.66	1
暴风雨	3	机房防暴风雨	2	6.93	2
雷电	2	机房接地与防雷	1	2.83	1

资产名称:网络服务——提供的网络连接服务 资产价值:3					
威胁	威胁值	脆弱性	脆弱性	风险值	风险等级
管理运营失误	2	人员安全	3	7.35	2
		组织安全解决能力	3	7.35	2
		安全策略	3	7.35	2
人员匮乏	2	组织安全解决能力	3	7.35	2
		安全策略	3	7.35	2
关键员工离职	2	组织安全解决能力	3	7.35	2
		安全策略	3	7.35	2
法律纠纷	2	安全策略	3	7.35	2
		组织安全解决能力	3	7.35	2
		符合性	3	7.35	2
不能或错误地响应和恢复	2	安全策略	3	7.35	2
		协议安全	2	4.90	1
		数据完整性	2	4.90	1
		组织安全解决能力	3	7.35	2
		交易完整性	2	4.90	1
地震	2	机房抗震	2	4.90	1
火灾	2	机房防火	2	4.90	1
洪灾	2	机房抗洪	2	4.90	1
暴风雨	2	机房防暴风雨	2	4.90	1
雷电	2	机房接地与防雷	1	2.45	1

资产名称:第三方服务——外购产品享受的服务 资产价值:3					
威胁	威胁值	脆弱性	脆弱性	风险值	风险等级
管理运营失误	3	人员安全	3	9.00	2
		组织安全解决能力	3	9.00	2
		安全策略	3	9.00	2
人员匮乏	3	组织安全解决能力	3	9.00	2
		安全策略	3	9.00	2
关键员工离职	2	组织安全解决能力	3	7.35	2
		安全策略	3	7.35	2
法律纠纷	2	安全策略	3	7.35	2
		符合性	3	7.35	2
		组织安全解决能力	3	7.35	2

续表

资产名称:第三方服务——外购产品享受的服务　资产价值:3					
威胁	威胁值	脆弱性	脆弱性	风险值	风险等级
不能或错误地响应和恢复	2	安全策略	3	7.35	2
		协议安全	2	4.90	1
		数据完整性	2	4.90	1
		组织安全解决能力	3	7.35	2
		交易完整性	2	4.90	1
地震	2	机房抗震	2	4.90	1
火灾	2	机房防火	2	4.90	1
洪灾	2	机房抗洪	2	4.90	1
暴风雨	3	机房防暴风雨	2	6.00	2
雷电	3	机房接地与防雷	1	3.00	1

资产名称:第三方服务——软硬件维护　资产价值:3					
威胁	威胁值	脆弱性	脆弱性	风险值	风险等级
管理运营失误	3	人员安全	3	9.00	2
		组织安全解决能力	3	9.00	2
		安全策略	3	9.00	2
人员匮乏	3	组织安全解决能力	3	9.00	2
		安全策略	3	9.00	2
关键员工离职	2	组织安全解决能力	3	7.35	2
		安全策略	3	7.35	2
法律纠纷	2	符合性	3	7.35	2
		组织安全解决能力	3	7.35	2
		安全策略	3	7.35	2
不能或错误地响应和恢复	2	协议安全	2	4.90	1
		数据完整性	2	4.90	1
		组织安全解决能力	3	7.35	2
		交易完整性	2	4.90	1
		安全策略	3	7.35	2
地震	2	机房抗震	2	4.90	1
火灾	2	机房防火	2	4.90	1
洪灾	2	机房抗洪	2	4.90	1
暴风雨	3	机房防暴风雨	2	6.00	2
雷电	2	机房接地与防雷	1	2.45	1

资产名称:第三方服务——漏洞扫描风险评估　资产价值:3					
威胁	威胁值	脆弱性	脆弱性	风险值	风险等级
管理运营失误	2	人员安全	3	7.35	2
		组织安全解决能力	3	7.35	2
		安全策略	3	7.35	2
人员匮乏	2	组织安全解决能力	3	7.35	2
		安全策略	3	7.35	2
关键员工离职	2	组织安全解决能力	3	7.35	2
		安全策略	3	7.35	2
法律纠纷	2	安全策略	3	7.35	2
		符合性	3	7.35	2
		组织安全解决能力	3	7.35	2
不能或错误地响应和恢复	2	安全策略	3	7.35	2
		协议安全	2	4.90	1
		数据完整性	2	4.90	1
		组织安全解决能力	3	7.35	2
		交易完整性	2	4.90	1
地震	2	机房抗震	2	4.90	1
火灾	2	机房防火	2	4.90	1
洪灾	2	机房抗洪	2	4.90	1
暴风雨	2	机房防暴风雨	2	4.90	1
雷电	2	机房接地与防雷	1	2.45	1
资产名称:管理人员　资产价值:4					
威胁	威胁值	脆弱性	脆弱性	风险值	风险等级
地震	2	机房抗震	2	5.66	1
火灾	2	机房防火	2	5.66	1
洪灾	2	机房抗洪	2	5.66	1
暴风雨	2	机房防暴风雨	2	5.66	1
雷电	2	机房接地与防雷	1	2.83	1
法律纠纷	2	安全策略	3	8.49	2
		组织安全解决能力	3	8.49	2
		符合性	3	8.49	2
管理运营失误	2	安全策略	3	8.49	2
		人员安全	3	8.49	2
		组织安全解决能力	3	8.49	2

资产名称:技术人员　资产价值:4

威胁	威胁值	脆弱性	脆弱性	风险值	风险等级
地震	2	机房抗震	2	5.66	1
火灾	2	机房防火	2	5.66	1
洪灾	2	机房抗洪	2	5.66	1
暴风雨	2	机房防暴风雨	2	5.66	1
雷电	2	机房接地与防雷	1	2.83	1
法律纠纷	2	安全策略	3	8.49	2
		组织安全解决能力	3	8.49	2
		符合性	3	8.49	2
管理运营失误	2	安全策略	3	8.49	2
		人员安全	3	8.49	2
		组织安全解决能力	3	8.49	2

资产名称:业务人员　资产价值:4

威胁	威胁值	脆弱性	脆弱性	风险值	风险等级
地震	2	机房抗震	2	5.66	1
火灾	2	机房防火	2	5.66	1
洪灾	2	机房抗洪	2	5.66	1
暴风雨	3	机房防暴风雨	2	6.93	2
雷电	3	机房接地与防雷	1	3.46	1
法律纠纷	2	安全策略	3	8.49	2
		组织安全解决能力	3	8.49	2
		符合性	3	8.49	2
管理运营失误	2	安全策略	3	8.49	2
		人员安全	3	8.49	2
		组织安全解决能力	3	8.49	2

资产名称:服务人员　资产价值:3

威胁	威胁值	脆弱性	脆弱性	风险值	风险等级
地震	2	机房抗震	2	4.90	1
火灾	2	机房防火	2	4.90	1
洪灾	2	机房抗洪	2	4.90	1
暴风雨	3	机房防暴风雨	2	6.00	2
雷电	3	机房接地与防雷	1	3.00	1

续表

资产名称:服务人员　资产价值:3					
威胁	威胁值	脆弱性	脆弱性	风险值	风险等级
法律纠纷	2	安全策略	3	7.35	2
		组织安全解决能力	3	7.35	2
		符合性	3	7.35	2
管理运营失误	2	安全策略	3	7.35	2
		人员安全	3	7.35	2
		组织安全解决能力	3	7.35	2
资产名称:第三方服务人员　资产价值:3					
威胁	威胁值	脆弱性	脆弱性	风险值	风险等级
地震	2	机房抗震	2	4.90	1
火灾	2	机房防火	2	4.90	1
洪灾	2	机房抗洪	2	4.90	1
暴风雨	2	机房防暴风雨	2	4.90	1
雷电	2	机房接地与防雷	1	2.45	1
法律纠纷	2	安全策略	3	7.35	2
		组织安全解决能力	3	7.35	2
		符合性	3	7.35	2
管理运营失误	2	安全策略	3	7.35	2
		人员安全	3	7.35	2
		组织安全解决能力	3	7.35	2

附录 / 283

附录 C-2 S 指不可接受风险项所对应的控制措施的识别情况

资产分类	资产名称	资产价值	威胁	威胁值	薄弱点	脆弱性	风险等级	建议控制措施（各标号对应的控制措施见表 5.2）
电子资源类	外购资源	4	应用软件故障	2	软件密码保护	4	3	1.1.1.3.1.2.7.1.1.7.2.2.7.2.3.7.2.4.7.3.1.7.4.5.7.6.1
	自建资源	4	应用软件故障	2	软件密码保护	4	3	1.1.1.3.1.2.7.1.1.7.2.2.7.2.3.7.2.4.7.3.1.7.4.5.7.6.1
	其他类资源	4	应用软件故障	2	软件密码保护	4	3	1.1.1.3.1.2.7.1.1.7.2.2.7.2.3.7.2.4.7.3.1.7.4.5.7.6.1
实物资产类	网络设备 交换机	4	密码口令攻击	3	软件鉴别机制	3	3	1.1.1.2.1.3.2.1.4.5.1.1.5.1.2.6.1.1.6.4.1.6.7.1.6.9.2.6.9.4
			密码口令攻击	3	系统访问控制	3	4	1.1.1.2.1.3.2.1.4.5.1.1.5.1.2.6.4.1.6.2.7.1.1.7.4.1.7.4.3.7.5.1
					软件密码保护	4	3	1.1.1.2.1.3.2.1.4.6.1.6.4.1.6.4.1.6.7.1.6.9.2.6.9.4
					系统口令策略	3	3	1.1.1.2.1.3.2.1.4.7.1.1.7.3.1.7.4.3.7.5.3
			远程维护端口被非授权的使用	3	外部访问控制策略	3	3	1.1.1.2.1.3.2.1.4.6.1.6.2.7.1.7.3.1.7.4.2.7.4.4.7.5.2.7.4.1.7.4.3
					系统网络安全	3	3	1.1.1.2.1.3.2.1.4.6.1.6.2.6.2.6.2.7.2.4
			未授权访问	3	网络设备安全配置情况	3	3	1.1.1.2.1.3.2.1.4.6.4.1.6.2.7.1.1.7.4.1.7.4.3.7.5.3
					系统访问控制	3	3	1.1.1.2.1.3.2.1.4.7.1.5.1.3.7.3.1.7.2.2.7.2.4
			内部访问控制		访问控制	3	3	1.1.1.2.1.3.2.1.4.7.1.1.7.3.1.7.4.3.7.5.3
	计算机设备 服务器	5	恶意代码	3	系统网络安全	3	3	1.1.1.2.1.3.2.1.4.6.1.6.2.7.1.1.7.3.1.7.5.4
					外部访问控制策略	3	3	1.1.1.2.1.3.2.1.4.5.2.2.6.2.7.4.4.7.5.2
					网络设备安全配置情况	3	3	1.1.1.2.1.3.2.1.4.5.2.2.6.7.1.7.3.1
			恶意渗透、人侵和篡改	3	访问控制	3	3	1.1.1.2.1.3.2.1.4.6.4.1.6.4.2.6.5.1.6.6.2
					系统网络安全	3	3	1.1.1.2.1.3.2.1.4.7.1.5.1.3.7.3.1.7.4.3.7.5.3
					网络设备安全加固	3	3	1.1.1.2.1.3.2.1.4.6.9.1.6.9.2.6.9.3.6.9.5
					业务连续性	3	3	1.1.1.2.1.3.2.1.4.6.1.6.4.1.6.4.2.6.7.2.8.3.2
					系统注册表加固	3	3	1.1.1.2.1.3.2.1.4.10.1.10.1.2.10.1.3
			权限提升	3	系统访问控制	3	3	1.1.1.2.1.3.2.1.4.6.4.1.6.4.2.7.1.1.7.3.1.7.4.1.7.4.3.7.5.1
					通信与操作管理	3	3	1.1.1.2.1.3.2.1.4.6.1.2.6.1.6.6.2.6.9.4

续表

资产分类	资产名称	资产价值	威胁	威胁值	薄弱点	脆弱性	风险等级	建议控制措施（各标号对应的控制措施见表5.2）
实物资产类	存储设备 磁盘阵列	5	计算机设备故障	3	安全策略	3	3	1.1.1.2.1.3.2.1.4.3.1.1.3.1.2
			远程维护端口被非授权的使用	3	网络设备安全配置情况	3	3	1.1.1.2.1.3.2.1.4.5.2.2.6.6.2.7.4.3
					系统访问控制	3	3	1.1.1.2.1.3.2.1.4.6.4.1.6.4.2.7.1.1.6.4.2.7.1.7.4.1.7.3.1.7.4.3.7.5.1
					外部访问控制策略	3	3	1.1.1.2.1.3.2.1.4.6.1.1.6.2.7.1.1.6.2.7.1.7.3.1.7.4.2.7.4.1.7.5.2.7.4.1.7.4.3
					通信与操作管理	3	3	1.1.1.6.4.1.6.4.2.7.4.5
			破坏性攻击	3	访问控制	3	3	1.1.1.2.1.3.2.1.4.5.1.1.5.1.2
					系统网络安全	3	3	1.1.1.2.1.2.6.3.2.6.1.6.6.2.6.4.1.6.4.2
					物理和环境安全	3	3	1.1.1.5.1.5.2.5.1.3.5.2.1
					业务连续性	3	3	1.1.1.2.1.3.2.1.4.10.1.1.10.1.2.10.1.3
			恶意代码	3	网络设备安全配置情况	3	3	1.1.1.2.1.2.6.1.6.6.2.6.4.1.6.4.2
					系统网络安全	3	3	1.1.1.2.1.3.2.1.4.6.4.1.6.4.2.7.1.1.6.4.2.7.1.7.3.1.7.4.1.7.3.7.5.1
			恶意渗透、人侵和篡改等	3	系统访问配置情况	3	3	1.1.1.2.1.3.2.1.4.6.4.5.1.6.9.1.6.9.3.6.9.5
					网络设备注册表加固	3	3	1.1.1.2.1.3.2.1.4.6.1.1.6.4.2.6.6.2.6.4.1.6.4.2.7.2.8.3.2
					系统网络安全	3	3	1.1.1.2.1.2.6.3.2.1.4.6.4.1.6.4.2.6.6.2.6.4.1.6.4.2.6.5.1
					访问控制	3	3	1.1.1.2.1.3.2.1.4.6.5.1.10.1.1.10.1.2.10.1.3
					业务连续性	3	3	1.1.1.2.1.3.2.1.4.6.1.6.2

续表

资产分类	资产名称	资产价值	威胁	威胁值	薄弱点	脆弱性	风险等级	建议控制措施（各标号对应的控制措施见表5.2）
实物资产类	硬件防火墙（含入侵检测系统）	5	密码口令攻击	3	软件鉴别机制	3	3	1.1.1.2.1.3.2.1.4.3.1.1.3.1.2.7.1.1.7.3.1.7.6.2
					系统口令策略	3	3	1.1.1.2.1.3.2.1.4.3.1.1.3.1.2.7.1.1.7.3.1.7.6.2
					软件密码保护	4	4	1.1.1.2.1.3.2.1.4.3.1.1.3.1.2.7.1.1.7.3.1.7.6.2
			远程维护端口被非授权的使用	3	系统访问控制	3	3	1.1.1.2.1.3.2.1.4.6.4.1.6.4.2.7.1.4.7.3.1.7.4.3.7.5.1
					网络设备安全配置情况	3	3	1.1.1.2.1.3.2.1.4.5.2.6.6.2.7.4.3
					外部访问控制策略	3	3	1.1.1.2.1.3.2.1.4.6.1.6.4.2.7.1.4.7.3.1.7.4.4.7.5.2.7.1.4.7.3.1.7.5.1
					系统访问控制	3	3	1.1.1.2.1.3.2.1.4.6.1.6.6.2.7.1.7.3.1.7.4.5.7.2.7.1.10.1.2.7.1.1.7.6.2
			拒绝服务攻击	3	业务连续性	3	3	1.1.1.2.1.3.6.6.1.6.9.1
					通信号操作管理	3	3	1.1.1.2.1.3.2.1.4.1.1.3.1.2.5.1.3.1.2.10.1.3
			破坏性攻击	3	访问控制	3	3	1.1.1.2.1.3.2.1.4.5.1.3.5.2.1
					物理和环境安全	3	3	1.1.1.2.1.5.1.3.5.2.1
					业务连续性	3	3	1.1.1.2.1.3.2.1.4.3.1.1.3.1.2.10.1.1.10.1.2.10.1.3
					通信号操作管理	3	3	1.1.1.6.4.1.6.4.2.7.4.5
			未授权访问	3	内部访问控制策略	3	3	1.1.1.2.1.3.2.1.4.1.1.3.1.2.5.1.1.5.1.3.7.1.1.7.6.2
					系统口令策略	3	3	1.1.1.2.1.3.2.1.4.1.1.3.1.2.5.1.1.5.1.3.7.1.1.7.6.2
					外部访问控制策略	3	3	1.1.1.2.1.3.2.1.4.7.1.7.4.2.7.4.4.7.4.1.6.4.2
			恶意代码	3	系统访问网络安全	3	3	1.1.1.2.1.2.6.3.2.6.1.6.6.2.6.4.1.6.4.2
					网络设备安全配置情况	3	3	1.1.1.2.1.2.6.6.1.6.6.2.6.4.1.6.4.2.8.1.8.3.2
			漏洞探测利用	3	网络设备安全配置情况	3	3	1.1.1.2.1.2.6.3.2.6.1.6.6.2.6.4.1.6.4.2
					系统注册表加固	3	3	1.1.1.2.1.3.1.2.5.1.1.5.1.3.7.1.1.7.6.2
			恶意修改、入侵和篡改等	3	系统注册表加固	3	3	1.1.1.2.1.3.2.1.4.1.3.1.1.6.4.1.6.4.2.6.7.2.8.3.2
					访问控制	3	3	1.1.1.2.1.3.2.1.4.1.1.3.1.2.5.2.4.6.9.4
					业务连续性	3	3	1.1.1.2.1.3.2.1.4.6.1.6.4.2.6.7.2.8.3.2
	门禁系统	4	应用软件故障	2	系统注册表加固	3	3	1.1.1.2.1.3.2.1.4.1.1.3.1.2.5.2.5.2.3.7.1.1
					软件密码保护	4	4	1.1.1.2.1.3.2.1.4.3.1.1.3.1.2.10.1.1.10.1.2.7.1.1.7.3.1.7.6.2
	监控设备	4	应用软件故障	2	软件密码保护	4	4	1.1.1.2.1.3.2.1.4.3.1.1.3.1.2.7.1.1.7.3.1.7.6.2

续表

资产分类	资产名称		资产价值	威胁	威胁值	薄弱点	脆弱性	风险等级	建议控制措施（各标号对应的控制措施见表5.2）
软件资产类	应用软件	业务管理系统	4	应用软件故障 密码口令攻击	3	软件密码保护	4	3	1.1.1.2.1.3.3.1.1.3.1.2.7.1.1.7.2.1.7.2.2.7.2.3.7.2.4.7.3.1.7.3.2.7.5.1.7.5. 2.7.5.3.7.6.1.7.6.2
		门户网站系统	4	应用软件故障 密码口令攻击	3	软件密码保护	4	3	1.1.1.2.2.1.3.7.1.1.7.5.1.7.5.2.7.5.3.7.6.1
		信息服务系统	4	应用软件故障 密码口令攻击	3	软件密码保护	4	3	1.1.1.2.1.3.3.1.1.3.1.2.7.1.1.7.2.1.7.2.2.7.2.3.7.2.4.7.3.1.7.3.2.7.5.1.7.5. 2.7.5.3.7.6.1.7.6.2
	系统服务平台	操作系统平台	4	应用软件故障 密码口令攻击	3	软件密码保护	4	3	1.1.1.2.1.3.3.1.1.3.1.2.7.1.1.7.2.1.7.2.2.7.2.3.7.2.4.7.3.1.7.3.2.7.5.1.7.5. 2.7.5.3.7.6.1.7.6.2
			4	应用软件故障 密码口令攻击	2	软件密码保护	4	3	1.1.1.2.1.3.3.1.1.3.1.2.7.1.1.7.2.1.7.2.2.7.2.3.7.2.4.7.3.1.7.3.2.7.5.1.7.5. 2.7.5.3.7.6.1.7.6.2
		数据库系统平台	4	应用软件故障 密码口令攻击	2	软件密码保护	4	3	1.1.1.2.1.3.3.1.1.3.1.2.7.1.1.7.2.1.7.2.2.7.2.3.7.2.4.7.3.1.7.3.2.7.5.1.7.5. 2.7.5.3.7.6.1.7.6.2
		身份验证系统	4	应用软件故障 密码口令攻击	2	软件密码保护	4	3	1.1.1.2.1.3.3.1.1.3.1.2.7.1.1.7.2.1.7.2.2.7.2.3.7.2.4.7.3.1.7.3.2.7.5.1.7.5. 2.7.5.3.7.6.1.7.6.2
		防病毒软件	4	密码口令攻击	3	软件密码保护	4	3	1.1.1.2.1.3.3.1.1.3.1.2.7.1.1.7.2.1.7.2.2.7.2.3.7.2.4.7.3.1.7.3.2.7.5.1.7.5. 2.7.5.3.7.6.1.7.6.2

附录 / 287

附表 C-3　S 馆不可接受风险项所对应的控制措施的赋值情况

控制域	安全类别	控制要素	1					2					3					4					5					6					7					8				
			实施成本			难度	有效性	实施成本			难度	有效性	实施成本			难度	有效性	实施成本			难度	有效性	实施成本			难度	有效性	实施成本			难度	有效性	实施成本			难度	有效性	实施成本			难度	有效性
			人力	时间	费用			人力	时间	费用			人力	时间	费用			人力	时间	费用			人力	时间	费用			人力	时间	费用			人力	时间	费用			人力	时间	费用		
1 安全方针	1.1 信息安全方针	1.1.1 信息安全方针文件	2	2	2	3	3	3	3	1	2	3	3	3	2	2	3	4	4	3	4	5	3	3	1	2	3	4	4	3	3	3	4	4	3	4	5	2	2	2	3	3
2 信息安全组织	2.1 内部组织	2.1.1 信息安全的管理承诺	2	2	2	2	3	3	3	1	1	3	3	3	2	2	4	4	4	2	3	5	2	2	1	2	2	2	3	3	4	3	3	2	2	3	5	2	2	2	2	3
		2.1.2 信息安全协调	3	3	2	3	3	4	4	1	2	3	4	4	2	3	4	4	4	3	3	4	3	2	2	2	3	4	3	3	4	3	4	4	2	3	4	3	3	2	3	3
		2.1.3 信息安全职责的分配	3	3	3	4	4	4	4	1	2	3	4	4	3	2	4	5	4	2	4	4	2	2	1	1	2	4	3	2	3	5	5	4	3	3	4	3	3	2	3	3
		2.1.4 信息处理设施的授权过程	3	3	3	3	3	4	4	1	2	4	3	3	3	3	4	5	5	3	3	5	3	2	2	1	3	4	3	3	3	3	4	3	3	2	5	2	2	2	2	3
		2.1.5 与政府部门的联系	2	2	2	2	3	4	5	1	1	3	4	3	1	2	4	4	3	3	3	4	2	2	2	1	2	4	3	3	3	4	4	3	2	3	4	2	2	2	2	3
3 资产管理	3.1 对资产负责	3.1.1 资产清单	3	3	3	2	4	4	4	2	2	4	3	3	1	2	4	4	4	3	3	5	4	2	1	1	3	4	3	4	3	4	4	4	3	4	5	4	3	3	4	3
		3.1.2 资产责任人	3	3	3	2	2	4	4	1	1	2	3	4	1	2	2	4	5	2	2	5	5	2	1	2	3	5	3	2	3	3	3	5	2	2	5	3	3	3	3	3
		3.1.3 资产的可接受使用	3	3	3	3	4	4	4	2	2	4	4	3	2	2	4	4	5	3	2	4	4	2	2	2	3	4	3	4	4	3	4	4	2	2	5	3	3	3	3	4
4 人力资源安全	4.1 任用中	4.1.1 管理职责	3	3	3	3	2	4	3	2	2	4	3	3	2	2	4	3	3	3	2	4	2	2	2	3	3	2	3	4	3	4	3	5	2	3	5	3	2	3	3	4
		4.1.2 信息安全意识、教育和培训	3	2	2	3	3	3	2	2	2	3	3	2	2	2	3	3	3	2	2	3	3	1	1	2	3	3	3	2	2	3	3	3	3	2	5	3	2	3	3	3
4.2 任用的终止或变更		4.2.1 终止职责	2	2	2	3	2	4	3	2	2	4	4	4	2	3	4	3	2	2	2	3	4	1	1	3	3	4	2	3	2	4	2	3	3	2	4	2	2	3	3	3
		4.2.2 资产的归还	2	2	2	2	2	4	4	2	2	3	3	3	2	2	4	2	2	2	2	4	2	1	1	2	2	5	3	3	2	3	3	3	2	2	4	2	2	3	2	3
		4.2.3 撤销访问权	2	2	2	2	3	4	4	2	2	3	4	3	2	2	4	3	4	2	2	5	4	1	1	3	3	4	4	3	2	3	4	3	3	2	5	4	2	2	2	3

控制域	安全类别	控制要素	9 人力	9 时间	9 费用	9 难度	9 有效性	10 人力	10 时间	10 费用	10 难度	10 有效性	11 人力	11 时间	11 费用	11 难度	11 有效性	12 人力	12 时间	12 费用	12 难度	12 有效性	13 人力	13 时间	13 费用	13 难度	13 有效性	14 人力	14 时间	14 费用	14 难度	14 有效性	15 人力	15 时间	15 费用	15 难度	15 有效性	16 人力	16 时间	16 费用	16 难度	16 有效性
1 安全方针	1.1 信息安全方针	1.1.1 信息安全方针文件	3	3	3	3	5	2	2	2	3	3	2	5	5	5	3	3	3	4	3	4	3	3	2	2	3	4	2	2	3	4	4	2	3	4	1	1	1	2	5
2 信息安全组织	2.1 内部组织	2.1.1 信息安全的管理承诺	3	3	3	3	5	2	2	2	3	2	1	3	3	2	2	3	3	4	3	4	3	3	2	2	2	3	3	2	2	4	4	3	2	3	1	2	1	2	5
		2.1.2 信息安全协调	3	3	3	3	5	2	2	2	3	2	1	2	3	3	2	3	3	4	3	4	4	3	3	2	3	3	3	2	2	3	3	4	2	4	1	2	1	2	5
		2.1.3 信息安全职责的分配	3	3	3	3	5	4	4	4	3	3	1	5	5	5	2	3	3	4	3	4	4	3	2	2	4	3	3	2	2	4	3	2	2	3	1	1	2	2	5
		2.1.4 信息处理设施的授权过程	3	3	3	3	5	2	2	2	3	2	2	5	5	5	2	3	3	4	3	4	3	3	2	2	4	3	3	2	2	4	3	2	2	3	2	1	1	1	5
		2.1.5 与政府部门的联系	3	3	3	3	5	2	2	2	3	2	1	3	3	3	2	3	3	4	3	3	3	3	2	2	3	3	3	2	2	3	3	2	2	3	3	1	2	3	5
3 资产管理	3.1 对资产负责	3.1.1 资产清单	3	3	3	3	5	3	3	3	3	3	3	2	1	1	1	3	3	3	3	3	3	3	3	3	3	1	2	2	2	4	1	2	2	2	3	3	1	3	4
		3.1.2 资产责任人	3	3	3	3	5	3	2	3	2	3	3	1	1	3	3	4	3	3	3	4	3	3	2	2	4	2	1	1	3	3	2	1	2	3	3	2	2	2	5
		3.1.3 资产的可接受使用	3	3	3	3	5	3	3	3	3	3	5	1	5	3	3	3	3	3	3	4	3	3	2	2	3	3	2	2	2	4	2	2	2	3	3	2	2	3	5
4 人力资源安全	4.1 任用中	4.1.1 管理职责	3	3	3	3	5	3	3	3	3	3	2	3		2	3	3	3	3	3	3	3	3	2	2	3	3	2	2	3	3	3	3	2	3	3	2	2	3	5
		4.1.2 信息安全意识, 教育和培训	3	3	3	3	5	3	3	3	3	2	4	5	1	1	2	3	3	3	3	3	3	3	2	2	3	3	1	1	2	3	3	1	1	3	3	2	2	1	5
4.2 任用中止或变更		4.2.1 终止职责	3	3	3	3	5	2	2	2	3	2	5	3	5	2	1	3	3	3	3	3	3	3	2	2	3	2	2	2	2	4	2	2	2	4	2	2	2	3	5
		4.2.2 资产的归还	3	3	3	3	5	3	2	3	3	3	1	1	1	1	2	3	3	3	3	3	3	3	2	2	3	1	1	1	1	4	1	1	1	4	2	2	1	3	5
		4.2.3 撤销访问权	3	3	3	3	5	3	2	3	3	2	1	1	3	3	2	3	3	3	3	3	3	3	2	2	3	2	2	1	1	4	2	1	1	4	2	2	1	3	5

续表

控制域	安全类别	控制要素	1 实施 人力	1 实施 时间	1 实施 费用	1 成本难度	1 有效性	2 实施 人力	2 实施 时间	2 实施 费用	2 成本难度	2 有效性	3 实施 人力	3 实施 时间	3 实施 费用	3 成本难度	3 有效性	4 实施 人力	4 实施 时间	4 实施 费用	4 成本难度	4 有效性	5 实施 人力	5 实施 时间	5 实施 费用	5 成本难度	5 有效性	6 实施 人力	6 实施 时间	6 实施 费用	6 成本难度	6 有效性	7 实施 人力	7 实施 时间	7 实施 费用	7 成本难度	7 有效性	8 实施 人力	8 实施 时间	8 实施 费用	8 成本难度	8 有效性
5 物理和环境安全	5.1 安全区域	5.1.1 物理安全周边	2	3	3	3	4	2	1	3	4	4	3	3	5	2	5	3	3	5	2	5	2	2	3	2	4	3	3	5	3	4	2	2	4	2	5	2	3	2	3	4
		5.1.2 物理入口控制	3	3	3	2	5	4	4	5	3	5	3	3	4	2	5	3	3	5	2	5	2	2	3	2	4	4	5	5	3	3	3	3	4	2	5	3	3	3	3	5
		5.1.3 外部和环境威胁的安全防护	3	3	3	3	4	4	4	4	4	4	3	3	4	3	4	3	3	4	2	5	2	2	3	3	3	4	3	3	3	3	3	3	3	3	4	3	3	3	3	4
	5.2 设备安全	5.2.1 设备安置和保护	3	3	3	3	4	4	4	5	4	5	3	3	4	3	5	3	3	4	3	5	2	2	3	3	3	4	4	3	3	3	4	4	4	3	4	3	3	4	3	4
		5.2.2 支持性设施	4	4	4	4	4	4	4	5	3	5	3	3	3	3	5	3	3	3	3	5	3	2	3	2	3	2	3	2	2	4	4	4	4	3	4	4	4	4	4	4
		5.2.3 布缆安全	4	4	4	4	4	4	4	5	3	5	3	3	3	3	5	3	3	3	3	4	3	2	2	2	3	4	3	2	1	2	4	3	2	2	5	3	3	3	3	4
		5.2.4 设备维护	4	4	4	3	4	5	5	5	4	4	4	4	4	3	5	4	4	3	3	4	4	3	2	2	3	5	3	3	3	4	3	3	1	3	4	3	3	2	3	3
		5.2.5 设备的安全处置与再利用	2	2	2	2	3	5	4	3	2	3	4	4	3	2	4	3	4	2	2	4	3	2	1	3	3	4	3	3	3	4	4	3	4	2	5	3	3	3	2	3
		5.2.6 资产的移动	3	4	4	2	4	4	4	2	2	3	3	3	3	3	4	4	3	3	3	3	3	3	2	3	3	5	4	3	3	2	4	4	3	2	4	3	3	2	3	3
6 通信和操作管理	6.1 操作规程和职责	6.1.1 文件化的操作规程	3	3	3	4	4	3	3	3	3	3	2	2	2	3	4	3	3	3	3	4	2	2	2	3	3	4	3	3	3	3	5	4	4	3	4	4	3	3	3	4
		6.1.2 变更管理	3	4	4	3	4	3	3	3	3	4	2	2	2	3	4	3	3	3	3	3	2	2	2	3	3	5	3	2	3	4	4	4	3	3	5	4	3	3	3	4
	6.2 第三方服务交付管理	6.2.1 服务交付	2	2	2	2	5	4	4	3	4	4	3	2	3	2	4	3	3	3	3	5	3	3	3	3	3	4	3	3	2	3	5	4	4	3	5	5	4	3	2	4
	6.3 系统规划和验收	6.3.1 容量管理	2	2	2	2	4	4	3	3	2	4	3	3	3	2	4	3	3	3	3	4	2	2	2	3	3	4	3	3	2	4	5	4	4	3	5	4	3	2	2	3
		6.3.2 系统验收	3	4	4	2	4	4	4	4	3	4	3	3	3	2	4	3	3	3	3	5	3	3	3	3	3	4	3	3	2	3	5	4	4	3	5	4	3	3	3	3
	6.4 防范恶意和移动代码	6.4.1 控制恶意代码	2	2	3	2	4	4	4	4	3	4	2	2	3	2	5	3	3	4	3	4	2	2	2	3	3	4	2	2	2	3	5	4	4	2	5	4	3	3	3	4
		6.4.2 控制移动代码	3	3	2	2	4	4	3	3	3	4	3	3	3	2	5	3	3	3	3	5	2	2	2	3	3	4	3	2	2	3	5	4	3	3	5	4	3	3	2	5
	6.5 备份	6.5.1 信息备份	2	2	2	2	5	4	3	4	4	4	2	2	3	2	5	4	3	4	3	5	2	2	2	2	3	4	3	3	2	3	5	4	4	3	5	4	2	3	4	5
	6.6 网络安全管理	6.6.1 网络控制	3	3	3	3	5	4	3	3	3	4	3	3	4	3	5	4	4	4	3	5	3	2	3	3	3	4	3	3	3	4	5	4	4	3	4	4	4	3	3	4
		6.6.2 网络服务安全	3	3	3	3	5	4	4	5	4	4	3	3	4	3	5	4	4	4	3	5	3	2	3	3	3	4	3	3	3	5	5	4	4	3	5	4	4	3	3	4
	6.7 介质处理	6.7.1 介质处理规程	3	3	2	2	4	4	3	5	5	4	4	3	4	3	5	4	4	3	3	5	2	2	2	2	4	4	3	3	2	4	4	3	3	3	4	4	3	3	3	4
		6.7.2 系统文件安全	3	3	2	2	4	4	3	5	5	4	4	3	4	3	5	4	4	3	3	5	2	2	2	2	4	4	3	3	2	5	4	2	3	3	4	4	3	3	3	3

续表

控制域	安全类别	控制要素	9 人力	9 时间	9 费用	9 难度	9 有效性	10 人力	10 时间	10 费用	10 难度	10 有效性	11 人力	11 时间	11 费用	11 难度	11 有效性	12 人力	12 时间	12 费用	12 难度	12 有效性	13 人力	13 时间	13 费用	13 难度	13 有效性	14 人力	14 时间	14 费用	14 难度	14 有效性	15 人力	15 时间	15 费用	15 难度	15 有效性	16 人力	16 时间	16 费用	16 难度	16 有效性
5 物理和环境安全	5.1 安全区域	5.1.1 物理安全周边	3	3	3	3	5	2	2	2	2	4	2	3	2	3	4	3	3	3	3	4	4	3	2	3	3	1	1	1	3	5	2	3	5
		5.1.2 物理入口控制	3	3	3	2	5	2	2	2	2	4	3	3	1	3	4	3	3	3	3	4	3	3	2	3	3	1	1	1	3	5	2	1	5
		5.1.3 外部和环境威胁的安全防护	4	4	4	4	5	3	3	2	3	4	4	4	4	2	4	4	4	4	3	4	4	4	3	4	3	1	1	1	4	5	4	5	5
	5.2 设备安全	5.2.1 设备安置保护	4	4	4	3	5	3	3	2	3	3	5	2	2	3	1	4	4	3	4	5	3	3	3	3	4	2	2	2	4	5	5	5	5
		5.2.2 支持性设施	4	3	3	3	5	3	3	2	2	3	1	1	3	5	2	3	4	4	4	4	4	3	3	2	3	2	2	2	4	3	3	5	5
		5.2.3 布缆安全	3	3	4	3	5	3	3	2	2	3	1	5	2	1	2	4	3	4	4	4	3	3	2	3	3	2	2	2	3	3	2	1	5
		5.2.4 设备维护	4	4	4	3	5	2	2	2	2	3	3	3	3	2	1	4	4	4	4	4	3	3	2	3	3	2	2	2	3	4	3	1	3
		5.2.5 设备的安全处置与再利用	3	3	3	3	5	2	2	2	2	2	5	1	5	1	2	4	4	4	4	4	3	3	2	3	3	2	2	2	3	4	2	3	3
		5.2.6 资产的移动	3	3	3	3	5	2	2	2	2	3	2	4	4	1	1	4	4	3	4	4	3	3	3	4	4	2	2	2	4	4	3	1	5
6 通信和操作管理	6.1 操作规程和职责	6.1.1 文件化的操作规程	3	3	3	3	5	2	2	2	2	3	1	1	1	1	2	4	4	3	4	3	3	3	3	3	3	2	2	2	4	3	2	1	3
		6.1.2 变更管理	2	2	2	5	5	2	2	2	2	3	5	5	5	3	1	4	4	3	4	4	3	3	3	4	3	2	2	2	4	5	5	3	5
	6.2 第三方服务交付管理	6.2.1 服务交付	3	3	3	5	5	2	2	2	2	3	3	3	3	5	3	4	4	4	4	4	3	3	3	5	5	2	2	2	4	5	5	5	5
	6.3 系统规划和验收	6.3.1 容量管理	4	4	4	5	5	3	3	3	3	4	5	3	2	5	5	4	4	3	4	4	5	3	3	4	5	2	2	2	4	5	5	3	5
		6.3.2 系统验收	4	4	4	5	5	3	3	3	3	4	4	4	4	3	4	4	4	4	4	4	3	3	3	4	3	3	2	2	3	3	3	5	5
	6.4 防范恶意和移动代码	6.4.1 控制恶意代码	4	4	4	5	5	3	3	3	4	4	2	2	2	5	5	4	4	4	5	4	3	3	3	5	4	3	2	2	4	4	4	3	5
		6.4.2 控制移动代码	3	3	3	5	5	2	2	2	3	5	3	3	3	3	2	4	4	4	5	4	4	4	3	5	4	2	1	1	5	4	4	5	5
	6.5 备份	6.5.1 信息备份	2	2	2	5	5	3	3	3	3	5	5	2	2	5	5	4	4	3	5	4	4	3	3	5	5	2	2	2	5	5	5	5	5
	6.6 网络安全管理	6.6.1 网络控制	3	3	3	5	5	2	2	2	2	2	2	1	1	3	1	4	4	3	4	4	4	3	3	4	3	2	2	2	4	4	4	5	5
		6.6.2 网络服务安全	2	2	2	5	5	3	3	2	3	3	2	2	1	2	2	4	4	4	5	4	3	3	3	4	3	2	1	1	5	4	3	2	5
	6.7 介质处理	6.7.1 介质安全处理规程	3	3	3	5	5	2	2	2	2	3	2	2	1	3	2	4	4	4	4	4	4	3	2	4	3	2	1	1	4	3	3	2	5
		6.7.2 系统文件安全	3	3	3	5	5	2	2	2	3	2	2	2	1	2	4	4	4	4	5	4	3	3	2	5	3	2	1	1	5	3	3	4	5

续表

控制域	安全类别	控制要素	1					2					3					4					5					6					7					8				
			人力	时间	费用	难度	有效性	人力	时间	费用	难度	有效性	人力	时间	费用	难度	有效性	人力	时间	费用	难度	有效性	人力	时间	费用	难度	有效性	人力	时间	费用	难度	有效性	人力	时间	费用	难度	有效性	人力	时间	费用	难度	有效性
6 通信和操作管理	6.8 信息的交换	6.8.1 信息交换策略和规程	3	3	3	3	3	4	4	5	3	4	4	3	3	3	4	4	3	3	4	4	3	2	2	2	2	4	3	2	3	3	4	3	2	3	4	3	3	3	3	3
		6.8.2 交换协议	3	3	3	3	4	4	4	5	3	3	3	3	3	3	3	4	3	3	3	4	3	2	2	2	3	4	3	2	3	3	4	3	3	3	4	3	3	3	3	4
		6.8.3 业务信息系统	4	4	2	4	3	4	4	4	3	3	3	3	3	3	3	3	3	3	3	3	3	2	2	2	3	4	3	3	3	3	3	3	3	3	3	3	3	3	3	3
	6.9 监视	6.9.1 审计记录	3	3	2	3	3	3	3	3	3	5	5	5	4	3	5	3	3	3	3	3	3	2	1	3	3	3	3	3	3	3	3	2	2	2	5	3	3	3	3	3
		6.9.2 监视系统的使用	2	2	2	2	3	3	3	3	3	4	4	3	3	3	4	3	3	3	3	4	3	3	2	2	3	3	3	2	3	3	3	2	2	2	4	3	3	3	3	3
		6.9.3 日志信息的保护	3	3	3	3	3	4	4	4	3	4	4	3	3	3	4	3	3	3	3	4	2	2	1	2	3	3	3	3	3	3	4	3	2	3	4	3	3	3	3	3
		6.9.4 管理员和操作员日志	4	4	4	4	4	4	4	4	3	4	4	4	4	3	4	4	3	3	5	4	2	2	2	2	2	4	3	4	3	3	4	3	2	3	4	3	3	3	3	3
		6.9.5 故障日志	4	4	4	4	4	4	4	4	3	4	4	4	4	3	3	4	3	3	3	3	2	2	2	2	2	3	3	3	3	3	3	2	2	2	4	3	3	3	3	4
7 访问控制	7.1 访问控制的业务要求	7.1.1 访问控制策略	3	3	3	4	4	4	4	4	3	4	4	4	4	3	5	4	3	3	5	5	3	2	2	2	3	4	4	3	3	3	2	1	2	3	4	3	3	3	4	5
	7.2 用户访问管理	7.2.1 用户注册	3	3	1	2	3	4	4	3	2	3	3	3	2	3	3	4	4	3	3	5	2	2	2	2	2	3	3	3	3	3	3	2	2	2	3	3	3	3	3	3
		7.2.2 用户特殊权限管理	3	3	1	2	4	4	4	4	3	4	3	3	3	2	4	4	4	4	2	5	2	2	2	2	2	3	3	2	3	3	5	4	1	3	4	3	3	3	3	3
		7.2.3 用户口令管理	4	4	2	3	3	4	4	4	3	4	4	4	4	3	4	4	4	3	3	4	2	2	2	2	1	4	4	2	4	4	4	4	2	2	3	4	4	3	3	4
		7.2.4 用户访问权的复查	1	1	1	1	4	4	4	4	3	4	4	4	1	2	3	4	4	4	1	4	2	2	2	2	1	2	2	2	3	3	5	5	1	3	5	3	3	3	3	3
	7.3 用户职责	7.3.1 口令使用	2	4	2	3	4	4	4	3	3	5	4	3	3	2	3	4	3	3	4	4	2	2	2	2	2	4	4	2	3	3	1	4	4	3	4	3	3	3	3	4
		7.3.2 无人值守的用户设备	3	3	3	2	4	4	4	4	2	4	3	3	3	2	4	3	3	3	2	4	2	2	2	2	3	3	3	3	3	3	2	2	2	4	4	3	3	3	3	3
	7.4 网络访问控制	7.4.1 使用网络服务的策略	2	3	3	2	4	5	4	5	2	4	3	3	3	3	4	2	3	3	3	4	2	2	2	3	3	3	3	2	3	3	4	2	2	2	4	3	3	3	3	4
		7.4.2 外部连接的用户鉴别	3	3	3	4	4	4	4	5	3	4	3	3	3	3	4	3	3	3	3	4	3	2	2	3	3	3	3	3	3	3	2	2	2	2	3	3	3	3	3	4
		7.4.3 远程诊断和配置端口的保护	3	3	3	4	4	5	5	5	4	4	4	4	3	3	4	4	4	4	4	4	4	3	2	3	4	3	3	3	3	3	4	3	3	4	3	4	4	3	3	4
		7.4.4 网络隔离	3	3	3	3	4	4	4	4	4	4	4	3	3	3	4	3	3	3	3	4	3	2	2	2	3	5	3	2	3	3	3	3	3	3	3	3	3	3	4	4
		7.4.5 网络连接控制	3	3	3	4	4	4	4	5	3	3	4	4	4	4	4	3	3	3	3	4	3	2	2	3	3	4	3	2	3	3	3	3	3	3	3	4	4	3	2	3
		7.4.6 网络路由控制	3	3	3	3	3	3	3	3	3	3	3	3	3	3	3	3	3	3	3	3	3	3	2	3	3	4	3	4	3	3	3	3	3	3	3	3	3	3	3	3

续表

控制域	安全类别	控制要素	9 实施成本 人力	时间	费用	难度	有效性	10 实施成本 人力	时间	费用	难度	有效性	11 实施成本 人力	时间	费用	难度	有效性	12 实施成本 人力	时间	费用	难度	有效性	13 实施成本 人力	时间	费用	难度	有效性	14 实施成本 人力	时间	费用	难度	有效性	15 实施成本 人力	时间	费用	难度	有效性	16 实施成本 人力	时间	费用	难度	有效性
6 通信和操作管理	6.8 信息的交换	6.8.1 信息交换策略和规程	3	3	3	3	5	2	3	2	2	2	2	2	1	1	1	4	4	4	4	4	3	3	3	3	3	3	2	1	1	5	2	2	1	1	5	2	3	2	4	5
		6.8.2 交换协议	3	3	3	3	5	3	3	2	2	2	3	3	5	3	3	3	4	4	4	4	3	3	3	3	3	3	2	2	3	4	3	2	2	3	4	3	3	4	5	5
		6.8.3 业务信息系统	3	3	3	3	5	3	3	2	2	3	3	3	1	2	2	3	3	4	4	4	3	3	3	3	3	3	2	2	3	4	2	2	2	3	4	3	3	4	3	5
	6.9 监视	6.9.1 审计记录	2	2	2	2	5	2	2	2	2	3	3	3	5	3	5	4	4	4	4	4	3	3	3	3	4	3	2	2	3	4	3	3	3	3	4	2	2	1	3	5
		6.9.2 监视系统的使用	2	2	2	2	5	2	2	2	2	2	1	1	1	1	3	4	4	3	4	4	3	3	3	3	4	3	2	2	3	4	3	3	3	2	5	3	2	2	3	5
		6.9.3 日志信息的保护	2	2	2	2	5	2	2	2	2	4	3	3	2	5	4	4	4	3	3	4	3	3	3	3	3	3	2	2	2	5	3	2	2	2	5	3	2	2	2	5
		6.9.4 管理员和操作员日志	2	2	2	2	5	2	2	2	2	4	2	2	2	2	3	3	4	3	4	4	3	3	3	3	3	2	2	2	2	5	2	2	2	2	5	3	2	1	2	5
		6.9.5 故障日志	2	2	2	2	5	2	2	2	2	3	2	1	2	1	3	4	4	3	4	3	3	3	3	3	3	2	2	2	3	4	2	1	1	2	5	2	2	2	2	5
7 访问控制	7.1 访问控制的业务要求	7.1.1 访问控制策略	2	2	2	2	5	2	2	2	2	4	2	2	2	2	4	4	4	3	4	4	3	3	3	3	3	2	2	2	3	5	2	2	2	2	5	2	2	1	2	5
	7.2 用户访问管理	7.2.1 用户注册	2	2	2	2	5	2	2	2	2	3	2	2	5	5	1	4	4	4	4	5	4	4	3	3	4	2	2	2	3	4	2	2	2	2	5	2	2	2	2	5
		7.2.2 特殊权限管理	2	2	2	2	5	3	3	3	3	4	3	3	4	4	5	4	4	4	4	5	4	4	3	3	4	2	2	2	3	5	2	2	2	2	5	2	2	2	2	5
		7.2.3 用户口令管理	2	2	2	2	5	2	2	2	2	3	2	1	1	2	1	4	4	4	3	4	3	3	3	3	3	2	2	2	3	4	2	2	2	2	5	2	2	1	1	5
		7.2.4 用户访问权的复查	2	2	2	2	5	2	2	2	2	4	2	2	5	5	5	4	4	4	3	5	3	3	3	3	3	2	2	2	3	4	2	2	2	2	5	2	2	1	1	5
	7.3 用户职责	7.3.1 口令使用	2	2	2	2	5	5	5	3	2	4	5	5	4	2	4	4	4	3	3	5	3	3	3	3	4	2	2	2	4	3	3	3	2	2	5	2	2	1	1	5
		7.3.2 无人值守的用户设备	2	2	2	2	5	3	3	3	2	3	3	3	2	2	3	4	4	3	3	4	2	2	3	3	3	1	1	1	3	3	1	1	1	3	3	1	1	1	3	5
	7.4 网络访问控制	7.4.1 使用网络服务的策略	2	2	2	2	5	2	2	2	2	4	2	2	1	2	4	4	4	4	5	5	3	3	3	3	4	3	3	2	2	5	2	2	2	2	5	2	2	1	1	5
		7.4.2 外部连接的用户鉴别	2	2	2	2	5	2	2	2	2	3	2	2	5	5	2	4	4	4	3	3	3	3	3	3	3	2	2	2	4	2	3	3	3	4	2	2	2	1	2	5
		7.4.3 远程诊断和配置端口的保护	2	2	2	2	5	2	2	2	2	4	3	3	3	3	3	4	4	4	4	4	3	3	3	3	3	2	2	1	2	3	2	2	2	2	3	2	2	1	2	5
		7.4.4 网络隔离	3	3	3	3	5	4	4	4	4	3	5	5	5	5	4	4	4	4	5	5	2	2	2	3	4	2	2	2	4	4	2	2	3	3	4	2	2	5	3	5
		7.4.5 网络连接控制	3	3	3	3	5	4	4	4	4	3	5	5	5	5	2	4	4	4	5	5	2	2	2	3	4	3	3	3	4	4	3	3	3	4	4	3	2	5	2	5
		7.4.6 网络路由控制	3	3	3	3	5	4	4	4	4	4	5	5	5	5	3	4	4	4	4	4	2	2	2	3	3	2	3	2	4	4	3	3	3	4	4	2	2	5	2	5

续表

控制域	安全类别	控制要素	1 人力	1 时间	1 费用	1 难度	1 有效性	2 人力	2 时间	2 费用	2 难度	2 有效性	3 人力	3 时间	3 费用	3 难度	3 有效性	4 人力	4 时间	4 费用	4 难度	4 有效性	5 人力	5 时间	5 费用	5 难度	5 有效性	6 人力	6 时间	6 费用	6 难度	6 有效性	7 人力	7 时间	7 费用	7 难度	7 有效性	8 人力	8 时间	8 费用	8 难度	8 有效性
7 访问控制	7.5 操作系统访问控制	7.5.1 安全登录规程	2	4	2	4	3	2	2	2	4	5	2	3	3	2	3	2	2	2	3	3	2	2	1	3	3	3	3	4	4	3	3	3	3	3	3	2	2	2	2	3
		7.5.2 用户标识和鉴别	2	2	4	3	4	2	2	2	2	5	2	4	3	3	3	2	2	3	3	4	2	2	2	3	4	5	3	4	3	3	4	3	2	2	3	4	4	3	4	4
		7.5.3 口令管理系统	3	3	3	3	3	3	4	2	2	5	3	2	2	2	2	3	2	2	3	3	3	2	2	3	3	2	3	2	2	3	3	3	2	2	4	3	3	3	2	3
		7.5.4 系统实用工具的使用	3	3	2	2	3	3	4	3	3	5	3	3	4	2	4	2	2	2	2	3	2	2	2	2	4	3	3	2	3	3	3	3	2	1	3	3	4	3	2	4
	7.6 应用和信息访问控制	7.6.1 信息访问限制	4	4	4	2	4	4	4	4	4	5	4	3	2	3	4	4	2	3	4	4	2	2	2	2	3	4	3	3	3	3	3	2	2	2	4	4	4	4	4	4
		7.6.2 敏感系统隔离	4	4	4	2	4	4	4	4	4	5	4	4	4	3	4	4	4	4	3	3	3	3	3	3	3	2	3	4	3	5	3	3	1	3	3	4	3	3	3	4
8 信息系统获取开发和维护	8.1 信息系统的安全要求	8.1.1 安全要求分析和说明	4	4	4	4	4	4	4	4	3	4	4	3	3	3	4	2	2	2	3	4	2	2	1	2	4	4	3	3	2	3	3	3	3	2	3	4	4	4	3	4
	8.2 应用中的正确处理	8.2.1 输入数据确认	3	3	4	3	4	3	3	3	3	4	4	4	4	3	4	3	3	3	3	3	2	2	2	3	3	3	3	2	3	5	3	3	1	3	3	3	3	3	3	3
		8.2.2 应用内部处理的正确性	4	3	2	3	3	4	3	3	3	4	4	3	3	3	3	4	3	3	3	3	2	2	2	3	3	4	3	3	3	3	3	3	2	3	3	3	3	3	2	3
		8.2.3 消息完整性	2	2	2	2	3	2	2	1	4	4	2	2	2	2	3	2	2	2	2	3	2	2	2	2	2	2	3	2	3	3	2	2	2	2	3	2	2	2	2	3
	8.3 系统文件的安全	8.3.1 操作软件的控制	2	2	2	2	3	2	2	2	4	4	2	2	2	2	3	2	2	2	2	3	2	2	2	2	2	4	3	2	3	4	2	2	2	2	4	3	3	3	2	3
		8.3.2 对程序源代码的访问控制	2	2	2	2	3	2	2	2	4	4	2	2	2	2	3	2	2	2	2	3	2	2	2	2	2	5	4	2	3	5	5	4	4	3	5	3	3	3	3	3
	8.4 开发过程支持中的安全	8.4.1 信息泄露	4	3	4	4	4	4	3	4	4	4	3	3	2	3	3	3	3	3	3	4	2	2	2	2	4	3	3	3	4	4	4	3	4	3	5	4	4	3	3	4
		8.4.2 外包软件开发	3	3	2	2	3	3	3	3	2	3	3	3	4	2	3	3	3	3	3	3	2	2	2	2	3	5	3	3	2	2	5	4	4	3	5	3	2	3	3	3
	8.5 技术脆弱性的管理	8.5.1 技术脆弱性的控制	4	4	4	4	4	4	4	4	4	3	4	4	4	4	3	2	2	2	4	4	2	2	2	2	4	3	3	3	4	4	5	4	4	4	5	4	4	3	3	4
9 信息安全事件的管理	9.1 报告信息安全事态和弱点	9.1.1 报告信息安全事态	4	4	2	4	4	4	2	2	2	3	4	4	3	3	3	4	4	2	3	4	2	2	2	3	4	2	3	2	3	3	4	4	3	2	5	4	4	3	3	4
		9.1.2 报告信息安全弱点	3	3	2	4	3	3	2	2	2	3	4	4	4	3	3	4	4	2	4	4	2	2	2	3	3	5	3	3	2	2	4	4	2	3	4	3	3	2	3	3
	9.2 对信息安全事件和改进的管理	9.2.1 职责和规程	4	4	2	4	4	4	4	2	4	4	4	4	4	4	3	4	4	3	4	4	2	2	1	2	3	4	3	3	3	3	4	4	3	3	4	4	4	3	4	4
		9.2.2 对信息安全事件的总结	4	3	2	4	3	4	2	2	4	3	4	3	3	3	3	4	4	3	3	4	2	2	2	3	3	2	3	3	3	3	4	3	3	3	4	4	3	3	3	4
		9.2.3 证据的收集	4	4	2	4	4	4	4	2	4	4	4	4	3	3	3	4	4	3	3	4	2	2	2	3	3	3	3	3	4	3	4	4	3	5	5	4	4	3	4	4

续表

控制域	安全类别	控制要素	9 实施(人力/时间/费用)/难度/有效性	10	11	12	13	14	15	16
7 访问控制	7.5 操作系统访问控制	7.5.1 安全登录规程	2/3/2/2/5	2/2/2/2/3	3/4/1/2/2	3/4/4/4/5	3/3/3/3/4	1/1/1/1/2	1/1/2/2/4	1/1/1/3/5
		7.5.2 用户标识和鉴别	3/2/2/2/5	2/3/2/2/3	2/1/4/2/4	4/4/4/4/5	3/3/3/3/4	1/1/1/1/2	1/1/2/2/4	1/1/3/3/5
		7.5.3 口令管理系统	2/2/3/2/5	3/4/2/2/4	3/5/2/1/4	3/4/4/4/4	3/3/3/3/4	2/2/2/3/4	2/2/2/2/4	2/2/2/3/5
		7.5.4 系统实用工具的使用	3/3/3/3/5	5/4/3/3/3	5/2/3/3/3	3/4/4/4/4	3/3/3/3/3	2/2/2/2/4	2/2/2/2/4	1/1/2/1/5
	7.6 应用和信息访问控制	7.6.1 信息访问限制	3/3/3/2/5	3/3/3/3/4	5/2/3/3/3	3/4/4/4/4	3/3/3/3/3	2/2/2/2/4	2/2/2/2/4	1/1/5/3/5
		7.6.2 敏感系统隔离	3/3/3/3/5	3/3/3/3/3	5/2/3/3/5	4/4/4/4/5	3/3/3/3/3	2/2/2/2/4	2/2/2/2/4	3/3/3/3/5
8 信息系统获取、开发和维护	8.1 信息系统的安全要求	8.1.1 安全要求分析和说明	2/2/2/2/5	3/3/3/2/3	3/1/1/1/1	3/4/4/3/4	3/3/3/3/4	2/2/2/2/4	2/2/2/2/4	1/1/1/4/5
	8.2 应用中的正确处理	8.2.1 输入数据确认	2/2/2/2/5	3/3/2/2/3	3/5/5/5/5	4/4/4/4/4	3/3/3/3/4	2/2/2/2/4	2/2/2/2/4	1/1/5/3/5
		8.2.2 内部处理的控制	2/2/2/2/5	3/3/3/2/3	2/2/2/4/4	3/4/4/4/4	3/3/3/3/4	2/2/2/2/4	2/2/2/3/4	2/1/2/1/5
		8.2.3 消息完整性	2/2/2/2/5	4/3/3/2/3	4/2/2/3/5	4/4/4/4/4	3/3/3/3/4	2/2/2/2/4	2/2/2/3/4	2/2/2/1/5
	8.3 系统文件的安全	8.3.1 操作软件的控制	2/2/3/2/5	3/3/3/2/3	2/2/2/3/5	4/4/4/4/5	3/3/3/4/4	2/2/2/2/4	2/2/2/3/4	2/2/2/3/5
		8.3.2 对程序源代码的访问控制	2/2/2/3/5	3/3/3/3/3	5/2/3/3/5	4/4/4/4/5	3/3/3/3/4	2/2/2/2/4	2/2/2/2/4	3/3/3/3/5
	8.4 开发和支持过程中的安全	8.4.1 信息泄露	2/2/2/2/5	2/3/3/3/3	2/2/2/3/5	3/4/4/4/5	3/3/3/3/4	2/2/2/2/4	2/2/2/2/4	3/3/3/3/5
		8.4.2 外包软件开发的控制	2/2/2/2/5	4/4/4/4/4	3/3/5/5/5	4/4/4/4/5	3/3/3/3/4	2/2/2/2/4	2/2/2/2/4	2/2/2/2/5
	8.5 技术脆弱性管理	8.5.1 技术脆弱性控制	3/3/3/3/5	2/2/2/3/3	2/3/2/2/2	3/3/3/3/3	2/2/2/3/3	2/2/2/2/4	2/2/2/2/4	2/1/1/1/5
9 信息安全事件的管理	9.1 报告信息安全事态和弱点	9.1.1 报告信息安全事态	2/2/2/2/5	2/3/3/3/4	2/2/2/2/4	4/4/4/4/4	3/3/3/3/3	2/2/2/2/4	2/2/2/2/4	1/1/2/4/5
		9.1.2 报告安全弱点和规程	3/3/3/3/5	2/3/3/3/4	2/2/2/2/4	4/4/4/4/4	3/3/3/3/3	2/2/2/2/4	2/2/2/2/4	1/1/2/4/5
	9.2 信息安全事件和改进的管理	9.2.1 职责和规程	3/3/3/3/5	2/2/2/2/4	2/2/2/2/4	3/3/3/3/4	3/3/3/3/3	2/2/2/3/3	2/2/2/3/3	2/2/2/4/5
		9.2.2 对信息安全事件的总结	4/4/4/3/5	3/3/3/3/4	3/2/2/2/4	3/3/3/3/4	3/3/3/3/3	2/2/2/3/3	2/2/2/3/4	3/2/4/4/5
		9.2.3 证据的搜集	4/4/4/3/5	3/3/3/4/5	4/2/2/2/4	3/3/3/3/4	3/3/3/3/3	2/2/2/3/3	2/2/2/4/4	4/4/5/5/5

续表

控制域		控制要素	1 实施成本 人力	1 实施成本 时间	1 实施成本 费用	1 难度	1 有效性	2 实施成本 人力	2 实施成本 时间	2 实施成本 费用	2 难度	2 有效性	3 实施成本 人力	3 实施成本 时间	3 实施成本 费用	3 难度	3 有效性	4 实施成本 人力	4 实施成本 时间	4 实施成本 费用	4 难度	4 有效性	5 实施成本 人力	5 实施成本 时间	5 实施成本 费用	5 难度	5 有效性	6 实施成本 人力	6 实施成本 时间	6 实施成本 费用	6 难度	6 有效性	7 实施成本 人力	7 实施成本 时间	7 实施成本 费用	7 难度	7 有效性	8 实施成本 人力	8 实施成本 时间	8 实施成本 费用	8 难度	8 有效性
10 业务连续性管理	10.1 业务连续性管理的信息安全方面	10.1.1 在业务连续过程管理中包含信息安全	3	3	2	3	4	4	4	2	4	3	3	3	2	3	4	3	3	2	3	4	2	2	2	2	2	4	3	2	3	4	4	4	4	4	4	3	3	2	3	4
		10.1.2 业务连续性和风险评估	3	3	2	3	3	4	4	2	4	3	3	3	2	3	3	3	3	2	3	4	2	2	2	2	2	3	3	2	3	3	4	4	3	5	5	3	3	2	3	4
		10.1.3 制订和实施包含信息安全的连续性计划	4	4	2	4	5	4	4	2	4	5	4	4	2	4	5	4	4	2	4	5	2	2	1	2	2	4	4	3	4	5	4	4	3	5	5	4	4	2	4	5
11 符合性	11.1 符合法律要求	11.1.1 可用法律的识别	2	2	2	3	3	4	4	2	4	3	2	2	2	2	4	2	2	2	2	3	2	2	2	2	2	2	2	3	3	3	3	3	3	3	5	2	2	3	4	3
		11.1.2 知识产权(IPR)	2	2	2	3	5	4	4	2	4	5	2	2	2	2	5	2	2	2	2	5	2	2	2	2	2	2	2	2	2	3	3	3	2	2	5	3	3	2	3	5
		11.1.3 保护组织的记录	3	3	3	3	4	4	4	2	4	4	3	3	2	3	4	3	3	3	3	3	2	2	2	2	3	4	3	2	3	3	4	4	3	3	4	3	3	3	3	4
		11.1.4 数据保护和个人信息的隐私	2	2	3	2	3	4	4	2	4	4	3	3	2	3	4	3	3	2	3	4	2	2	2	2	4	5	3	4	3	3	4	4	3	3	4	2	2	2	2	3
		11.1.5 加密控制措施的规则	3	3	2	3	4	4	4	2	4	4	3	3	3	3	4	3	3	2	3	4	2	2	2	2	3	2	3	4	3	4	4	4	3	3	4	3	3	2	3	3
	11.2 符合安全策略和标准以及技术符合性	11.2.1 符合安全策略和标准	4	4	3	4	5	3	3	2	3	4	4	4	3	4	4	4	4	2	3	4	2	2	2	2	3	3	3	4	3	3	5	5	3	3	4	4	4	2	3	4
		11.2.2 技术符合性核查	4	4	2	4	4	3	3	2	3	4	4	4	2	4	4	4	4	3	3	3	2	2	3	3	2	5	3	4	3	4	4	5	3	2	3	4	4	2	4	5
	11.3 信息系统审计考虑	11.3.1 信息系统审计控制措施	4	4	2	4	5	3	3	2	3	5	4	4	3	4	5	4	4	2	4	5	2	2	3	3	2	5	3	4	3	3	4	4	2	2	3	4	4	2	4	5

续表

控制域	安全类别	控制要素	9					10					11					12					13					14					15					16				
			实施成本			难度	有效性	实施成本			难度	有效性	实施成本			难度	有效性	实施成本			难度	有效性	实施成本			难度	有效性	实施成本			难度	有效性	实施成本			难度	有效性	实施成本			难度	有效性
			人力	时间	费用			人力	时间	费用			人力	时间	费用			人力	时间	费用			人力	时间	费用			人力	时间	费用			人力	时间	费用			人力	时间	费用		
10 业务连续性管理	10.1 业务连续性管理的信息安全方面	10.1.1 在业务连续性管理过程中包含信息安全	3	3	3	3	5	3	3	3	4	5	5	1	1	1	4	4	4	4	4	4	4	3	3	3	4	1	1	1	2	4	1	1	1	2	4	2	3	3	3	5
		10.1.2 业务连续性和风险评估	3	3	3	3	5	3	3	2	2	4	3	3	1	1	1	4	4	4	4	4	4	3	3	3	4	3	3	2	2	4	3	3	2	2	4	2	3	3	3	5
		10.1.3 制订和实施包含信息安全的连续性计划	3	3	3	3	5	4	4	2	2	4	2	3	2	2	3	3	3	3	3	3	4	3	3	3	4	2	2	3	3	4	2	2	3	3	4	2	3	3	3	5
11 符合性	11.1 符合法律要求	11.1.1 可用法律的识别	3	3	3	3	5	3	3	3	2	4	4	4	4	5	3	4	4	4	4	4	3	3	3	3	4	3	3	4	4	3	3	3	4	4	3	1	1	1	3	5
		11.1.2 知识产权(IPR)	3	3	3	3	5	2	2	2	2	2	4	4	5	5	2	3	3	3	3	3	3	3	3	3	4	3	3	3	4	3	3	3	3	4	3	1	1	1	3	5
		11.1.3 保护组织的记录	3	3	3	3	5	2	2	2	2	2	3	3	4	5	2	4	4	4	4	4	3	3	3	3	3	2	2	2	3	4	2	2	2	3	4	1	1	1	3	5
		11.1.4 数据保护和个人信息的隐私	3	3	3	3	5	2	2	2	2	2	2	1	1	2	2	4	4	4	4	4	3	3	3	3	3	2	2	2	3	3	2	2	2	3	3	1	1	1	3	5
		11.1.5 加密控制措施的规则	3	3	3	3	5	3	3	2	2	4	1	2	3	3	4	3	3	3	3	3	3	3	3	3	4	2	2	2	4	4	2	2	2	4	4	1	1	1	3	5
	11.2 符合安全策略和标准以及技术符合性	11.2.1 符合安全策略和标准	3	3	3	3	5	4	4	2	2	2	5	5	5	6	2	3	3	3	4	4	4	3	3	3	4	2	2	2	2	3	2	2	2	2	3	1	1	1	3	5
		11.2.2 技术符合性检查	3	3	3	3	5	2	2	2	2	2	3	2	2	4	1	3	3	3	4	4	3	3	3	3	3	2	2	2	2	3	2	2	2	2	3	1	1	1	3	5
11.3 信息系统审计考虑		11.3.1 信息系统审计控制措施	3	3	3	3	5	2	4	2	2	2	3	3	3	1	5	3	3	3	4	3	3	3	3	3	3	2	2	2	4	4	2	2	2	4	4	3	3	3	3	5